广西乡村振兴
战略与实践·社会卷

贺祖斌 林春逸
汤志华 肖富群
张海丰
马姜明
——
著

广西师范大学出版社
GUANGXI NORMAL UNIVERSITY PRESS

·桂林·

图书在版编目（CIP）数据

广西乡村振兴战略与实践. 社会卷 / 贺祖斌等著. —
桂林：广西师范大学出版社，2019.12
ISBN 978-7-5598-2520-9

Ⅰ. ①广… Ⅱ. ①贺… Ⅲ. ①农村－社会主义建设－
研究－广西 Ⅳ. ①F327.67

中国版本图书馆 CIP 数据核字（2019）第 296254 号

广西师范大学出版社出版发行

（广西桂林市五里店路 9 号　邮政编码：541004）
网址：http://www.bbtpress.com
出版人：黄轩庄
全国新华书店经销
广西广大印务有限责任公司印刷
（桂林市临桂区秧塘工业园西城大道北侧广西师范大学出版社
集团有限公司创意产业园内　邮政编码：541199）
开本：787 mm × 1 092 mm　1/16
印张：16.75　　　　字数：290 千
2019 年 12 月第 1 版　　2019 年 12 月第 1 次印刷
定价：51.00 元

作者简介

贺祖斌，男，教育学博士，二级教授，博士研究生导师，现任广西师范大学校长，享受国务院政府特殊津贴专家，全国文化名家暨"四个一批"人才（理论）。主要从事高等教育评价、高等教育生态、教师教育发展、乡村教育等研究。出版论著 16 部，发表论文 150 余篇，获高等教育教学成果奖国家级二等奖 2 项、省级一等奖 5 项，第四届全国教育科学研究优秀成果奖三等奖 1 项，广西社会科学优秀成果奖一等奖 2 项、二等奖 4 项，广西教育科学优秀成果奖一等奖 4 项。主持完成国家社会科学基金项目、全国教育科学规划课题等 20 多项。

林春逸，男，广西师范大学马克思主义学院教授，博士研究生导师，主要研究方向为思想政治教育发展研究、发展伦理研究、当代中国文化发展研究等。主持完成国家社科基金项目 1 项、教育部课题 2 项、广西重大课题 3 项、其他省部级课题多项，出版著作 3 部，发表论文 50 余篇；获得广西社会科学优秀成果奖二等奖 1 项、三等奖 2 项，广西优秀教学成果奖一等奖 1 项。先后被评为全国优秀教师、全国高校优秀思想政治理论课教师、全国高校思想政治理论课教学能手、广西高校教学名师、广西高校人才小高地创新团队带头人、广西文化名家暨"四个一批"人才等。

肖富群，男，南京大学社会学博士，马克思主义理论博士后，美国犹他大学社会学系访问学者，广西师范大学政治与公共管理学院、马克思主义学院教授、博士研究生导师。兼任中国社会学会理事、中国社会保障学会理事、中国社会工作学会理事、中国社会工作教育协会反贫困社会工作专业委员会副主任。主要从事社会研究方法、流动人口就业与发展、青少年发展与福利、马克思主义中国化等方面的教学与研究。主持国家社会科学基金项目等各类科研项目 19 项，出版学术专著、译著 4 部，发表学术论文 53 篇，独立的科研成果获省部级科研成果奖二等奖 1 项、三等奖 3 项。

汤志华，男，现任广西师范大学马克思主义学院院长，校党委宣传部常务副部长，博士、教授，博士研究生导师，八桂学者，广西高校思想政治教育领军人物，广西教学名师，主要研究领域为马克思主义中国化研究。主持国家社科基金重大项目子课题1项、国家社科基金项目1项、省部级课题6项；获得广西优秀社科成果奖二等奖1项、三等奖3项，广西高等学校优秀教材一等奖1项。

张海丰，男，经济学博士，广西师范大学经济管理学院副教授，硕士研究生导师，主要从事演化与创新经济学和制度经济学领域的研究。担任中国演化经济学会理事、广西壮族自治区旅游发展改革委员会专家库成员等社会职务。在《新华文摘》《社会科学》《当代经济研究》等核心期刊发表论文20多篇。主持国家社科基金项目1项，省部级项目2项，厅级项目3项。研究成果获广西社会科学优秀研究成果奖三等奖2项，广西教育科学研究优秀成果奖三等奖1项，广西自治区级教学改革成果奖二等奖1项。

马姜明，男，生态学博士，教授，硕士研究生导师，现任广西师范大学生命科学学院副院长，兼任广西师范大学可持续发展创新研究院常务副院长。广西师范大学第九批拔尖人才。中国林学会森林生态分会理事、广西生态学学会副秘书长、广西植物学会副秘书长、广西贫困村科技特派员。主要从事退化生态系统的恢复与重建、可持续生态学研究。主持和完成国家自然科学基金项目2项，广西创新驱动发展专项课题等各类项目20余项，发表论文80余篇，获专利14项、计算机软件著作权3套，参与制定林业行业标准1项，参编专著4部、教材1部。获梁希林业科学技术奖一等奖1项和自治区级教学成果奖三等奖1项。

读懂实践乡村振兴战略的广西视角

何毅亭

中央党校(国家行政学院)分管日常工作的副校(院)长

农业、农村、农民问题是关系党和国家事业全局的重大问题。早在 2013 年中央农村工作会议上,习近平总书记就指出:"中国要强,农业必须强;中国要美,农村必须美;中国要富,农民必须富。农业基础稳固,农村和谐稳定,农民安居乐业,整个大局就有保障,各项工作都会比较主动。"我们党历来把解决好"三农"问题作为全党工作的重中之重,坚持工业反哺农业、城市支持农村和多予少取放活的方针。特别是党的十八大以来,不断加大强农惠农富农政策力度,始终把"三农"工作放在重要位置来抓并取得历史性成就。党的十九大进一步提出实施乡村振兴战略这一新时代农村发展的重大决策部署,使我国农村迎来前所未有的发展契机。

党的十九大报告中提出的"产业兴旺、生态宜居、乡风文明、治理有效、生活富裕"20 字乡村振兴总体要求中,"产业兴旺"排在首位,是实施乡村振兴战略的重点与基础。而在发展乡村产业过程中,如何处理好资本和农民的利益协调问题?如何统筹经济发展与环境保护?在乡村振兴过程中如何留住乡愁、保留淳朴的民风和提升乡村文化?实施乡村振兴战略对乡村基层党组织的治理能力提出了更高要求,如何创新制度、创新治理体系应对这一挑战?知识经济时代人力资本的积累是经济发展的基础动力,而发展教育事业则是人力资本积累的重要手段,后发地区如何通过创新教育体制机制实现跨越式发展?如此一系列问题,都是摆在理论工作者和实践工作者面前的重大课题。

广西壮族自治区作为欠发达地区,只有实现跨越式发展才能迎头赶上,而乡村振兴战略的实施为广西发挥后发优势、实现赶超式发展提供了难得的机遇。牢牢抓住这个历史机遇,充分发挥高校和智库的创造力,以理论研究指导政策实践,以政策实践促进理论创新,在理论与实践相结合、相统一的过程中将广西的后发优势转变为现实竞争优势,就能够促进广西乡村全面振兴。

广西师范大学作为教育部和广西壮族自治区共建的省属重点大学,教学和科研在全区具有引领示范作用。在广西大力实施乡村振兴战略的大背景下,广西师范大学充分发挥高校服务社会的功能,积极整合跨学科研究力量,成立"新农村发展研究院",致力于乡村振兴战略的理论与实践研究。由广西师范大学校长贺祖斌教授领衔撰写的《广西乡村振兴战略与实践》(六卷本),正是该研究院推出的重要智库成果。各卷的作者都是各自领域具有相当影响力的中青年学者,具备多年的研究积累和扎实的理论功底,他们紧紧围绕"乡村产业振兴、乡村人才振兴、乡村文化振兴、乡村生态振兴、乡村组织振兴",分别从经济、教育、文化、生态、政治、社会六个方面对广西乡村振兴战略进行前瞻性研究,取得了可喜的成果。

《广西乡村振兴战略与实践》紧扣中央提出的乡村振兴战略总体要求和部署,每卷聚焦一个领域的重要问题,六卷互为印证,成为一个完整的体系。《广西乡村振兴战略与实践》对实施乡村振兴战略和制定相关政策具有较高的实践指导价值,既可以作为各级党政干部研究制定乡村振兴相关政策的理论借鉴,也可作为高校和研究机构研究人员研究乡村振兴的必备参考书目,还可以作为当代大学生了解乡村振兴、参与乡村振兴的参考书目。

总　序

　　实施乡村振兴战略是党的十九大做出的重大决策部署。我国作为世界上最大的发展中国家，自新中国成立以来，发展成就令世界瞩目，但农村发展相对落后，城乡二元经济结构仍然比较突出，发展不平衡、不充分问题仍然存在。这些问题必须得到解决，这也是实现中华民族伟大复兴的必然要求。习近平总书记反复强调："中国要强，农业必须强；中国要美，农村必须美；中国要富，农民必须富。"农业基础稳固，农村和谐稳定，农民安居乐业，整个大局就有保障，各项工作都会比较主动。乡村振兴战略正是在这一大背景下提出来的。

　　广西壮族自治区作为欠发达地区，只有实现跨越式发展才能迎头赶上。乡村振兴战略的实施为广西发挥后发优势、实现赶超式发展提供了机遇，但后发优势是潜在的，只有在一定条件下才能实现。根据著名经济史学家亚历山大·格申克龙的观点，落后地区要赶上发达地区，一定要采取一些发达地区未曾实施过的新制度。也即，只有通过制度创新才能激活后发优势。广西应该牢牢抓住我国大力实施乡村振兴战略的历史机遇，发挥广西高校和智库理论工作者的创造力，以理论创新促进制度创新，引领广西乡村振兴研究。以理论研究指导政策实践，以政策实践促进理论创新，通过理论与实践相结合的方式将广西的后发优势转变为现实的竞争优势，从而促进广西乡村全面振兴。广西师范大学研究团队撰写的《广西乡村振兴战略与实践》共六卷，包括教育卷、文化卷、政治卷、经济卷、社会卷、生态卷，紧扣中央提出的乡村振兴战略总体要求和战略部署，每卷聚焦一个问题，六卷互为印证、密切相关，成为一个完整的体系。《广西乡村振兴战略与实践》的价值主要体现在以下三方面。

一、充分发挥高校服务社会功能，积极回应时代发展重大问题

习近平总书记在党的十九大报告中指出："中国特色社会主义进入新时代，意味着近代以来久经磨难的中华民族迎来了从站起来、富起来到强起来的伟大飞跃，迎来了实现中华民族伟大复兴的光明前景；意味着科学社会主义在21世纪的中国焕发出强大生机活力，在世界上高高举起了中国特色社会主义伟大旗帜；意味着中国特色社会主义道路、理论、制度、文化不断发展，拓展了发展中国家走向现代化的途径，给世界上那些既希望加快发展又希望保持自身独立性的国家和民族提供了全新选择，为解决人类问题贡献了中国智慧和中国方案。"新时代呼唤新理论，习近平新时代中国特色社会主义思想就是我们改革的指导思想。随着中国特色社会主义事业不断向前发展，在解决了旧矛盾的同时，也产生了新矛盾，而改革是化解各类矛盾的根本途径。改革的本质是一个持续推进制度创新的动态过程，我们只有不断进行制度创新，才能将中国特色社会主义事业不断推向新的高度。

乡村振兴战略是补齐我国经济发展短板的关键一环，更是我国经济转向高质量发展和实现中华民族伟大复兴的重要战略支撑。我国作为一个发展中国家，在经历改革开放40余年的快速工业化和城市化之后，城乡二元经济结构仍然比较突出。国家统计局发布的《2018年居民收入和消费支出情况》显示，从2016年到2018年，全国居民的人均可支配收入稳步增长，农村居民人均收支增速快于城镇，但城乡之间的绝对收入差距仍在扩大。2016年城镇居民人均可支配收入比农村居民多21 252.8元，2017年多22 963.8元，到2018年则增至24 634元。因此，切实增加农民收入仍然是当前农村工作的重要指向，乡村振兴战略正是我国在这一大背景下做出的重大战略部署。在党的十九大报告提出的"产业兴旺、生态宜居、乡风文明、治理有效、生活富裕"二十字总体要求中，"产业兴旺"排在首位，它是实施乡村振兴战略的重点与基础。而在发展乡村产业过程中如何处理好资本和农民的利益协调问题？如何统筹经济发展与环境保护的关系？在市场经济的春风吹遍乡村的过程中如何记住乡愁、保留淳朴的民风和提升乡村文化？随着乡村振兴战略的推进，对乡村基层党组织的治理能力提出了

更高的要求,如何通过制度创新应对这一挑战?随着乡村经济的发展,利益主体更加多元,如何创新治理体系应对这一变化?知识经济时代经济发展的基础动力是人力资本的积累,教育是人力资本积累的重要手段,后发地区如何通过创新教育体制机制实现跨越式发展?这一系列问题是摆在理论工作者和实践工作者面前的重大课题。

广西师范大学作为教育部和广西壮族自治区共建的省属重点大学,教学和科研方面在全区具有引领示范作用。在自治区积极贯彻中央部署,大力实施乡村振兴战略的大背景下,广西师范大学充分发挥高校服务社会的功能,积极整合跨学科的研究力量,成立了"广西乡村振兴战略研究院",致力于乡村振兴战略的理论与实践研究。呈现在我们面前的《广西乡村振兴战略与实践》,分别从教育、文化、政治、经济、社会、生态六方面,紧紧围绕"乡村产业振兴、乡村人才振兴、乡村文化振兴、乡村生态振兴、乡村组织振兴"五个振兴对广西乡村振兴战略进行了前瞻性的研究,极具理论创新的特征,书中提出的政策建议对广西实施乡村振兴战略具有理论指导和政策实践价值。

二、以理论创新促进制度创新,引领广西乡村振兴研究

(一)完善乡村教育体制机制是乡村人才振兴的制度基础

人才振兴是乡村振兴的重要支撑。《广西乡村振兴战略与实践·教育卷》聚焦广西乡村教育,从不同层面提出了广西乡村教育存在的问题及解决的办法,对乡村教育的基本价值取向进行了深入探讨,形成了"乡村教育为乡村""城乡教育一体化发展""乡村教育的根本任务是培养人"等立场鲜明的观点。在清晰阐述乡村教育与乡村社会关系的基础上,肯定了乡村教育之于乡村建设的基础性作用,承认了乡村社会发展之于乡村教育的基本要求,最后强调了乡村教师之于乡村教育的关键意义、乡村课程与教学之于乡村教育变革的基本功用、教育经费投入之于乡村教育的生命线保障作用。

本卷从五个方面提出广西振兴乡村教育的举措:

第一,加强师德师风建设。师德师风建设是乡村教育的重中之重,必须将全

面从严治党要求落实到每个乡村教师党支部和教师党员,把党的政治建设摆在首位,用习近平新时代中国特色社会主义思想武装头脑,充分发挥教师党支部教育、管理、监督党员和宣传引导、凝聚师生的战斗堡垒作用,充分发挥教师党员的先锋模范作用。

第二,利用互联网、大数据、人工智能技术推进教育精准脱贫。教育精准扶贫是最具有根本性、可持续性的扶贫举措之一,实现均衡分配教育资源,有助于贫困家庭子女都能接受公平、有质量的教育,掌握脱贫致富技能,全面提升劳动者的综合素质。

第三,科学合理规划乡村学校布局。乡村学校布局既要有利于为学生提供公平、有质量的教育,又要尊重未成年人身心发展规律,方便学生就近入学。防止过急过快撤并学校导致学生过于集中,极力避免出现新的"空心校"。

第四,推动乡村学校标准化建设。按照"实用、够用、安全、节俭"的原则,加快推进乡村学校达标建设,全面达到国家规定的基本办学条件"20条底线"要求。升级教学设施设备,配齐相关体育设施,完善两类学校(乡村小规模学校和乡镇寄宿制学校)安全防范设施。

第五,加强乡村师资队伍建设。完善编制岗位核定和教师补充机制。切实提高乡村教师待遇。进一步落实和完善乡村教师工资待遇政策,核定绩效工资总量时向两类学校(乡村小规模学校和乡镇寄宿制学校)适当倾斜。完善教师住房保障,切实落实将符合条件的乡村教师纳入当地政府住房保障体系的政策。加强教师培养培训。深入推进县域内义务教育教师、校长交流轮岗制度,每学年遴选一批两类学校教师到城镇学校交流培训、跟岗锻炼。

笔者提出的这一系列广西振兴乡村教育的举措,都是从广西乡村教育的实际情况出发,具有较强的可操作性。"五位一体"的战略举措系统而全面,既有理论创新,又有实践价值,为广西创新乡村教育体制机制提供了有益借鉴。

(二)"五位一体"是乡村文化振兴的必由之路

乡村文化振兴是乡村振兴的灵魂,文化兴则人心稳,人心稳则事业兴,只有文化振兴了,人们才能记得住乡愁,美丽乡村才有灵魂。《广西乡村振兴战略与实践·文化卷》聚焦乡村文化振兴,从五个方面具体阐述了广西乡村文化的振兴路径。

第一,以产业兴旺为基础推进乡村文化振兴。笔者认为,可以通过建设广西农耕文化产业展示区,打造广西特色文化产业乡镇、广西文化产业特色乡村、广西农村特色文化产业群,实施广西乡村传统工艺振兴计划,开发广西传统节日文化用品和项目,推动广西乡村文化、旅游与其他产业深度融合等。

第二,以生态宜居促进乡村文化振兴。通过改善农村基础设施,全面改变农村居住条件,调动农民建设美丽家乡的积极性,并注重个人品德和职业道德建设,以职业能力提升工程促进农民参与生态宜居建设能力的提升。同时,注重生态道德和公共道德建设,培养农民在生态宜居建设中的团结协作精神和生态管理能力。通过实施"生态厕所革命"、"生态+文化"工程和"生态+产业"工程等,全面提升乡村文化的内涵。

第三,以治理有效助力乡村文化振兴。大力推进农村自治、法治、德治协同共治体系建设。只有政府、市场、乡村共同发力,自治、法治、德治协同推进,才能更好地推动农村生态道德建设、农村家庭美德建设、农民个人品德建设、农村社会公德建设、农民网络道德建设。

第四,以科技发展助推乡村文化建设。充分利用和发挥"互联网+"在农村道德建设和乡风文明建设中的宣传、引导和推动作用。实施"互联网+N"工程,依托政府部门、互联网公司和高校研究机构等力量,实施"互联网+'五风'"工程、"互联网+'六德'"工程、"互联网+'三治'"工程,对传统和现代的优良"五风""六德"及"三治"经验进行宣传和推广,实现农村服务范围和对象全覆盖,营造一种积极向上和社会和谐的发展氛围。

第五,强化农村基层党组织领导核心地位。健全新型农村基层党组织体系,持续整顿软弱涣散的村党支部,提升"星级化"管理水平。实施农村带头人队伍整体优化提升行动,选优配强村党支部书记,全面向贫困村、软弱涣散村和集体经济薄弱村党支部派出第一书记,加大在优秀青年农民中发展党员力度。落实农村党员定期培训制度,稳妥有序开展不合格党员处置工作。全面落实村级组织运转经费保障政策。健全从优秀村党支部书记中选拔乡镇领导干部、考录乡镇机关公务员、招聘乡镇事业编制人员制度。推行村级小微权力清单制度,严厉整治侵害农民利益的不正之风和腐败问题。

乡村文化是乡村社会和谐稳定发展之"锚",也是实施乡村振兴战略的重要支撑和最终归宿。笔者提出的"广西只有紧紧围绕'产业兴旺、生态宜居、乡风文明、治理有效、生活富裕'的乡村振兴战略总要求,在'五位一体'中才能实现广西乡村文化振兴",是对乡村振兴战略的深刻解读,从五个方面入手,提出乡村文化振兴的具体路径,具有较强的理论创新价值和政策参考价值。

(三)基层党建是乡村组织振兴的重要法宝

乡村组织振兴是乡村振兴的组织保障,乡村基层党组织是乡村有效治理的基石。《广西乡村振兴战略与实践·政治卷》聚焦乡村治理,乡村治理现代化是实现国家治理现代化的必然要求,治国安邦重在基层。笔者认为,乡村是国家政权的"神经末梢"和最基本的治理单元,乡村治理是整个国家治理的基石,是国家治理的有机组成部分。没有乡村治理的现代化,就不可能实现国家治理体系和治理能力现代化。推进国家治理体系和治理能力现代化最重要的是实现乡村治理的现代化。实施乡村振兴战略,要求加强农村基层基础工作,健全乡村治理体系,确保广大农民安居乐业,农村社会安定有序,打造共建共治共享的现代社会治理格局,推进国家治理体系和治理能力现代化。

笔者进一步指出,办好中国的事情关键在党。党政军民学,东西南北中,党是领导一切的。中国共产党的领导是中国特色社会主义最本质的特征和最大优势。实施乡村振兴战略,从根本上解决好"三农"问题,必须始终坚持党管一切的原则,加强党的领导是乡村治理的根本保障。如果不注重加强党的领导,乡村治理就有可能出现"跑偏"的现象。加强党的领导,关键在农村基层党组织和广大党员。必须坚持以党建引领乡村治理,促进乡村振兴。在推进乡村治理的过程中,要坚持和加强党对乡村治理的集中统一领导,坚持把夯实基层基础作为固本之策。充分发挥农村基层党组织的战斗堡垒作用和广大党员的先锋模范带头作用,加强党员干部与群众的密切联系,带动群众全面参与国家的乡村振兴战略行动。

笔者最后提出,"三治结合"是实现乡村治理现代化的必由之路,即把农村基层党组织治理与乡村治理、村民自治与乡村治理、乡村治理中的"德治"与"法治"结合起来。既要传承发展我国农耕文明中的优秀传统，形成文明乡风、淳朴民风、良好家风，又要建立健全党委领导、政府负责、社会协同、公众参与、法治保障的现代乡村社会治理体制。要完善党务、村务、财务"三公开"制度，实现公开经常化、制度化和规范化；要在党的坚强领导下，选举好村委会主任，保障农村妇女的政治参与，培育农村后备政治精英，确保村民自治依法有序进行；要坚持"依法治国"与"以德治国"相统一，在运用法律刚性规范乡村社会秩序的同时，注重发挥新乡贤促进乡风文明建设的道德力量，从而实现乡村社会的善治。笔者提出的这些主张和政策思路具有现实意义。

（四）创新农地流转机制是乡村产业振兴的制度杠杆

乡村产业振兴是乡村振兴的物质基础。《广西乡村振兴战略与实践·经济卷》以农地流转机制创新为切入点，提出以农地流转机制创新作为制度杠杆，吸引产业资本和人才下乡，这样才能夯实乡村振兴的经济基础。我国近些年开展农地确权和延长承包经营期限是实施乡村振兴战略的前期工作。笔者认为，改革和完善现行的农地制度，特别是农地流转机制，不仅关乎广大农民的切身利益，而且是经济发展和实施乡村振兴战略的必然要求。农地流转机制创新与乡村振兴战略的实施有着紧密的联系。换句话说，农地流转机制的创新方向和效率直接关乎乡村振兴战略的实施效果，甚至影响整体经济改革的进程。具体到广西的发展实际，笔者认为可以利用国家的少数民族地区优惠政策，大胆先试先行，在新时代积极探索农地制度创新和政策实践，从而走出一条独特的乡村振兴之路，实现跨越式发展。

广西作为欠发达地区，如何突破既有的发展路径，实现跨越式发展，是摆在广西各级政府面前的亟待解决的问题。本卷对各级地方政府如何提高推动制度变迁的能力，在巩固现有农村基本经营制度的前提下如何完善和创新农地流转机制，农地流转机制创新之于乡村振兴有着怎样的重要意义，广西乡村振兴的产业选择应该遵循什么样的逻辑，广西应该走一条什么样的乡村振兴道路等关键问题进行较为深入的探讨，并给出了尝试性的解答，具有较强的政策参考价值。

（五）治理体系创新是乡村全面振兴的根本保障

乡村振兴战略是"五位一体"的全方位战略，归根结底是为了实现乡村社会的全面振兴。《广西乡村振兴战略与实践·社会卷》针对广西目前乡村社会治理过程中出现的一些问题，从五个方面提出了创新性的治理思路。

第一，治理体制创新。首先，结合当前新型城镇化战略的推进，在城乡一体化的框架下，深化乡村社会治理体制改革。其次，实现乡村社会的公共管理与乡村自治的有机结合。最后，创新乡村土地制度与集体产权制度，推进村民自治制度改革。

第二，治理机制创新。创新的基本方向就是从单一化、行政化治理机制迈向综合治理机制。首先，把乡村社会治理与乡村社区建设和社区管理有机统一起来，即让目前的村民自治走向社区建设和社区管理。其次，创建新型多样化的乡村社会自治的实现形式。最后，构建乡村社会治理的联动机制。

第三，治理结构创新。首先，应结合乡村社会治理体制机制的深化改革，在乡村社会治理中广泛引入社会力量，其中包括市场的力量。在乡村社会治理结构创新中，鼓励一些社会力量进入乡村，如让各种社会组织和团体进入乡村，引导一些市场机构参与乡村社会事业发展。这些对增强乡村社会治理的力量，提高乡村社会治理的实效，都会起到积极的作用。其次，建立和完善乡村民众参与乡村社会治理的机制。在乡村社会治理中，如果能让更广泛的民众参与其中，就会使目前的乡村社会治理结构大大改善，社会治理的力量会更加强大，社会治理结构内在关系更为均衡。最后，建立相互协调的多元治理结构。实现乡村社会治理效率质的提高，仅仅依靠政府的力量是不够的，必须充分发挥政府、市场和社会三方面力量组成的协调的多元治理结构的作用。

第四，治理过程创新。乡村社会治理过程是指由治理乡村社会的各项活动构成的一个动态过程，即各种治理措施的实施过程。首先，改革和完善村民自治管理，推进乡村社会生活的民主化。其次，创建自下而上的治理平台。最后，协调推进乡村治理。

第五，治理手段创新。目前，乡村治理手段的缺陷在于法治化程度较低、行政手段与传统手段不协调,这些问题都会影响治理的效率。推进乡村社会治理手段的创新,需要抓住两个关键问题。首先,理顺法理和礼俗的关系。坚持依法治理,并不等于完全不考虑乡村社会中礼俗的作用。其次,通过制度建设和治理实践,解决乡村社会治理中存在的一些制度的模糊空间问题。

笔者指出的选择和创新乡村社会治理手段,应始终坚持互惠原则,认为达成共识是构建乡村社会秩序的重要基础,而达成共识是以互惠为前提的。这实际上指出了制度创新的普惠原则,在广西实施乡村振兴战略过程中,制度创新占有举足轻重的地位,但只有把握好制度创新的基本原则,新的制度才能最大限度地发挥作用。笔者提出的五个方面的乡村社会治理的创新思路具有较强的政策启发意义。

(六)留住绿水青山是乡村生态振兴的必然要求

乡村生态振兴是乡村绿色发展所要达到的最终目的,也是贯彻习近平总书记"绿水青山就是金山银山"重要论断的体现。《广西乡村振兴战略与实践·生态卷》以我国实施乡村振兴战略为背景,紧紧围绕广西乡村振兴"三步走"的战略目标,立足区情农情,充分认识全面实施乡村生态振兴战略,建设"美丽广西"的重大意义。本卷以"问题导向"为切入点,以"历史纵深"为视角,以"前瞻预测力"为目标,以"现实操作性"为导向,对广西在实施乡村振兴过程中如何实现"生态宜居"进行了较深入的研究。笔者认为,广西作为欠发达地区和全国脱贫攻坚主战场之一,产业结构不够合理,农业大而不强、大而不优,农村基础设施和公共服务能力较为薄弱,农民收入整体低于全国平均水平,乡村规划建设、生态文明建设亟待加强。《中共广西壮族自治区委员会关于实施乡村振兴战略的决定》已明确广西乡村生态振兴"三步走"的战略目标:到2020年,"美丽广西"乡村建设四个阶段(清洁乡村、生态乡村、宜居乡村、幸福乡村)目标任务全面完成,农村生活垃圾处理率、无害化卫生厕所普及率、农村生活污水治理率明显提高,村庄规划管理实现全覆盖,农村人居环境明显改善;到2035年,农村生态环境和人居环境质量大幅提升,美丽宜居乡村基本实现;到2050年,乡村全面振兴,与全国同步实现农业强、农村美、农民富。

为了实现上述目标,笔者进一步指出,广西在实施乡村振兴战略过程中必须以"创新、协调、绿色、开放、共享"新发展理念为指导。在全面梳理广西改革开放 40 余年和自治区成立 60 余年发展历程中不同阶段乡村生态建设的状况,直面广西乡村振兴生态建设过程中存在的棘手问题,系统分析问题的成因,提出广西乡村振兴生态建设的目标和对策。为广西推进乡村绿色发展、打造人与自然和谐共生发展新格局、实施美丽广西乡村生态建设等提供现实可行的实施方案。最后,笔者从生态宜居发展战略、生态农业发展战略、乡村生态旅游发展战略、生态扶贫发展战略、田园综合体发展战略和山水林田湖草系统治理发展战略六个方面全方位论述了广西乡村振兴生态发展战略体系,为广西各级政府部门制定乡村振兴生态建设的相关政策提供了决策参考。

三、将后发优势转变为竞争优势,促进广西乡村全面振兴

经济发展是一个现代工业部门相对农业部门不断扩张的过程,在这个过程中伴随着劳动力从农业部门向工业部门的转移。根据理论推导,这种劳动力的单向流动将一直持续到城乡一体化劳动力市场出现为止,即随着工业化的推进,城乡之间的发展差距最终会缩小,二元经济将转变为一元经济。但在现实中,这种缩小趋势不但没有出现,反而有不断扩大的趋势。显然,纯粹依靠市场机制,城乡之间的发展差距几乎是不可能缩小的,因此,需要有作为的政府加以推动。从历史的角度看,绝大部分发展中国家快速推进工业化,都在一定发展阶段不同程度地出现城乡发展差距扩大、乡村凋敝等发展不均衡问题,这种现象在一些发展中国家持续存在,甚至出现了不断加剧的趋势。值得注意的是,日本和韩国从工业化中期开始,为了减少城乡之间的发展差距,政府就有意识地转变发展战略,强化乡村发展的制度供给。日本政府在 20 世纪 60 年代颁布的《农协法》《市民农园整备促进法》《农村地区引进工业促进法》等相关法律,以及韩国政府在 20 世纪 70 年代开展的"新村运动",都是比较典型的例子。这些成功的做法,可以为我国实施乡村振兴战略所借鉴。

我国"三农"问题长期得不到根本解决的主要原因在于,快速工业化和城市化形成了一种"虹吸效应",使得资本和人才等高端生产要素长期向城市单向流

动,农村发展的基础越发薄弱,而城市和乡村公共服务配置的不均等又加剧了这一趋势。广西作为欠发达地区,经济发展相对落后,农村的发展已经出现了不同程度的锁定效应,突破"路径依赖"创造新的发展路径已迫在眉睫。而乡村振兴战略的提出为广西实现跨越式发展和内涵式发展提供了难得的机遇。广西以乡村振兴为战略支点,坚定推进制度创新,将潜在的后发优势转变为现实的竞争优势,运用制度杠杆效应实现路径创新和跨越式发展是可期的。

在我国大力实施乡村振兴战略以及广西积极推进乡村振兴和实现跨越式发展的大背景下,广西师范大学乡村振兴战略研究团队撰写的《广西乡村振兴战略与实践》正当其时。《广西乡村振兴战略与实践》引领了广西乡村振兴领域理论与实践研究,对广西实施乡村振兴战略和制定相关政策具有较高的实践指导价值,不仅可以作为广西各级政府制定乡村振兴相关政策的理论借鉴,而且可以作为高校研究机构的研究人员研究乡村振兴的参考书,更是当代大学生了解乡村振兴、参与乡村振兴很好的参考书。

贺祖斌

2019 年 10 月 20 日

目　录

第一章

乡村社会治理的几个基本议题

第一节　多元、合作、权利与参与是现代社会治理的基本特征[①]

一、以包容开创治理主体多元化

中共十八届三中全会将"完善和发展中国特色社会主义制度,推进国家治理体系和治理能力现代化"作为新时期全面深化改革的总目标。这给理论界和学术界提出了一个兼具理论性和实践性的新课题。随着社会从农业社会经由工业社会向后工业社会变迁,社会治理模式也呈现出从"统治型"经由"管理型"进入"服务型"的转型轨迹。[②] 在社会急剧转型和全面深化改革的今天,主体性、多元、民主、法治、权利、公正、参与、秩序、确定性、合法性等内含于"现代性"的社会事实在社会治理的现代化过程中是如何展开的? 或者说,什么样态的社会治理才是既符合现代社会的本质要求,又根植于中国特色社会主义制度的?

"治理",即 governance,具有引领、导航、控制、操纵之意。演变至今,"治理"成为公共的或私人的机构及个人,在众多不同利益需要协调的领域,达成一致或者取得认同,采取联合行动,实施某项计划的持续的过程。社会在纵向上有宏观、中观和微观的层次之分,在横向上有政治、经济、文化等领域之别。社会治理在广义上是指对整个国家或宏观层面的社会的治理,在狭义上则指对中观层面某个具体的社会领

---

① 此节书稿曾以《论社会治理的现代化样态》为题发表于《教学与研究》2016 年第 9 期,现对部分数据做了更新。

② 张康之.公共管理:社会治理中的一场革命(上)[J].北京行政学院学报,2004(1):1-4.

域的治理。参考中共十八大提出的全面推进中国特色社会主义事业的经济建设、政治建设、文化建设、社会建设、生态文明建设"五位一体"总体布局，本卷把社会治理界定为对"五位一体"中"社会"的治理。当然，中国特色社会主义事业是一个不可分割、相互影响的有机整体，我们在理论和实践上都很难把狭义的社会治理与其他领域的治理及广义的社会治理完全剥离开来。

构建现代化的社会治理，第一个要面对的问题就是："谁"是治理社会的主体？或者说，"谁"具有治理社会的权利与责任？现代社会具有复杂性，社会的各个层次和各个领域都在逐渐分化，参与社会实践的主体也日趋多元化。这些社会主体在发生机理上都有其因果依据，都有其权利和责任，都应该是社会治理的"当事人"。

（1）党政机关。党政机关是指中国共产党的组织体系、中央与地方国家机构。党政机关是社会治理的当然主体。首先，中国共产党是中国的执政党和中国特色社会主义事业的领导核心，承担着领导社会治理现代化的改革重任，因为社会治理的现代化改革是中国特色社会主义事业的一部分。其次，在现代民主政治理论中，人民和国家之间是一种"委托—代理"关系，国家机构只是代表国家在其管辖区域内履行社会管理职能。再次，国家机构是公共权力的实施者，公共权力实施的不可选择性决定了国家机构必须承担社会治理的义务。最后，中国特色社会主义制度的确立和建设的成就，尤其是改革开放四十余年的巨大成就，足以证明中国共产党及其领导的国家机构能够担负起社会治理的责任。党政机关的基本职能是政治统治和社会管理，"政治统治到处都是以执行某种社会职能为基础，而且政治统治只有在它执行了它的这种社会职能时才能持续下去"①。如果不能公正地提供公共产品，不能优质高效地提供社会服务，不能构建良性的社会秩序，党政机关治国理政的合法性基础将会遭受侵蚀。

（2）经济组织。经济组织是现代社会的重要组织形式，是推动社会发展的原初引擎。作为市场主体，经济组织具有独立的资产和经济利益，在市场上从事经济活动，享有民事权利，承担民事责任。经济组织虽然有追求自身利益最大化的逐利本质，但是作为社会结构体系的重要组成部分，它是社会治理不可或缺的主体。首先，经济组织将资本、劳动力、科学技术等生产要素集聚在生产和销售过程，高效率地向社会提供各类生产资料、生活资料和服务，为人们过上富足而有品质的生活奠定基

---

① 中共中央马克思恩格斯列宁斯大林著作编译局.马克思恩格斯选集:第3卷[M].北京:人民出版社,1995:523.

础。其次,经济组织的机器化、资本化、利润化、专业化、竞争化等经营变化,形塑着科学化、民主化、开放化、自由化、平等化等理念与规范。最后,经济组织在就业、员工权利、消费者权益、环境保护、反哺农业等方面承担重要的社会责任。可以说,经济组织既是社会治理的直接参与者,又对社会治理具有间接的基础性贡献,既为解决社会领域中的各种问题与矛盾创造物质条件,又塑造现代社会的精神品质。

(3)事业单位和人民团体。事业单位以社会公益为目的,由国家机构举办或者其他组织利用国有资产举办,从事教育、科技、文化、卫生等服务活动,是发展社会事业和提供社会服务的骨干力量,在提供公共服务、改善人民生活、促进经济发展、推动社会进步等方面发挥重要作用。人民团体是由中国共产党领导的群众组织,包括工会、共青团、妇联、青联、学联、台联、工商联、侨联、科协、文联、记协、对外友好团体等。新中国成立以来,人民团体就在统一战线、政治协商、民主监督、参政议政等领域发挥重要作用。事业单位和人民团体是有中国特色的社会组织,是执政党和政府治理社会的重要辅助主体。

(4)社会组织。社会组织主要是指在各级民政部门依法登记注册的基金会、社会团体和民办非企业单位。[①] 随着市场体制改革的推进,社会组织也得到了一定程度的发展,2017年底全国共有社会组织76.2万个[②]。当前,庞大并掌握巨大社会资源乃至公共资源的事业单位依然是公共产品和社会服务的主要供给主体,但是随着体制改革的全面深化及社会的持续分化,仅仅靠体制内的事业单位是不能满足社会对公共产品与服务的需求的,社会组织在这方面的作用不可替代。社会组织体系的改革创新及其作用的发挥,是推动社会治理现代化的重要手段。

(5)个人。我国2018年有人口139 538万人。[③] 在现代社会,个人具有"学有所教、劳有所得、病有所医、老有所养、住有所居"的民生诉求,享有生存、自由、财产、尊严、获助、公正、劳动、发展等正当权利,当然也有爱国、敬业、诚信、友善、守法等社会责任。对于全面深化改革和推进社会治理现代化,他们既是直接的参与者,又是直接的受益者。社会转型时期,所有的问题与矛盾、纠纷与冲突、失衡与风险,最终都要由个人来承受。而维护最广大人民的根本利益,保障和改善民生,解决好人民最

---

① 王名.社会组织与社会治理[M].北京:社会科学文献出版社,2014:2.
② 2017年社会服务发展统计公报[EB/OL].http://www.sohu.com/a/246721345_99939264.
③ 2018年国民经济和社会发展统计公报[EB/OL].http://www.stats.gov.cn/tjsj/zxfb/201902/t20190228_1651265.html.

关心、最直接、最现实的问题,则是推行社会治理的现代化改革的根本出发点。

党政机关、经济组织、事业单位、人民团体、社会组织和个人,都应该是现代化的社会治理的主体。在现代社会,产业、行业、职业、所有制、分配方式、阶层等已经分化;领域、现象、问题、需求、利益、矛盾、关系、行为、价值、认同等也已经多元化。面对协调社会关系、规范社会行为、化解社会矛盾、解决社会问题、促进社会公正、应对社会风险、维持社会和谐、提供公共产品和社会服务等社会治理事务,再权威的国家机关也显得势单力薄,再完善的事业单位体系也只能是杯水车薪,再强大的市场经济体系也会顾此失彼。只有形成共治合力,才可能实现有效和谐的现代社会治理。

治理主体的多元化体现的是一种工具理性。一方面,执政党和政府是治理好现代社会和创造良性社会秩序的最终责任主体;另一方面,现代社会的复杂性客观上要求执政党和政府转换权力运作方式,向社会放权与授权,将其治理社会的部分权力向司法部门、准公共部门、私人部门和个人转移,让后者承担越来越多的提供公共产品和服务的功能,实现多主体的互动和共治。① 执政党和政府只有顺应现代社会的复杂性要求,包容多元化的社会治理主体,才可能治理好现代社会,进而增强其治国理政的合法性。社会治理和善治的核心,在于由国家力量和社会力量,公共部门与私人部门,政府、社会组织与公民,共同来治理和管理一个社会。②

二、以平等构筑合作共生

社会治理的主体是一个相互联结、相互影响的结构体系。在不同的社会或者同一个社会的不同历史时期,治理主体的结构体系所呈现出来的样态是不相同的。自新中国成立到改革开放前这段时间里,国家通过城镇的民族资本主义工商业改造和农村的土地改革、合作化运动,实现对生产资料、生产过程的控制;通过城镇的"单位制"和农村的"人民公社制度"及"户籍制度",将广大群众纳入行政性的组织体系。中华人民共和国成立前高度分散的社会资源得以迅速整合,国家度过了社会资源短缺的困难时期,并在社会主义建设中表现出广泛而强大的动员能力,奠定了中国特色社会主义制度的基础,但是也抑制了其他治理主体的多元性发展和积极性、创造性的发挥。

① 徐晓全.国家治理[M]//张小劲,于晓虹.推进国家治理体系和治理能力现代化六讲.北京:人民出版社,2014:28-75.
② 社会体制机制改革的新理念新思路[N].光明日报,2013-12-11(11).

党的十一届三中全会以后,国家开始对政治经济体制进行革命性的变革,调整了中国共产党的权力结构,重新确立了党的政治路线和工作重心。随后的政治体制改革以改革行政管理体制为核心内容,其总体趋势是"党政分开""政企分开""政事分开"。经济体制改革的总体趋势则是将生产经营的自主权还给市场主体,发挥市场对资源配置的调节作用,政府不再直接干预市场主体的经营管理,而是运用法律手段、经济政策、计划指导和行政手段对整个社会的经济运行进行宏观调控。行政集权的改变、市场经济的发展、社会活力的增强表明,我国的政治经济体制改革取得了重大成效。

政治经济体制改革的一个重要内容就是消除在计划经济时期形成的"单位办社会"现象。这种功能剥离有两方面的内容:一是取消职工的组织身份,只保留其职业角色。人民公社制度的解体使广大农民由公社的"社员"回归到职业性的农民,城镇的"单位制"改革使职工由"单位人"回归到"社会人"。二是将各类正式组织承担的社会职能向社会转移,突出其业务职能。各类正式组织卸下"办社会"的负担,将组织资源集中在业务发展与提升上。这项改革的直接结果就是,个人失去了要求工作单位直接提供社会服务的政策依据,社会服务应该由其他社会主体来提供。虽然政府、市场主体、社会组织等都应该是公共产品和社会服务的供给主体,但是政府承担过多的提供公共产品和社会服务的职能,而其他供给主体的相关职能还没得到相应的发挥,导致政府在社会管理上既存在"越位"的可能性,又存在"缺位"的可能性。

政府在社会领域的治理改革没有与政治经济体制改革齐头并进。随着经济社会的发展,社会对公共产品和社会服务无论是在数量上还是在质量上都提出了更高的要求,公共产品与社会服务日益成为稀缺资源。政府是公共产品和社会服务的当然的主要供给者,但不应该是唯一的提供者,也不应该是直接的提供者。政府的角色主要是政策制定、经费补贴、调控、秩序监管,而不是直接提供公共产品和社会服务。供给体系虽然要以政府为主导,但必须纳入市场主体、社会组织作为补充。供给方式虽然不能完全市场化,但必须引入市场竞争机制,通过招投标、合同承包、购买、特许经营等方式调动市场主体和社会组织参与的积极性。

现代化的社会治理的主体结构应该是多元合作的。合作关系的核心是互补性,事物之间相辅相成的互补性导致合作。[①] 各治理主体之间不是同质性的竞争关系,

① [美]赫伯特·金迪斯,萨缪·鲍尔斯,等.人类的趋社会性及其研究:一个超越经济学的经济分析[M]. 浙江大学跨学科社会科学研究中心,译.上海:上海人民出版社,2005:8-26.

而是异质性的分工合作关系。分工的最大作用在于,各种功能彼此紧密地结合使人们摆脱孤立状态,相互联系而结合在一起,进而使社会成为可能。[①] 当前,我国社会在一定程度上已经具备了多元合作治理的客观基础。各治理主体在社会经济运行中的目的、机制、功能和领域都有差异性和互补性。只有将党政机关、公共部门、私人部门等主体都纳入社会治理的主体结构,形成一个自主的网络,才可能在互补性的合作治理中实现公共利益的最大化。

在社会治理的现代化改革过程中,中国共产党及其各级组织需要提高领导水平和执政能力,发挥纵览全局、协调各方的领导核心作用。而各级各类国家机构(主要是政府),一方面需要贯彻和执行执政党的路线、方针、政策、规划,加强行政的责任性、公正性、透明性、回应性、参与性、廉洁性和合法性建设,依法有效行政;另一方面还需要创新方法和手段,更好地掌控和引导公共事务,有效推进事业单位分类改革,加大社会组织的培育力度,推进社会组织明确权责、依法自治,承担更多的社会服务功能,健全基层群众自治机制,保障人民享有更多的民主权利。各类社会组织需要加强内部治理,承接不需要由政府强制力提供的公共服务,发挥自我服务、自我管理、自我监督、表达诉求、维护权益和化解矛盾的作用。广大群众可以通过组织化的途径或个人身份有序地参与社区居民自治、职业自治和公共事务,表达诉求,促进沟通,推进社会治理的民主化和科学化。

多元合作治理的前提是治理主体之间的平等相待。客观上说,各个治理主体的地位和能力是有差异的,因为各个主体在资源占有、动员能力、动机强弱、责任大小等方面都不一样。但是,"治理"意味着国家与社会、政府与非政府、公共机构与私人机构、强制与自愿的合作;意味着各个主体之间需要相互依赖,交换各自的资源,谈判共同的目标;意味着各个主体在正式或非正式的规则下进行持续的互动和协调。

多元合作治理虽然以平等为前提,但并不否定党政机关的权威。现代性的政治思想强调国家和政府的中心地位,强调政治权力的控制和有效性,与主张解构等级体系、破除中心权威、提倡横向的碎片性关系、高扬差异性、确立边缘的权利的后现代政治思想有明显区别。[②] 而且,社会系统要维持一种良性的稳定和秩序,必须具有一种中心权威和等级体系特征的结构性。社会治理在本质上是一种公共管理活动,包括必要的公共权威和管理规则,否则主体的结构秩序就会被打破,甚至陷入无序

---

① [法]埃米尔·涂尔干.社会分工论[M].渠东,译.北京:生活·读书·新知三联书店,2000:24-25.
② 常士闰.政治现代性的解构:后现代多元主义政治思想分析[M].天津:天津人民出版社,2001:43.

的境地。新中国成立以来尤其是改革开放以来我国社会治理的巨大成就和历史表明，党政机关是我国多元化的社会治理主体结构的中心和权威，必须在中国共产党的领导下由政府负责治理社会，才能维持多元化主体结构的秩序与效率。党政机关向其他治理主体让渡治理社会的权力，并不是要其他治理主体挑战甚至取代党政机关的权威，而是为了更好地治理社会。① 党政机关的治理需要通过其他治理主体的参与而加以改善，其他治理主体的参与需要党政机关的引导。"善治就是使公共利益最大化的社会管理过程。善治的本质特征就在于它是政府与公民对公共生活的合作管理，是政治国家与公民社会的一种新颖关系，是两者的最佳状态。"②

三、以法治保障主体权利

现代社会既要尊重主体性，主张主体的多元化权利，又要尊重法制的权威，提倡依法治理社会。法律是维护社会公正和社会秩序的主要工具，任何政治行为、权力及其行使都必须以法律为依据，任何主体都不应有超越法律的特权。但是，法治的本质功能是确认和实现，而不是限制和抑制主体的正当权利。用公共权力限制甚至剥夺主体的合法权益，既不符合现代社会的法治要求，又是对来源于人民的公共权力的一种异化。主体也需要在法律与制度的框架下表达意见和利益诉求，追求正当权利。现代化的社会治理在本质上要求用法治来保障主体的正当权利，进而实现最大化的公共利益，构建良性的社会秩序。

我国正处于深化市场经济改革的关键时期，容易产生和凸显矛盾。在加快推动经济增长方式和社会发展方式转变的过程中，必然经历经济体制变革、社会结构变动、利益格局调整、思想观念变化等事实变迁，必然面临社会公平问题凸显、社会矛盾加剧、社会冲突高发等现实难题。

现实社会中各种问题与矛盾、纠纷与冲突，绝大多数都是利益分配和权利实现问题，而不是宗教、民族、文化、意识形态等方面的问题。③ 利益和权利问题是柔性的，可以根据理性的原则去取舍，可以通过谈判、协商、沟通、合议的方式去解决。同

① 徐勇.治理转型与竞争——合作主义[J].开放时代,2001(7):26-34.
② 俞可平.治理和善治引论[J].马克思主义与现实,1999(5):37-41.
③ 孙立平."不稳定幻象"与维稳怪圈[M]//《人民论坛》杂志社.中国策:第1辑.北京:国家行政学院出版社,2011:174-177.

时也要重视对利益分配和权利实现问题的预防、缓解和处理。不要笼统地把一切问题与矛盾、纠纷与冲突都政治化、意识形态化，但又要防止影响社会和谐的因素集聚，进而升级转化为破坏社会稳定的因素。

正当的利益表达与权利诉求是正常的社会现象，并非影响社会稳定的因素。社会治理不是要根除利益矛盾和权利冲突，而是要为合法的利益与正当的权利提供制度化的表达渠道和实现途径，实现社会的权益均衡。虽然权利和义务在法律上是对立统一的，但是在社会治理中是强调权利还是强调义务，其过程和结果都会不一样。传统的社会治理过于强调义务、责任、服从、牺牲和顾全大局，这既没有体现现代社会对利益和权利的肯定，又不利于构建良性的社会秩序。公共权力可以借助暴力机器或者垄断社会资源来获得社会稳定，但这样的社会稳定缺乏柔韧性，抵御风险的能力较弱。公共权力也可以通过尊重各类主体的正当权益、达成公共利益的最大化来实现社会稳定，这种社会稳定才是现代化的社会治理所追求的，因为它建立在社会认同和遵从的基础之上，呈现出稳定、包容而不乏活力的特点。

权利是国家法律或者组织规章制度赋予主体的一种资格和权益。任何一种社会主体都有其法律规定的或者法律不禁止的权利。党政机关及其工作人员拥有以处理公共事务、维护公共秩序、增进公共利益为目的的职务权利。虽然公共权力具有强制性的一面，但党政机关及其工作人员在行使公共权力时，其授权的对象有主张自身合法利益的权利。以政府、法定机构、企业、事业单位、社会组织等形式出现的法人主体，依法独立享有民事权利：可以在法定范围内直接享有某种利益或者实施某种行为；可以要求负有义务的对象实施或者不实施某种行为；在权利受到侵犯时，有权请求法律予以保护。个人享有涉及个人的生命、财产、人身自由的权利；享有参与政治生活的权利；享有参与社会、经济、文化生活的权利；享有获得公共产品与公共服务的社会权利。可以说，彰显权利是现代社会的重要特征。

社会治理的现代化，其基本的着力点就是各种治理主体在社会实践中相互尊重对方的正当权利，在法制的框架下保障各自正当权利的实现。忽视和侵犯他人的正当权利，是社会中各种问题、矛盾、纠纷、冲突和不满的重要根源，而尊重和实现各自的正当权利，则是化解社会问题与矛盾、解决纠纷与冲突、消除社会不满的根本途径。只有坚持尊重和实现各自正当权利的原则，我们才能处理好经济发展与社会公平、工业化城市化与环境保护、基本民生建设与公共安全、公共需求增长与公共服务供给不足等矛盾性的关系，才能消除各种问题、矛盾、纠纷、冲突和不满的根源，才能构建稳定和谐的社会秩序。[1]

以法治来保障主体权利,第一步要做的是用法律和制度规定主体的权利。权利是具体的,由这个社会的物质和文化结构决定。就现实性来说,主体的权利由法律和制度规定,只有法律和制度规定可以享有的或者没有禁止的权利才具有实践性。法制是良性的还是恶性的,会影响法制对权利的规定。"良法"能扩大主体的正当权利,"恶法"则会扭曲主体的正当权利。因此,有必要以是否彰显各类主体的正当权利为原则,破旧立新,检视已有的法律和制度,加强立法工作,健全法律制度。要从法律与制度层面明确执政党、政府、人民团体、企事业单位、社会组织、个人的权利范围和义务边界。在确定主体权利的过程中,需要注意两点:一是要规范和约束公共权力。公共权力不是无限的,也受到宪法和法律的约束。必须明确公共权力的边界,加强法治政府建设,依法行政,依法履责,防止越位或者不作为。二是要赋权给社会组织。要加快制定与社会事业改革创新相配套的各项法律、法规,让社会组织在法律规范的轨道上开展自治活动,依法行使其社会权力,保护其成员及广大公民的权利。[2] 第二步要做的是用公正的执法来实现主体的合法权益。法治不仅体现在法制的健全与完备上,还体现在法律的执行与适用之中。这一步的关键是依法行政和依法治理。注重运用法治思维和法治方式处理政府与市场、政府与社会的关系,在深化改革中推动发展,通过化解矛盾来维护稳定;改变行政执法过程中重权限、轻程序的习惯,建立健全要求具体、期限明确、责任落实的执法流程;全面落实执法公开、亮证、告知、听证、理由说明等规定,充分保障相对人的异议权;注重公共利益的认定程序,强调私权利公平的补偿与救济;重视群众参与、专家论证、集体讨论、合法性审查等制度环节的建立与完善,在维护法律权威与尊严的同时充分考量相关主体的基本诉求与切身利益,形成争议事项协商共决机制;做到执法行为公平合理、适宜恰当,实现对效率与公平、发展与稳定的平衡与兼顾。[3] 只有依法行政和依法治理,主体权利的实现才能真正得到保障。

现代社会治理虽然强调政府的责任和对弱势主体的赋权,但强调权利并非要摒弃义务。权利和义务总是对立统一和相互依赖的,一种主体要实现其权利,必须以向其他主体履行义务为前提。只有各自履行义务,才能实现各自的权利,也只有实

---

[1] 姜晓萍.国家治理现代化进程中的社会治理体制创新[J].中国行政管理,2014(2):24-28.
[2] 社会治理创新必须纳入法治轨道[N].人民日报,2014-01-15(19).
[3] 在法治轨道上推进社会治理创新[N].人民日报,2014-06-11(07).

现各自的正当权利,良性的社会秩序才有可能形成。在社会治理实践中,要处理好两个问题:其一是公共权力膨胀问题。公共权力的膨胀和滥用在法理上是没有依据的。公共权力来源于人民,党政机关及其工作人员只是受人民的委托,代理行使公共权力,因此公共权力的行使具有不可选择性,更多地表现为责任和义务。公共权力及其行使当然需要权威性,但是这种权威性并非依靠暴力机器和强制力量,而是根源于向社会优质高效地履行责任和义务。其二是主体权利的正当性问题。权利具有历史性,只有具有现实依据的权利才是正当的。与公平和正义相悖、缺乏现实依据的权利既不利于增进社会福祉,又不利于实现他人的权利。个体权利欲望的膨胀是重权利轻义务的表现。这不会增加实现自身权利的机会,只会适得其反。

四、以参与营造社会共同体

人的社会化与人的个体化是同一个现代性过程的两个侧面,体现社会的现代性的递进和人的现代性的成长。个人需要在血缘、地缘、志缘、趣缘等类型的社会群体里,尤其需要在党政机关、人民团体、企事业单位、有法人资格的社会组织等正式组织里,通过参与各种社会实践,缔结各种社会关系,以获得社会性。同时,个人的自主性、独特性、能动性、选择性和创新性,也会在参与各种社会实践、缔结各种社会关系的过程中得到锻炼和表达。在传统社会,个人更多的是作为先赋性的血缘群体或者地缘群体的成员参与社会实践,强大的集体意识将分散的个人联结成一种机械的团结的同时,也抑制了个人的主体性与独特性。而在现代社会,个人更多的是作为自致性的业缘群体、志缘群体或者趣缘群体的成员参与社会实践,社会因为各要素之间功能性的相互依赖而表现出一种有机的团结,个人的主体性和独特性也获得了释放的空间,但集体意识的衰落却导致了社会凝聚力的降低。[①] 现代化的社会治理,既提倡个人张扬其主体性与独特性,实现其正当权利,又主张社会实现其良性的稳定秩序。但是,这种要求的实现在现实社会变迁中遇到了两个困境。

第一个困境是个人的去组织化所导致的社会的"原子化"。这里的去组织化是指改革开放后农村人民公社制度的解体和城镇"单位制"的解组。人民公社制度的解体,使在农村广泛存在了二十多年的"三级"组织体系(人民公社—生产大队—生

---

① 李汉林,渠敬东.中国单位组织变迁过程中的失范效应[M].上海:上海人民出版社,2005:8.

产队)在几年时间里就不复存在。农村"三级"组织体系的瓦解既解开了束缚在广大农民身上的"绳索",让他们获得了自由流动的制度资源与社会空间,又使农村陷入了个体分离而集体无力的境地。随着国家政权力量在农村逐渐弱化,乡镇基层政权和农村自治组织缺乏动员广大农民的社会资源,再加上传统的家族、宗族等非正式的组织体系被打破,导致农村社会的组织性减弱。"单位制"的改革则改变了城镇居民的社会联结状态。改革以前,国家以"单位"为载体,推行国家所倡导的行为规范和价值取向,以达到整合社会的目的。改革以后,"单位制"的解组让国家卸下了为单位成员全方位提供社会资源的重担,使个人摆脱了对单位的全方位依赖,也使一大批城镇居民由"单位人"变为"社会人",减弱了城镇社会的组织性。这两种去组织化的过程,导致了一定程度上的人际关系疏离、社会纽带松弛、道德规范失灵及社会制约因素的消解,整个社会表现出一定程度的"原子化"状态。①

第二种困境是个人的自利性的膨胀所导致的"无公德的个人"现象。② 人的个体化内含在社会的现代化过程之中。个体化对社会的秩序来说是一把双刃剑。个体的自主、平等、自由、自立等是其积极的一面,而个体的自利、自私、不合群、忽视他人权利等则是其消极的一面。这两个方面在不同的社会可能表现出不同的样态。改革以前,人们的观念、思想和行为所奉行的是服从集体、优先他人的准则,但是在改革后,受到市场经济的冲击,自私自利行为明显增多。人们表现出自私性导向,却不愿承认他人也同样具有类似的权利,也不愿为此而承担必要的责任。市场经济和现代化的浪潮在形塑自由、平等、权利、自主等积极的人格的同时,张扬了个人的自私自利品性,导致重权利、轻义务的"无公德的个人"的产生。

无论是社会的"原子化"还是"无公德的个人",其出现的根本原因都在于个人之间的社会联结机制过于松散。"各个人互不依赖,仅仅通过交换集合在一起"③,处于无组织的分散状态。个人利益至上,自私自利蔚然成风,纯粹工具性地看待这个社会④,权利欲望膨胀而忽视对他人和社会的责任。在一定程度上,个人在这样的社会里缺乏确定性、安全感、幸福感和价值归属感,而社会则表现出道德水准下降、社会规范失灵、社会信任缺失、社会矛盾丛生等特征。显然,社会的这种状态既不符

---

① 田毅鹏,吕方.社会原子化:理论谱系及其问题表达[J].天津社会科学,2010(5):68-73.
② [美]阎云翔.中国社会的个体化[M].陆洋,等译.上海:上海译文出版社,2012:21-24.
③ 中共中央马克思恩格斯列宁斯大林著作编译局.马克思恩格斯选集:第1卷[M].北京:人民出版社,1995:103.
④ [加]查尔斯·泰勒.现代性之隐忧[M].程炼,译.北京:中央编译出版社,2001:135-136.

合最广大人民的根本利益,又不能体现建设和谐社会的价值追求,与社会治理的现代化样态相距甚远。

要增进人与人之间有机的社会联结,构筑良性的社会秩序,需要通过各种社会参与来营造社会的共同体。社会共同体是指人们基于特定的社会关系联结而成的社会集团。它在形式上是多元的,既包括各类草根组织、社区组织、自治组织等非正式组织,又包括党政机关、人民团体、企事业单位和有法人资格的社会组织等正式组织;既包括基层的社会组织,又包括阶级、政党、民族、国家这些宏观的社会集团。但是,它有明确的本质特征:基于某种社会实践,在社会互动当中,缔结出特定的社会关系和联结纽带;共享一定的社会规范和文化,具有较高的价值认同与心灵归属感。"原子化"的和无公德的个人需要以各类正式的和非正式的组织作为揳入社会的载体,以获得身份、地位、角色、关系、社会节奏等社会规定性,实现其权利、利益、集体力量、认同、心灵归属等社会福祉。而社会则需要用各类社会关系作为纽带,将处在获取社会规定性和实现社会福祉过程中的个人联结起来,形成稳定而具有活力的社会秩序。

就当前的情势而言,营造社会共同体在形式上需要在两个方面着力。一个方面,推进社会的组织化,让更多闲散在社会中的个人成为"组织人"。首先要依法治理党政机关、人民团体、企事业单位等体制性较强的正式组织。这些正式组织是社会的核心部门,在很大程度上担负着向社会供给法律、制度、政策、规则、公平、正义、物质产品和社会服务的重任,也是执政党和政府巩固其治国理政的合法性的基础性领地。其次要积极培育和发展体制外的社会组织,激发社会的活力。改变对社会组织进行分类控制的思维,承认其独立、平等、自主的社会主体地位。秉承尊重、合作、平等的精神,设计出科学、开放、包容的社会政策,让体制外的社会组织获得足够的社会资源与制度空间,让"组织人"在工作和服务中获得尊严、体面、价值与成就。相比较而言,培育和发展社会组织是当前的政策和工作的重点,因为对体制性较强的正式组织的治理一直是行政体制改革、经济体制改革和事业单位改革的目标,而体制外各类社会组织的发展水平与发展态势明显滞后于我国的经济社会发展。另一方面,推进社会参与,让个人在社会参与中认同社会的规范与价值,获得心灵归属感。社会共同体不只是人的集合体或者一个组织的架构,还包括社会规范、价值认同和心灵归属等更高层次的属性。社会规范的形成与遵从,社会价值的凝结与认同,心灵归属感的获得,都源于广大群众在平等、自愿的基础上参与社会实践的过程。社会参与至少包括就业参与、志趣性参与和公众参与三类。就业参与指人们通过职业和工作来进入正式的或非正式的组织,直接参与生产性或服务性的社会实践。劳动者就业不仅意味着获得劳动收入、具备基本生存条件,还意味着其成为社会经济活动的参与者,获得社会的承认和尊重。志趣性参与指人们因为志趣相投而缔结成非正式的组织,共同从事休闲性或发展性的社会活动。志趣性参与是人们追求精神生活的结果,存在于各个年龄段的社会成员当中,而且随着社会的进步,志趣性参与会变得更丰富多彩。公众参与则指公共权力在立法、制定公共政策、决策公共事务时,由公共权力机构通过开放的途径从公众和利害相关的个人或组织获取信息,听取意见,并通过反馈互动进而对公共决策和治理行为产生影响的过程。公众通过对立法决策、政府管理和基层治理等层面的参与,既可以增强公共决策的包容性,监督公共权力的运行,又可以合法表达自身的利益和意见,培养个人素养和公共意识。不管是哪一种社会参与,广大群众都能够使自己真正成为处理与自身相关的事务并推动社会发展的主体。

社会的组织化和个体的社会参与是营造社会共同体的两个相互嵌入的过程。一方面,社会不是个人的简单相加,而是个人的群体性、组织性的有机结合。这种有机性表现为在社会实践中缔结的各类社会关系将个人联结起来,形成各种群体或组织;另一方面,个体的社会参与,就是社会的组织化的过程。个体通过社会参与,获得通向社会的途径,习得各种社会规定性,同时也在不同程度上将自己纳入各类正式的或非正式的社会组织,增进社会的组织化。这两个相互嵌入的过程既可以让个体获得表达意见、实现利益、成就价值的渠道与机会,获得并动员社会资本,解决与自己相关的发展问题,增强共同体意识,又可以让社会发展信任,增强凝聚力,降低交往成本,形成自治机制,实现安定有序,"使每个人时时刻刻和从各个方面都感到自己是生活在社会里的"①。

① [法]托克维尔.论美国的民主:下卷[M].董果良,译.北京:商务印书馆,1988:633.

第二节　经营和增收是乡村社会治理的基本目标[①]

一、专业合作经营和农民增收是乡村振兴的主题

传统农民就像一个袋子里面的马铃薯那样同而不合,缺乏社会分工、自给自足的生产方式阻碍他们相互交往,导致他们相互隔离。[②] 在改革开放和市场经济大潮的涤荡之下,农民逐渐摒弃这种"善分不善合"的特性,开始在经济活动中寻求合作。农民自发组织的专业合作经营经过 20 世纪 80 年代的探索、90 年代的快速发展及2000 年以后的大力推进,已成为农村生产经营的重要组织形式。[③] 截至 2017 年 9月 4 日,在工商部门登记注册的农民专业合作社达 193.3 万家,入社农户超过 1 亿户,约占全国农户总数的 46.8%。[④] 专业合作经营的产业领域不断拓展,服务能力不断增强,已成为重要的新型农业经营主体和现代农业建设的中坚力量,在推进农业专业化、标准化、规模化、现代化,以及培育新型农民等方面发挥重要作用。

不擅长合作的农民为什么开始积极探索专业合作经营呢? 根本原因在于社会结构层面。以专业化社会分工为特征的市场经济客观上要求农民摒弃相互隔离,增进相互依赖,开展合作经营。推进农民专业合作经营也是各级政府缓解三农问题、推进新农村建设、落实工业反哺农业的重要着力点。社会结构层面的原因不是本卷关注的焦点。本卷主要从微观的农民个体层次提出问题。

农民是理性的"经济人",他们参与专业合作经营的直接动机是获得经济利益、增加经济收入。组建或者不组建专业合作社是从会计成本和机会成本的不同角度博弈的结果[⑤],参与专业合作经营能否受益的预期心理是影响农民合作意愿与行为的重要因素[⑥],而且农民最关心的是短期的而非长期的经济利益。可以说,合作收益

[①]　此节书稿曾以《专业合作经营与农民增收——基于广西贵港市 469 个农户的调查数据》为题发表于《广西师范大学学报(哲学社会科学版)》2011 年第 5 期,现对部分数据进行了更新。

[②]　中共中央马克思恩格斯列宁斯大林著作编译局.马克思恩格斯选集:第 1 卷[M].北京:人民出版社,1995:677.

[③]　孔祥智,史冰清.我国农民专业合作经济组织发展的制度变迁和政策评价[J].农村经济管理,2008(11):28-32.

[④]　全国农民专业合作社数量达 193 万多家[EB/OL]. http://www.xinhuanet.com/2017-09/04/c_129695890.htm.

[⑤]　黄丽萍,王蕊蕊.试论专业合作经济组织组建动力——以林区农民为例[J].东南学术,2010(1):34-40.

[⑥]　张美珍,陈冲,李录堂.农民参与新型专业合作社影响因素分析[J].商业研究,2010(2):146-148.

水平的高低在一定程度上决定着专业合作社的命运。[1]

当前,农民的专业合作经营是否真的能促进农民增收呢?有研究者认为,有效的专业合作经营可以促进农业产业化[2],降低交易成本、实现规模经济、促进生产要素合理流动、推广农业科学技术、提高农业综合效益[3],增强抵御市场风险和参与市场竞争的能力[4],提高农民的组织化程度与市场谈判地位[5],从而促进农民增收[6]。上述研究者主要是阐述专业合作经营的应然价值,其结论并不是建立在规范、严格的实证研究基础之上的。符合市场经济规律、规范有效的专业合作经营应该能释放出上述功效,但是,当前专业合作经营中的大多数与符合市场经济规律、规范有效这一应然要求尚存在差距,是否具备上述功效,以及在多大程度上具备上述功效,尚缺乏足够的实然证据。

也有研究者对陕西省的农民专业合作社[7]、山东省潍坊市的农民专业合作社[8]、浙江省的农民专业合作社[9]、湖南省的农民专业合作社[10]、北京市的农民专业合作社[11]等进行过调查研究,并在促进农民增收方面得出积极结论。上述研究的主题并非剖析专业合作经营与农民增收之间的关系,只是附带阐述这一问题,因而没有专门的研究设计。得出结论的方式是比较参与和未参与专业合作经营的农户的收入,因为前者高于后者,所以参与专业合作经营能促进农民增收。这类研究的不足主要在于没有纳入控制变量。

① 王栋,曹利群.引入和利用资本:对农民专业合作社发展方向的探讨[J].中国行政管理,2008(9):97-100.
② 徐金海.新型农民合作经济组织:实现农业产业专业化分工的有效交易协调机制[J].经济问题探索,2002(11):106-117.
③ 赵鑫,李龙珠.中国农民专业合作经济组织的经济效用分析[J].求是学刊,2010(3):46-50.
④ 唐兴霖,刘杰.发展与规范新型农村合作经济组织——基于宝鸡市的调查分析[J].学术研究,2007(8):66-70.
⑤ 江时强,张秀生.中国农民收入增长思路:基于农民专业合作经济组织的视角[J].武汉大学学报(哲学社会科学版),2007(6):879-883.
⑥ 赵春淦.发展农村专业合作经济组织与农民增收[J].农村经济,2003(2):39-41.
⑦ 陕西省农业厅.发展农民专业合作组织 促进农业发展农民增收[J].农村经营管理,2004(3):35-37.
⑧ 王广起,曹建平,贾秀兰.发展农村专业合作经济组织 增加农民收入——潍坊市农村专业合作经济组织发展状况调查与思考[J].乡镇经济,2005,21(3):8-11,44.
⑨ 浙江省农业厅课题组.从323家合作社看浙江农民专业合作发展[J].农村经营管理,2007(8):32-34.
⑩ 庞道沐.推进新农村建设的重要引擎——对湖南农民专业合作组织的调查与思考[J].求是,2006(18):37-38.
⑪ 殷庆言.社会主义新农村建设的重要载体——对北京市农民专业合作组织的调查与思考[J].新视野,2007(6):18-20.

已有的研究已证实,户主的文化程度、生产的商品化程度①,农户的收入构成、生产的农产品类型、经营规模②等,都会影响到农户是否参与专业合作经营。也就是说,参与专业合作经营的农户与未参与专业合作经营的农户具有不同的家庭特征和生产经营特征,可能根本就不是同一类型的农户。如果不控制这些因素,那么收入的增加是源于专业合作经营,还是源于家庭特征与生产经营特征,这至少在逻辑上存在很大风险。

专业合作经营究竟能否促进农民增收呢? 现有的研究尚未给出明确的答案。本卷试图回答这个问题。

二、变量说明与数据收集

本卷中的专业合作经营是指农民自愿参加的,以农户经营为基础,以专业合作社为形式,以某一产业或产品为纽带,实行资金、技术、采购、生产、加工、销售等互助合作的经营形式。要回答"专业合作经营能否促进农民增收"这一问题,需要自变量、因变量、控制变量三类变量的数据。选择农户作为分析单位,三类变量的指标选择要符合分析单位的层次要求。

自变量是"是否参与专业合作经营"。这是典型的二分变量,以农户在接受问卷调查时是否加入专业合作社作为判断标准。如果农户在接受问卷调查时是某个专业合作社的社员,就认定该农户参与专业合作经营,相反,则认定该农户没有参与专业合作经营。

因变量是"农户经济收入"。这是一个定距变量。农户经济收入确定为农村家庭所有成员 2010 年上半年的毛收入,包括货币收入和实物折算而得的收入。经济收入的数据收集历来是个难题。为了尽量获得真实的收入数据,研究者采取了 3 个措施:让调查员明确"经济收入"概念的外延(货币收入和实物折算而得的收入),要求调查员在调查过程中了解被调查农户的收入结构,以便提醒、帮助被调查者计算家庭经济收入;选择最熟悉家庭经济情况的家庭成员(主要是家长)接受问卷调查;

---

① 郭红东,蒋文华.影响农户参与专业合作经济组织行为的因素分析——基于对浙江省农户的实证研究[J].中国农村经济, 2004(5):10-16.

② 郭红东,钱崔红.发展新型农民专业合作经济组织:农户的意愿和需求——对浙江省 164 个农户的调查与分析[J].农村经济,2004(3):34-36.

将经济收入的时限设定为 2010 年上半年,因为问卷调查的时间是 2010 年 8 月,此时询问上半年的经济收入便于被调查者回忆和计算。

控制变量包括家庭特征变量和地区变量。这些变量既可能影响农户经济收入,又可能影响农户是否选择参与专业合作经营,因此在统计分析时需要将其控制起来。家庭层面的控制变量包括户主受教育年限、家庭劳动力数量、家庭非农职业人数、家庭是否有病号、承包土地面积、农产品商品化比例、户址离公路的距离、是否为少数民族户、是否为村干部户等。户主受教育年限、家庭劳动力数量、家庭非农职业人数、家庭是否有病号等变量,表明家庭人力资本存量;承包土地面积、农产品商品化比例等变量,表明家庭经济生产水平;户址离公路的距离、是否为少数民族户、是否为村干部户等变量,表明家庭经济生产条件和社会条件。不同的地区,在产业结构、市场发育水平、经济生活传统及政府政策的支持力度等方面可能存在差异。控制了地区变量,就控制了上述地区间的差异性因素。

采用配额抽样的方式选取样本。要回答"专业合作经营能否促进农民增收"这一问题,研究样本中必须有一个对照组。研究样本要包括参与专业合作经营的农户和未参与专业合作经营的农户,以构筑"是否参与专业合作经营"这一自变量。调查的地区是广西壮族自治区贵港市。研究者在贵港市农业局的辅助下,在市直辖的 5 个县级行政区各选取 6 个农民专业合作社。这些农民专业合作社尽量分属不同的乡镇,兼顾不同的专业合作社类型。在每个被选取的农民专业合作社中抽取一定数量的社员作为调查对象,并在同一村落社区中选择数量相当的普通农户作为调查对象。

采用封闭式入户访谈的方式收集数据。调查员是广西师范大学政治与行政学院、法学院的教师和硕士研究生,共 14 人。问卷设计完成后,研究者对调查员进行了两次调查培训,调查员认真学习调查指南,熟悉问卷。调查时间是 2010 年 8 月 3 日至 14 日。总共调查农户 550 户,回收问卷 537 份,回收率 97.6%。笔者在数据整理及统计分析过程中发现,因变量"农户经济收入"存在一些极端值,影响到经济收入均值的代表性,不符合回归分析的正态分布假设,因此删除了这些极端值。最后,参与分析的个案数量为 469。研究样本的地区分布情况见表 1-1。

表1-1　研究样本的地区分布表

单位:个

是否参与专业合作经营	广西壮族自治区贵港市					合计
	港北区	港南区	覃塘区	桂平市	平南县	
是	32	73	31	86	69	291
否	37	31	64	23	23	178
合计	69	104	95	109	92	469

三、数据结果与分析

数据分析分两个步骤。一是用均值比较描述参与和未参与专业合作经营的两类农户在经济收入上的特征;二是用多元回归分析控制相关变量,以检验"是否参与专业合作经营"对"农户经济收入"的影响。

(一)两类农户的经济收入存在明显差异

要回答"专业合作经营能否促进农民增收"这个问题,首先需要描述参与专业合作经营的农户和未参与专业合作经营的农户在经济收入水平上所具有的特征。这一步骤有两个目的:其一是可以描述两类农户的经济收入水平,呈现两类农户的经济收入事实。其二是可以检验两类农户在经济收入上是否具有明显差异,以初步明确"参与专业合作经营"能否增加"农户经济收入"。统计分析结果见表1-2。

表1-2　是否参与专业合作经营与农户经济收入的独立样本 T 检验结果分析表

项目	参与专业合作经营 ($n=291$)	未参与专业合作经营 ($n=178$)	平均数差距	T 值
农户收入(元)	16 683.230	12 085.112	4 598.118	3.541***

注:***$P<0.001$,**$P<0.01$,*$P<0.05$;农户收入为2010年上半年毛收入。

如表1-2所示,参与专业合作经营的农户2010年上半年的平均毛收入为16 683.230元,没有参与专业合作经营的农户2010年上半年的平均毛收入为

12 085.112元,前者比后者平均高出4 598.118元,且独立样本的 T 检验显示,两者之间的差距具有统计上的显著意义。或者说,参与专业合作经营的农户的经济收入要明显高于未参与专业合作经营的农户。可见,"是否参与专业合作经营"可能是影响"农户经济收入"的重要变量。

但是,两类农户在经济收入上的显著差异是否真的源于"是否参与专业合作经营"呢?或者说这种显著差异是否真的由"是否参与专业合作经营"引起的?这还需要进一步分析。一些农户较高的经济收入可能是由参与专业合作经营引起的,也可能是由其他因素引起的。另一些农户较低的经济收入可能是由其他因素所引起的,未必就能归咎于没有参与专业合作经营。只有在数据分析中把这些其他因素当作控制变量加以控制,才能进一步确认"是否参与专业合作经营"对"农户经济收入"的影响是否真的存在。

(二)参与专业合作经营能明显增加农户的经济收入

采用多元线性回归分析来进一步确认自变量对因变量的影响的真实性。以"是否参与专业合作经营"为自变量,以"农户经济收入"为因变量,以家庭特征变量和地区变量为控制变量进行回归分析。采用逐步法来选取变量,以避免发生复共线性现象。回归分析结果见表1-3。未列出回归分析结果的变量表示未进入回归模型。变量之间的多重共线性检验结果显示不存在严重的多重共线性问题。标准化残差直方图显示标准化残差的分布结果符合回归分析中残差项为正态分布的假设。DW 值为1.917,表明残差间相互独立,无自我相关。模型的方差检验值 F 为17.252,达到了0.001的显著性水平。

从回归分析的结果看,引入分析的11个变量中有7个进入回归模型,与因变量"农户经济收入"显著相关,共同解释"农户经济收入"的21.1%的变化。按照变量解释力的强弱(标准化系数绝对值的大小)排序,这7个变量依次是:家庭劳动力数量、户主受教育年限、承包土地面积、地区、是否为少数民族户、家庭非农职业人数、是否参与专业合作。

表 1-3　农户经济收入回归系数、检验结果与复共线性分析表

影响因素		回归系数		T 值	容忍度	复共线性（VIF）
		未标准化	标准化			
自变量	是否参与专业合作经营（否=0）	2 604.511	0.098	2.193*	0.930	1.075
控制变量	户主受教育年限	803.015	0.184	4.178***	0.957	1.045
	是否为少数民族户（否=0）	-4 200.061	-0.132	-3.049**	0.994	1.006
	是否为村干部户（否=0）					
	家庭劳动力数	1 479.036	0.217	4.477***	0.785	1.273
	家庭非农职业人数	1 038.086	0.118	2.440*	0.793	1.261
	家庭是否有病号（否=0）					
	承包土地面积（亩）	53.070	0.171	3.880***	0.958	1.044
	农产品商品化比例					
	户址离公路的距离（千米）					
	地区（平南县=0）　港北区					
	港南区					
	覃塘区					
	桂平市	4 856.028	0.156	2.193*	0.952	1.050
常数项			-2 176.091		-1.036*	
R=0.473		R²=0.224		调整后的 R²=0.211		
F=17.252***		DW=1.917		有效样本量=455		

注：（1）*P<0.05，**P<0.01，***P<0.001；（2）模型预测变量：家庭劳动力数量，户主受教育年限，承包土地面积，地区，是否为少数民族户，家庭非农职业人数，是否参与专业合作经营。

　　值得注意的是，在控制了家庭特征变量和地区变量后，"是否参与专业合作经营"与"农户经济收入"之间的显著相关依然存在。"是否参与专业合作经营"能引起"农户经济收入"0.098 个标准单位的变化。或者说，参与专业合作经营的农户在经济收入上比未参与专业合作经营的农户要高出 0.098 个标准单位。我们就有更大的把握说，专业合作经营能促进农民增收。至此，本研究的问题也得到了回答。

　　部分控制变量也明显影响农户经济收入。户主的文化水平越高，家庭的劳动力越多，家庭从事非农职业的人数越多，承包耕种的土地面积越大，预示着农户的经济收入越高。汉族农户的经济收入要高于少数民族农户。桂平市的农户的经济收入要高于平南县的农户。这些因素可能影响农户是否参与专业合作经营的决策，也可

能直接影响农户经济收入,因而在统计分析时应把它们控制起来。

四、专业合作经营能促进农民增收

本研究利用对广西壮族自治区贵港市 469 个农户进行问卷调查所得的资料,以同一地区未参与专业合作经营的农户作为对照组,回答"参与专业合作经营能否促进农民增收"这一问题。问题的答案是肯定的。研究发现,参与专业合作经营的农户在经济收入上要明显高于未参与专业合作经营的农户,并且在控制家庭特征变量和地区变量后,"是否参与专业合作经营"与"农户经济收入"之间的显著相关依然存在。这说明,专业合作经营具有明显的经济效益,能促进农民增收。

需要指出的是,本研究的结论需要谨慎对待,原因有两个。其一是研究样本的单一地区性和非随机性。研究样本是在广西贵港市市辖的 5 个县级行政区用配额抽样的方式选取的,样本分布局限于贵港市,也非严格意义上的随机样本。其二是调查对象所参与的农民专业合作社在经营水平上缺乏足够的异质性。问卷调查由地方政府职能部门的工作人员引路,一般是让经营得比较好的专业合作社的社员有更多的机会接受调查。因此,研究样本中参与专业合作经营的农户更多地分布在经营得比较好的专业合作社里,而经营得一般和经营得比较糟糕的专业合作社的农户被调查的机会就减少了。基于这样一个研究样本所得出的结论不具有普遍的推论意义。当然,研究者抽取样本的时候尽量保证样本分布在地区、合作经营类型、合作经营时间、产业类型等方面具有异质性,也一再叮嘱引路的地方工作人员要保证合作经营业绩与水平的多样性。因此,本研究的结论还是具有一定的借鉴价值的。本结论至少说明一点:符合市场经济规律、规范有效的专业合作经营能促进农民增收。

我国农民的专业合作经营远未成熟,农民的合作意识较弱,对专业合作经营的认知水平比较低。[1] 农民专业合作经营组织运行时间短、发展不成熟,社员股金制度不健全、缺乏紧密的产权连接,近半数专业合作社没有实现市场利润盈余返还,合理的利益分配机制尚未形成。[2] 内在财务运行出现异化、组织运行不够规范,外部公共

---

① 郑适,王志刚.农户参与专业合作经济组织影响因素的分析[J].管理世界,2009(4):171-172.
② 孙亚范.农民专业合作经济组织利益机制及影响因素分析——基于江苏省的实证研究[J].农业经济问题,2008(9):48-56.

政策供给不足。[1] 合作规模较小,自我发展能力不强。目前,多数专业合作社的服务功能比较薄弱。[2] 普通农户受到部门和资本的限制,导致合作收益低,且不足以惠及大多数农户。[3] 可以说,农民专业合作经营还没有真正释放出其应有的经济社会效益。

但是,本研究的结论告诉我们,上述问题只是农民专业合作经营发展过程中的问题。只要遵守市场经济的发展规律,科学规范地推动农民专业合作经营的发展,这一新型的农村生产经营组织形式是具备积极的经济社会功效的,比如说能切实提高农民收入水平。

第三节　起居安全是乡村社会治理的基本要求[4]

一、乡村聚落的火灾困扰

近年来,"生态危机""环境污染"等术语成为人们的热门话题,地球和人类社会都面临生态危机。火灾作为一种人为的生态灾变,使得许多美丽淳朴的侗族村寨面貌被毁,受灾的侗族人民的生活陷入困境。据统计,1954 年到 2003 年广西三江侗族自治县共发生火灾 517 起,其中重特大火灾近 200 起,受灾 18 254 户共 83 811 人,烧毁房屋 28 370 户,死亡 154 人,造成直接经济损失 4 059 万元。2007 年至 2009 年,短短两年时间里,三江县辖区村寨发生火灾 19 起,火灾损失 800 多万元,死亡 20 人。

如何消除人类社会所面临的人为生态灾变,缓解地球所面对的生态危机,一直以来是学术界所关注的焦点。火灾的频发也引起了政府、社会的高度重视,一些学者也开始关注侗族的火灾现状。深化消防安全、开展火灾排查、实施村寨防火改造

---

①　尤庆国,林万龙. 农村专业合作经济组织的运行机制分析与政策影响评价[J]. 农业经济问题,2005(9):4-9.

②　黄季焜,邓衡山,徐志刚. 中国农民专业合作经济组织的服务功能及其影响因素[J].管理世界,2010(5):75-81.

③　仝志辉,温铁军. 资本和部门下乡与小农户经济的组织化道路——兼对专业合作社道路提出质疑[J].开放时代,2009(4):5-26.

④　此节书稿由广西师范大学 2013 届社会学专业硕士韦益金的硕士学位论文《火灾与聚落空间的调适研究——以林略侗寨为例》改写而成。

工程、开展防火宣传、进行防火培训、制定防火条例、制定村规民约等各项防火与灾后重建工作也紧锣密鼓地进行着。侗族建筑风格、侗族村寨聚落空间,对火灾的发生有什么影响? 早期的侗族村寨是如何形成的,有什么样的文化含义? 火灾发生后,侗族建筑风格会发生什么样的变化? 侗族村寨聚落空间会发生怎样的变化? 火灾之后侗族地区的社会关系会发生怎样的变化? 这一系列问题值得进一步探究和思考。

通过对侗族火灾和侗族聚落空间的文献回顾不难发现,对侗族村寨火灾的研究主要还是通过相关文献记载、媒体报道、网络来收集资料,大多从消防学的角度分析其成因、特点及影响。[①②] 媒体对火灾的报道虽然较为常见,但也只是进行简单的描述。从防火传统及防火习惯法等地方性知识的角度来研究侗族村寨火灾,是对侗族村寨火灾进一步的认识,为深入挖掘少数民族传统生态智慧防火灾提供了可能。[③④] 而从生态人类学的相关理论出发,从文化适应的角度来探讨火灾,则为火灾的研究提供了一个新的认识。[⑤] 对于侗族村寨聚落空间的研究,关注点大都集中在侗族村寨的建筑及建筑特色,以及村寨聚落空间的形态、布局特点、文化内涵等方面。以上研究着重于在传统文化下静态考察侗族建筑、聚落空间,对聚落空间变迁中出现的新问题关注不够,从人为生态灾变的角度来探究侗族聚落空间的变迁也是少之又少。

本研究则做了一个有益的尝试,拟以火灾与聚落空间的相互关系为切入点,运用生态人类学的主要观点及社会学、人类学的空间理论,对三省坡一个侗族村寨即广西三江侗族自治县独峒乡林略村发生过的两次火灾及其聚落空间的演变进行详细的田野考察,对火灾、聚落空间和文化之间的关系进行解释,从中理解侗族村寨的生态灾变与文化适应。在关注地理空间变迁的同时,也关注社会空间发生的变迁,关注火灾的发生与灾后重建过程中人们的日常生活实践及行为主体之间人际关系的维系与重构。把火灾与聚落空间的关系放在侗族地区社会变迁的大背景下进行研究,同时也通过火灾与聚落空间的关系的阐述来探究侗族村寨的社会变迁,为少数民族村寨的生态安全与传统文化保护找到一个平衡点。

① 童华伟.贵州吊脚楼防火对策研究[J].贵阳学院学报(自然科学版),2011(3):39-41.
② 黎烽.桂西北少数民族村寨火灾防治对策[J].广西民族大学学报(自然科学版),2006,12(A1):61-63.
③ 傅安辉.黔东南侗族地区火患与防火传统研究[J].原生态民族文化学刊,2011(2):72-78.
④ 杨和能.侗族村寨的防火习惯法[J].中国民族,2010(1):48-49.
⑤ 杨庭硕,等.生态人类学导论[M].北京:民族出版社,2007:34-36.

二、调查点概况与田野工作

广西三江侗族自治县独峒乡林略村位于三省坡南麓，与贵州省凯里市黎平县洪州镇阳平村、湖南省怀化市通道县独坡乡美冲村毗邻，距三江县城50多千米，属于南部侗族地区的中心地带。据传，林略村的先民是明朝万历年间由湖南、贵州等地迁来的。林略村辖3个屯，13组，共有908户，3 279人。其中，林略大寨有837户共3 007人，新寨屯有46户共170人，岑烂屯有25户共102人。林略村是三江境内仅次于被誉为"千户侗寨"的干冲村的第二大侗寨。村寨共有5座大小不一的鼓楼。林略村依山傍水而建，因形就势，坐落在半山腰上，四周群山环绕，南部有鳞次栉比的梯田（林略梯田），北部有郁郁葱葱的松树林（林略草坪），村庄错落有致，村内石板路纵横，鱼塘零星。2009年11月6日凌晨，林略村发生一起特大火灾，造成5人死亡，196座民房被彻底烧毁。选择林略村作为调查点，有三方面考虑：一是该村于2009年发生了百年一遇的特大火灾，火灾损毁规模大，引发社会广泛关注。同时，该村于1931年也发生过一次火灾，可以为历时性研究提供很好的思路。二是该村是广西三江侗族生态博物馆9个侗寨中的一个，距离县城较远，坐落在三省坡坡脚，受旅游业、现代化气息影响相对比较小，侗族文化保存得较为完整。三是该村属于半山隘口型村寨，其建筑极具特色，聚落空间也比较典型。

从2012年1月至2013年3月，笔者多次到广西三江侗族自治县独峒乡林略村进行实地研究，通过参与观察、无结构访谈、图片拍摄等方式，较为细致地收集该地火灾及灾后重建过程的相关图片、文字及当地居民的口传资料，深入了解林略村的历史沿革、历次火灾的经过、建筑风格和聚落空间形态的演变。事实上，从2009年11月开始，笔者就参与了灾后重建，通过参与观察的方式收集到一些调查资料，为本卷的撰写做了一定的积累。在调查过程中，笔者参与家屋、鼓楼的重建，对当地政府工作人员、村民委员会成员、老人协会会员、村里老人等进行无结构访谈，辅以摄影等调查手段，收集到调查的第一手资料，并加以整理、分析。文中所用材料，皆来自当地人的口述及笔者根据当地人的口述资料整理出来的田野笔记。

三、林略村 1931 年火灾与聚落空间

（一）建寨传说与历史沿革

"林"意为树林，"略"字在侗族语言中的含义是烧的意思。林略村现在所处的位置，原来是一片荆棘林，林略村先民把这片树林烧掉，在此建村立寨，这就是"林略村"的由来，亦可从相关文献记载、建寨传说、姓氏的迁徙过程中窥见一斑。

明万历二年（1574 年），广西总督郭应聘在其《征服怀远始末记》中说："十九日官兵乘胜追击，捣太平、合理，连破产口、篷叶，转晒江、信洞、猛洞、七团诸巢，直抵湖广、靖州界。"由此可以证明，今日三江的村寨布局（百户以上的大村寨），至少在四五百年前的元明时代已经形成。[①] 林略村是独峒乡第二大寨，东临高定村、干冲村，南有独峒、牙寨、归盆、盘贵等村寨。明清两代，这一地区都属于猛洞。由此可以推出，林略村的建寨历史至少有四五百年。

林略村的建寨传说，跟高定村、高友村有一定的相似之处，均与母鹅（母鸭）选址的故事有关。[②③] 母鹅、母鸭被侗族人赋予了繁衍生息的象征意义。相传，欧姓祖先最早从湖南迁徙来林略村。当时，村里只有几户人家，生活相当困难，家畜难以养活，只剩下一只母鹅。有一天，从外地来了一位算命先生，说母鹅第二天会去一个地方下蛋，母鹅下蛋的地方就是一块宝地，他们可以在那里定居下来。后来人们发现，母鹅翻过山梁，在现在的祖坟地附近下了很多蛋。他们相信了算命先生的话，把坟地附近这片荆棘林烧掉，在此建村立寨。欧家祖先定居下来后，韦姓、石姓、吴姓、张姓、杨姓、陆姓、李姓才陆续地迁移过来。韦姓是林略村人数最多的一个姓，石姓也比较多，陆姓、李姓较少，现在村里面李姓只剩下一家。

个案一：

韦氏祖先从东兰迁到三江和平乡青马屯，共有三兄弟，分别去了贵州榕江，广西三江县八江乡、三江县独峒乡的平铺村。这三兄弟为了子孙能相认，买来了一把秤，一人拿秤杆，一人拿秤砣，一人拿秤盘。子孙相认的时候，要拿出此物来才能确认。韦氏家族有一男子娶了欧家女子，那女子心灵手巧，跟娘家说："你们给我一块站（住）的地方，也要给我一块躺的地方（坟地）。"于是，欧家便从原来的坟地中腾出一

---

① 邓敏文，吴浩.没有国王的王国——侗款研究[M].北京:中国社会科学出版社,1995:9.
② 吴浩.中国侗族村寨文化[M].北京:民族出版社,2004:78-80.
③ 梁圆圆.侗族村寨空间建构的文化解析——以广西三江县高友村为案例[D].南宁:广西民族大学,2008.

块来给韦家。现在,林略村韦姓宗族坟地在平铺,就是这么来的。

访谈对象:韦某某(韦氏家族的族长,男,70岁)

访谈时间:2012年10月1日

访谈地点:韦某某家

林略村韦氏家族的字辈为"肇现清明世,修文朝阳继;祖德生万福,怀有定贤良;发达必远钰,国家传美丽"。从族谱来看,目前子孙已从"肇"字辈繁衍至"达"字辈,经历了22代。从林略村韦氏的世系表和迁徙历史可以看出林略村韦氏四五百年来繁衍的基本状况。全村8个姓氏,每个姓氏都有自己的传统节日,都有关于传统节日来历的典故,与各姓氏的迁徙过程息息相关,如石姓的"冻鱼节"、韦姓的"春蟹节"、欧姓的"吃冬节"等。每个姓氏的迁徙路线都有不同的说法,但大抵上可以得知,林略村的先民们从湖南、贵州、广西河池等地迁徙过来,在林略村这个地方世代繁衍,至今有五百多年的历史。这种以亲属和宗族结构距离来感知、估算的时间,投射到空间结构上,反映出一定的结构空间。

(二)林略村1931年火灾

个案二:

当时(1931年发生火灾时)整个林略村也就两三百户,山背面的贵州"土匪"前来洗劫,整个村寨被洗劫一空。据说是村里有一奸细与"土匪"串通好,向其告密,里应外合。当晚,村里面的寨老、族长组织村民在鼓楼开会,要村里的人把大米等东西搬出家里,做好防范。而当晚守寨门的人去村里面喝酒了,没去开会。他问开会回来的人,那人把开会情况反过来跟他说,说今日不会有贵州"土匪"前来侵犯,叫他放松警惕。结果寨门大开,酿成惨剧。现在,人们还会把守寨门听信反话的事当作一种谈资。

访谈对象:杨某某(村民,男,87岁)

访谈时间:2012年10月4日晚

访谈地点:杨某某家

林略村的第一次火灾发生于1931年,跟当时侗族地区的社会环境有很大关联。当时,困扰村寨的社会问题主要有四个:一是偷盗;二是肇事争斗,行凶杀人;三是外敌侵扰;四是恶劣的自然条件。据老人回忆,当时偷盗现象比较普遍,土匪抢劫、洗劫寨子的现象也很普遍,加之自然环境极其恶劣,经常有老虎在村寨周围甚至村内的菜园里出没。林略村侗族先民们在这样的环境中,聚族而居,用侗款制度来处理寨内、寨外事务,维护正常的社会秩序,开展各种抗暴活动。唐宋时期在现今侗族地区建立的羁縻州,元明清时期实行的土司制度、"屯军""圈地""改土归流"等,加强了对侗族地区的汉化,在行政区上将其纳入中央政府的统治轨道,激化了侗族人民和政府的矛盾。清朝末年,实行保甲、团练制度,以御外寇为团练、清内匪为保甲。民国期间,官款结合、款首独裁现象日益凸显,侗款制度遭到一定程度的破坏。林略村1931年的火灾,正是在民国期间军阀混战、官款结合、土匪横行的社会背景下遭到了土匪、溃军的洗劫而发生的。像这样的村寨,在当时还有很多,如贵州的坑洞寨。

个案三:

在这次火灾之前,山背面的贵州"土匪"也来打劫过一次,不过他们打不进来。当时,村里共有四座寨门,寨门均为全木质结构,有四柱、六柱,最大的寨门有八柱,两个侧门拱卫着中间的大门。寨门的木板很厚,枪是打不透的。在寨门旁边,还围了厚厚的石墙,隔几米就有一个像碉堡一样的洞,石墙下面还堆满了密密麻麻的荆棘。那一仗,孟江河流域的干冲、高定、美烈、独峒、平流等村寨都过来帮忙,保护这片流域不受外敌侵犯,贵州那边的"土匪"死了很多人,城墙还是没被攻破。

访谈对象:欧某某(村民,男,73岁)

访谈时间:2012年10月5日

访谈地点:欧某某家

从贵州"土匪"的两次入侵来看,林略村1931年的火灾还是可以避免的。要不是有奸细告密,守寨门的人疏忽,外敌很难攻下坚固的寨门、围墙。从社会制度来看,也说明了当时款组织在预防土匪烧劫、村寨火灾等方面起到很大的作用。广西的三江、龙胜,湖南的通道、靖州等侗族地区,古代分为13个款坪。按照流域的划分,林略村位于孟江河的源头,属于13个款坪中的地瓜坪,与干冲、高定、独峒等21个村寨沿着孟江河上游分布,五里一村,十里一寨。20世纪30年代,地瓜坪还举行过讲款活动和聚款活动。只要一个村寨遭到侵扰,同一片流域、小款里的其他村寨便会通过传送"火急木牌"来联络起款。而坚固的寨门则充分发挥了村寨对外防贼防盗、对内通风报信的功能。这些寨门、围墙的存在,使得林略村在建寨之后很长一段历史时期里,免受外敌的侵扰。

（三）林略村早期聚落空间

在早期村寨空间的构建上，林略村除了要依靠坚固的寨门和围墙这一边界空间来确保村寨的安全，还要兴建鼓楼等公共建筑来维持村寨的社会秩序，开展公共生活。寨门建在出入寨的道路口上，共有东、西、南、北四座。东门通往高定村、干冲村；西门通往独峒、高弄、培福等村；南门通往独峒乡牙寨村、归盆村；北门通往贵州黎平、大塘水库。鼓楼是宗族力量的象征，也是宗族聚会议事和娱乐的场所。村寨现在一共有五座鼓楼：风水楼、花鼓楼、百艳楼、高盘楼和务楼。风水楼最先修建，以堵风水、拦寨子、荫及祖孙。务楼作为氏族鼓楼，最先为欧姓宗族所有。随着人口的增长，花鼓楼、高盘楼、百艳楼相继建成，全村其余各姓按自愿原则，选择最近的鼓楼加入，成为该鼓楼的成员。从1931年火灾来看，当时村民的房屋主要聚集在务楼附近，也就是坟地的左侧，在花鼓楼旁边也有一些，但不多，而在村头的地方，只有零星几座房子。鼓楼曾被列为"四旧"，原有的五座鼓楼被拆毁了三座，只保留了花鼓楼和风水楼。高盘楼、务楼、百艳楼到20世纪80年代才恢复重建。

除寨门、鼓楼外，还有飞山庙、风水树、风水林等全寨性的公共事物。林略村的飞山庙较为简陋，没有房屋，只在周围立起一些杉木架子，种几棵树，在中间用青石板搭成一个小房子，小房子里供有"飞山大王"神位。此外，村里村外还有各个姓氏的地祇，不同姓氏的族人每逢初一、十五都会去给地祇烧香点火。林略村没有萨堂，飞山庙和地祇构成了林略村聚落空间的精神层次。受"万物有灵"观念的影响，林略村先民把树木当作有生命的人一样看待。林略村的风水林，即现在的"林略草坪"，也是一片松树林，任何人都不能乱砍伐，违者将受到全寨人的惩罚。风水树，距今也有两三百年的时间，相传那棵树变成一个英俊的青年，常常到隔壁村去"行歌坐夜"。现在，人们还用红布将树围住，平时也会去烧香供奉，祈求平安。在人口发展缓慢的时期，村寨里还遍布鱼塘。人们在鱼塘里饲养母鱼、育养鱼苗，养殖风莲、浮萍、菱角等猪饲料。同时，鱼塘还兼具生态厕所的功能。

林略村根据姓氏建立氏族鼓楼，建立村寨鼓楼，建立寨门、飞山庙等公共建筑。经过几百年的发展，林略村人口逐渐增多，村寨的自然生态空间也几经变化，到1931年发生火灾时已基本形成早期的聚落空间形态。早期的林略村，人们生活水平低下，人口增长速度慢，人口流动的机会很少。同一个宗族，同辈人都是兄弟姐妹，不能通婚，同姓也不能通婚。1931年火灾之后，一些村民到别的村寨去避难，促进了人口的流动与融合，各姓氏之间、寨与寨之间互相通婚，村寨人口开始有所增加，规模也有所扩张。

四、林略村 2009 年火灾与聚落空间

1931 年的火灾已经成为林略村村民的集体记忆,淡出了他们的视线。2009 年 11 月 6 日的火灾,揭开了 78 年前留在林略村村民心中的伤疤。与第一次火灾不同,这次火灾的发生掺杂了许多的因素,有国家政策、市场力量等外部的因素,也有侗族村寨自身的因素。侗族人民的思想观念已经发生了悄然的变化。对这次火灾及火灾前后村寨聚落空间的考察,将有助于了解新时期侗族村寨火灾发生的原因、特点及其影响,也有助于了解侗族村寨聚落空间的演化和侗族地区的社会变迁。

(一)林略村 2009 年火灾

这次火灾发生于 2009 年 11 月 6 日凌晨 2 时 30 分,大火烧了 4 个半小时。当时共有 766 户的林略村,烧毁了 196 座民房,296 户共 1 121 人受灾,还造成了 5 人死亡。这次火灾使整个村寨一夜之间被烧毁了三分之二,花鼓楼(连同戏台)、高盘楼和务楼被烧毁,百艳楼虽然幸存下来,但也被烧得面目全非,仍需重建。

关于火灾的原因,相关调查人员得出的结论是地势较低处的韦某某家的碾米机电源闸刀开关漏电引起的,也有一些村民猜测是韦某某酿酒不慎所致。火势迅猛、持续时间长、过火面积大、扑救困难、破坏程度高已成为当前侗族村寨火灾的特征。

火灾在深夜发生,人们都在熟睡当中,没法第一时间投入救灾工作。村里没有防火员、消防员,不能及时发现火警。年轻人大多外出打工,救火力量不强。一些村民透露,还好当晚没有起风,要不然火势会更加凶猛。从硬件设施来看,消防设施缺乏,很久没人管理消防机,消防栓因消防蓄水池水量少、没安装进水管而无法正常使用;火灾发生时消防水泵尚未装机,消防水泵装好后,因水塘里的水量过少、泥沙太多而无法正常工作;消防水泵的水带和喷水枪的型号不同,不能对接。县里来的救援队伍在火灾发生两个多小时后才到达,此时火苗已经由火源处往上蹿,往左边村头那一带移动,最终一大片房屋在熊熊烈火中化为灰烬。林略村旧水库离村子还有点远,抽水也比较困难。虽然村头有十几栋房子被保住了,但也是面目全非。村里的那一片 20 米宽的坎地,挽救了寨子东面的那一片房子。火苗也向东越过坎地,蹿上对面的木楼,但幸好人们紧急破拆房屋,才保住了村东房屋。而中间那一带,当火

还没烧到的时候,有些村民执意不给破拆,密集的房子屋檐连着屋檐,当火苗冲天时,想去扑救已经来不及了。

（二）村庄的复原:聚落空间的建构

其一,火灾后重建的总体规划。"四改工程""大寨化小寨""三纵三横"成为林略村灾后重建的关键字眼。"大寨化小寨,设防火分区"是三江县委、县政府从该县历次火灾中吸取教训,从发展民族旅游和保护民族文化战略出发而推行的一项工作。按照村寨总户数的10%,以不到50户作为防火分区标准进行拆迁,开辟宽度在15米以上的防火通道,将100户以上的村寨"化整为零"。林略村灾后重建的总体规划也遵循这样的工作思路。

在大寨的规划上,设立8个消防小区,每个小区户数为50户左右。大寨规划域面积均为0.4公顷,设立宽度不小于12米的防火通道。大寨在原有防火通道的基础上进行加宽,同时开通了一条公路,形成了6条防火通道,即"三纵三横"。"三纵"指的是3条竖直防火通道,在坡地原有一条相对较宽的石板路的基础上,增加一道竖直防火线;"三横"指的是3条公路,将上下两条土公路修建成水泥路,加宽并硬化,同时将中间那条石板路改建成公路,把防火线内的灾民安置到新村。大寨化小寨,让密集村寨中的部分村民搬迁到新村,并分成A块和B块。在A块新村范围内规划布置45栋房屋,每栋建筑面积约60平方米,新村区规划域面积均为0.25公顷,新村规划内的道路宽为2.0米。B块所处的位置是现在林略村新寨屯内部,在新村的范围内布置13栋房屋,每栋房屋建筑面积、新村区规划域面积和A块的一样。

林略村用一年多的时间完成了村寨防火,整修和改造了老化的电线,将火塘改为省柴灶。通过村寨防火改造"集中推进""巩固提升""强化管理"、三个"百日行动""村寨消防强基固本活动季"等活动的攻坚克难,全面完成了灾后重建与防火改造任务。2009年的这场大火之后,林略村虽然发生过一次火警,但由于消防设施完善、四改工程积极推进,加上村民的防火意识增强,因此没有造成大的损失。

其二,民居、鼓楼的重建。火灾之后,人们最关心的就是住房问题。按照保险赔偿金、民政扶助等救灾款的要求,建砖房的补贴是18 000元,木房补贴是10 000元,砖木结构的补贴是14 000元。建什么样的房子就成为人们考虑的首要问题。据村里退休的石老师所说,林略村坐落在三省坡脚下,农业结构以水稻、茶叶、茶油和林木为主,拥有丰富的森林资源,林木主要以杉木、松木为主,适用于建造木房。再加上山地较为潮湿、多蚊虫,出于预防潮湿天气、预防雨水和就地势建房的需要,从建寨初期开始,个体家屋便设置成干栏式的高脚楼、吊脚楼结构。

个案四:

现在建砖木结构的比较多,大部分村民觉得木房不够安全,特别是经过这次火灾之后,很多人都不想建木房了。而建砖房花费大,砖房比木房要贵两倍,砖头的运费也比较高,从三江县城运到林略村,每块砖头要6毛钱。而且,砖房对地基的要求高,所有的材料都准备齐全,建完一层差不多要五万元。林略村是个待开发的旅游景点,允许建砖房,但不能建太多。砖木结构就不一样了,可以先把木房的框架立起来,一楼用砖头围起,二楼以上装上木板。可以先住进去,以后再慢慢装修。

访谈对象:韦某某(村委主任,男,35岁)

访谈时间:2012年8月16晚

访谈地点:村主任家

从访谈中可以了解到,村民还是比较倾向于砖混结构的房子,砖混结构至少是目前最合理、最合适的选择。砖混结构充分结合了木结构相对简单、花费的时间和人力较少,以及砖砌结构相对稳固的优点。相对纯木质结构来说,砖混结构能够弥补木房在防火上的致命缺陷,有利于安全防范、防贼防盗,有利于稳固木房的整体架构,有利于防雨防潮。相对砖房来说,砖混结构可以降低建房的成本。如果想建砖房,国家提供的18 000元的建房补贴对大部分村民来说只是杯水车薪。随着砖混结构的房子的增多,住房的结构也相对复杂了。林略村2009年火灾前的房子大部分是三间三层。底层堆放杂物,饲养牲畜家禽;二层为居住及饮食空间,设堂屋、火塘;三层设卧房和谷仓。火灾之后,一楼一般都不饲养牲畜家禽了,而是在家屋外面搭一个猪圈、牛栏等来饲养。很多人也把厨房设在一楼,因为一楼是砖结构,用火较为安全。有的房子是两层地基的,有人会把厨房设在上面那层地基上,也是用砖围起来。传统的谷仓不见了,取而代之的是从市场上买来的新型谷仓。火塘被厨房取代了,侗族的火塘文化,以及"行歌坐夜"、公共议事等功能也逐渐淡化。

在这次火灾中,鼓楼、戏台遭到严重破坏。村里的5座鼓楼除了风水楼、百艳楼没被烧毁,带有戏台的花鼓楼(200多户)、务楼(100多户)、高盘楼(100多户)都被烧毁,百艳楼(400多户)虽然被抢救过来,但也满目疮痍。基于鼓楼在侗族村寨中的特殊地位及含义,村民们对鼓楼的重建十分重视,在还没修建自身房子之前,就先考虑到了鼓楼的重建。在还没正式动工修建花鼓楼的时候,花鼓楼的人就在原址打上 4 根木桩,确定好鼓楼的位置,等自己家房子的架子建好之后,有了时间,筹到钱了,再来重新修建鼓楼。

个案五:

百艳楼于 2010 年 4 月重建,是 4 个楼中建得最早的鼓楼,通过县党委、县政府、民族局、旅游局和社会各界捐款,村民自筹等方式筹集资金 30 万元,于第二年竣工。务楼于 2011 年 2 月开始动工,8 月结束,9 月进新楼。高盘楼也是于 2011 年 2 月开始动工,不过 5 月就结束了。这两个楼比较小,因为外筹到的资金较少,村民每户自筹 200 元,其余的自由捐款,捐多少是多少。花鼓楼建得稍微晚点,2012 年春节前才举行上梁仪式。百艳楼和花鼓楼进新楼仪式都比较隆重,请了附近十几个村寨的人过来庆祝,吹芦笙、对歌,搞了好几天。请来的还有贵州那边的塘水、培福等村寨的人,他们送了很多贺礼过来。

访谈对象:欧某某(男,70 岁,老人协会会员,灾后重建指挥长)

访谈时间:2012 年 8 月 17 日

访谈地点:欧某某家

鼓楼建成了,对村民来说是件鼓舞人心的大事情。上梁仪式有深刻的文化意义。在进新楼这天,像务楼、高盘楼这两个小楼,虽然承担不了请外面村寨的人过来庆祝的费用,但还是请了其他楼的人过来吃饭。务楼进新楼的时候,请了其余四个楼的人过来吃饭,整个务楼成员分成七组,每一组集中在一户人家里接待客人,当天吃了一天,第二天中午还吃一餐,村民十分热情。2011 年底,除了花鼓楼,其他鼓楼都基本上建好了。过年的气氛比以往任何时候都浓烈,年轻人在鼓楼前卵石铺成的"花街"上放鞭炮,唱跳"芦笙踩堂""多耶"。遭受火灾的洗劫后,经过了一年的重建,林略村又恢复了往昔的面貌,人们的精神也亢奋起来。2011 年 2 月,林略村还与其下边的归盆村举行了一次为期 3 天的大型"月也"社交活动。2012 年农历腊月廿六,花鼓楼举行进新楼仪式,2013 年元宵节这天邀请了附近的巴团村的戏班来新戏台踩台唱戏,举行"踩戏台"仪式。

(三)灾后聚落空间

经过两三年的重建,大部分灾民住进了自己的新房子,百艳楼、高盘楼、务楼、花鼓楼也相继建成,聚落空间的整体形态也发生了相应的变化。一是以鼓楼为中心的团状簇拥向饼状扩散,二是由环状集中型向沿公路线形扩张。① 在火灾发生之前,林略村的村寨空间布局属于多核团聚式,有花鼓楼、百艳楼、高盘楼和务楼四个中心。民居围绕这四个中心组成四个民居组团。从新寨主体部分往回一点,也就是林略村旧水库附近,也聚集了几十户的村民。有一些沿河边建房,有的建在山路、梯田附近。村头那一块,原来只有几户人家,火灾发生之后,一些灾民搬去那里建房,现在那一带的房子也多了起来。旧寨址所在地也有一些人搬过去,这样,实现了一部分村民的饼状扩散。在前几年修水泥路的时候,有十几户人搬到大寨对面的公路边建房,后面陆续有人搬过去,形成了 50 多户的规模。搬出去的人以新寨人自称,乡派出所工作人员在给村民办理居民身份证时,就直接写了新寨的地址。在灾后重建过程中,政府沿乡道公路在塘尾(地名)、新寨两地开辟宅基地,也就是规划中的 A 块和 B 块,在 A 块建起 45 栋房子,在 B 块建起 13 栋房子。大寨中的三条公路,最上面的那条通往"大塘坳"(水库),也就是贵州方向,也有许多灾民去路边建房子。这样,在这种制度性搬迁过程中,实现了一部分村民的线性扩张。新老寨的重新规划,防火通道的开通,使得林略村灾后聚落空间的整体形态发生了很大的变化,形成了大寨、A 块、B 块的村寨聚落格局。

五、林略村火灾与聚落空间的关系

(一)聚落空间对两次火灾的影响

导致一所房屋发生火灾的原因可能有电线短路、房屋为木质结构、壁炉温度很高、煤气罐就在旁边等。一个村寨发生火灾则跟聚落空间形态、消防设备、水源等有关。从火灾隐患、失火到火势蔓延成灾,依赖于多种充分/必要条件的组合,需要进行多重路径的因果分析,单个变量无法构成火灾的充分/必要原因。侗族村寨特殊的聚落空间的形态、结构,是火灾蔓延的一个重要因素。通过对火灾与聚落空间之间关系的探讨,可以研究火灾背后的社会根源。从 1931 年的第一次火灾到 2009 年的第二次火灾,林略村聚落空间的变迁可大致分为三个阶段:第一阶段为民国期间

① 范俊芳,熊兴耀,文友华.侗族聚落空间形态演变的生态因素及其影响[J].湖南农业大学学报(社会科学版),2011,12(1):57-61,77.

的村寨聚落空间,第二阶段为新中国成立到改革开放时期的村寨聚落空间,第三阶段为改革开放至今的村寨聚落空间。第一阶段发生火灾的频率比较低,主要是因为当时还有相当强大的款组织的存在。第二阶段为过渡阶段,这一时期村寨聚落形态呈稳定态势,发生火灾的频率也比较低,火灾规模不大。后来款组织、侗款制度遭到破坏,自然资源、生活生产也遭到一定程度的破坏,因而埋下了火灾隐患。第三阶段为火灾高发时期,随着时间的推移,诱发火灾的因素增多,全寨性的大火灾时有发生。

(二)两次火灾对聚落空间的影响

从 1931 年发生的第一次火灾,到 2009 年发生的第二次火灾,整整 78 年的时间,林略村的村寨空间形态经历了由单核团聚式向多核团聚式发展,由多核团聚式沿公路线性扩张,沿水田、耕地、山地饼状扩散的过程。房屋布局没那么密集了,鼓楼之间的距离也拉近了。新建民居选址的趋势均向公路两侧靠近,或者挤占公路两边的农田。其他村民则不断挤占水塘空间和山地,导致水田、耕地逐渐减少,村寨的边界不断向外扩张,村寨秩序也由有序变成无序,整体空间形态发生扭曲。2009 年的火灾发生之前,林略村整个寨子的房子基本上都是木房,住房密集,通道小,瓦檐都连在一起。在此次火灾之后,新建的房屋大多仍采用传统的干栏形式,只不过在底层用砖头围起,形成砖木混合结构,砖房也开始出现。房屋的内部空间也发生了很大的变化。侗族聚居区地处潮湿地区,干栏式建筑是适应自然环境与地理条件的产物,而居住的地面化可以说是文化适应的产物。火灾之后,宽廊变窄,火塘的中心地位也被堂屋取代,居民的公共活动空间由宽廊、火塘间转移至堂屋。玻璃和油漆等新材料的使用改进了木楼的功能,整体功能更贴近现代生活,也使得私人住宅更加封闭。林略村聚落空间结构变迁是文化适应的结果,这种发展和变化在侗族地区是普遍的,是集体约束力量缺失的结果,火灾的发生加速了这种空间结构的变化。

(三)灾后社会关系的重构

集聚的民居和寨中耸立的鼓楼反映了侗族人民强烈的内聚力。在与火灾、恶劣的自然环境及外界社会的长期抗争中,侗族人民深刻地认识到,只有依靠集体、互相团结才能更好地生存。民居木楼围绕各自的鼓楼连成一片,各自鼓楼周围的房屋都有交叉,整个村子形成一个格局错落有致、整体气势紧凑集中的空间形象。无论从平面布局形式上还是立体空间布局上,都以聚集效果为目标,呈现出秩序化的内聚向心形态。这种内聚向心力也反映出侗族人民极强的群体意识。2009年火灾之后,虽然鼓楼重建起来,但整个村寨的布局已经发生了很大的改变,房屋不再那么密集,屋顶的错落层次和整体的紧凑集中形象也发生了改变,整体的气势显示不出极强的内聚向心力。在开通防火线之后,百艳楼、花鼓楼和高盘楼几乎连成了一条线,距离缩短了,内聚向心力也分散了。一些老年人特别是迁到外面的村民表示,如果没有什么大的村寨活动,不是逢年过节,他们一般都不会去鼓楼,而是在附近找人聊天。搬出去的人,更愿意在迁入地建立新的社会联系。新中国成立后,特别是20世纪90年代以来,现代文明慢慢进入侗族聚居区,通过对居民生活方式和主观意识的影响,使侗族聚落空间的精神发生变化。现代生活方式及价值取向改变了侗族人民的行为方式,继而影响其承载的聚落空间。侗戏、"月也"等传统活动则逐渐被篮球赛、文艺晚会取代。2009年火灾之后,随着鼓楼、戏台等公共建筑物的重建,侗戏、"月也"等传统活动有抬头之势,鼓楼与鼓楼、村与村之间的联系得到加强。火灾之后,分家成为一些多子女家庭的必然选择。火灾只是加速了这一家庭结构的改变。外来文化的影响及外界经济的诱惑,使得大量的青壮年劳动力外出打工,家庭成员结构、家族结构发生改变,建筑的族姓聚集布局或是围绕鼓楼分布的形式受到影响和破坏。侗族的家族制度"卜拉"也受到家庭结构分解、居住距离的影响。许多家族就由原来的一个大卜拉分成两三个小卜拉,卜拉的功能,除互助、组织功能外,其余的都淡化了。

　　研究发现,作为一种人为生态灾变,近年来侗族村寨频发的火灾,其根源是文化适应的社会性适应和生物性适应相脱节。侗族聚落文化的社会适应性冲击了其固有的生物适应性成果,导致了侗族地区居民的日常活动与所处的自然生态系统相偏离。[①] 这种偏离最终会损害侗族聚落文化的生存基础,影响到承载其活动的聚落空间,经长期积累后诱发火灾。作为一个社会事实,火灾的发生又能引起侗族村寨聚落空间的变迁。这种变迁体现在新建筑材料的选择,村寨聚落空间形态、空间的构

---

① 廖君湘.侗族村寨火灾及防火保护的生态人类学思考[J].吉首大学学报(社会科学版),2012,33(6):110-116.

成上。聚落空间不仅仅是一个地理空间,更是一个社会空间,聚落空间的变化归根结底是社会中人的活动引起的,因此,地理空间依附于社会空间而存在。地理空间的建构过程,在一定程度上反映出聚落文化的再适应,进而引发侗族聚落文化的重构,引发侗族地区人与人、人与社会的关系的重构。

第二章

广西县乡干部有效履职的动力机制

第一节　新形势下广西县乡干部履职面临的新挑战

党的十九大报告首次提出实施乡村振兴战略。作为新时代"三农"工作的总抓手,实施乡村振兴战略,就是要实现农村产业兴旺、生态宜居、乡风文明、治理有效、生活富裕,实现农民收入稳定增长,实现农村农业现代化。在基层,所有的工作都围绕农业、农村和农民进行,"三农"是国计民生的根本。2018 年 2 月,中央一号文件对实施乡村振兴战略做了总体部署和总要求,提出了实施乡村振兴战略的目标和任务:到 2020 年全面建成小康社会之时,制度框架和政策体系基本形成,乡村振兴取得重要进展;到 2035 年我国基本实现社会主义现代化之时,农业农村现代化基本实现,乡村振兴取得决定性发展;到 21 世纪中叶我国建成富强民主文明和谐美丽的社会主义现代化强国之时,农村实现农业强、农村美、农民富的全面振兴。

农业全面升级、农村全面进步、农民全面发展的乡村振兴战略的实施,关键在于培养和造就一支懂农业、爱农村、爱农民的"三农"基层干部队伍。基层是党的执政之基、力量之源,只有基层党组织坚强有力,党员发挥应有作用,党的根基才能牢靠,党才能有战斗力。[1] 基层干部作为基层党组织的重要组成部分,承担推动乡村振兴战略的历史使命和重任,是推动农村经济社会文化等各项改革和建设的骨干力量。基层干部身处农村工作第一线,与群众紧密相连,具有特殊的地位和作用。党和国家的各项方针政策和工作部署,最终要靠广大基层干部团结带领群众去贯彻和实

---

[1]　习近平.习近平谈治国理政:第二卷[M].北京:外文出版社,2017:173.

施,人民群众的经济、政治、文化利益也要靠广大基层干部组织引导群众去实现。[①]做好基层工作,关键还是在于基层干部。基层干部的素质形象、道德文化水平、工作作风和工作方式方法,都直接影响到党的路线方针政策在农村的贯彻落实。为加强党的干部队伍建设和政治建设,净化党内政治生态环境,党的十八大以来,党中央推行全面从严治党战略,要求干部队伍建设坚持思想教育从严、干部管理从严、作风要求从严、组织建设从严、制度执行从严。

全面从严治党是十八大以来党中央"四个全面"战略布局的重要组成部分,是全面建成小康社会、全面深化改革、全面依法治国的政治保证。从建党建国到改革开放,我国经济社会持续发展,人民生活水平不断提高,实现了从站起来、富起来到强起来。当前,我国社会主义进入新时代,改革开放进程中经济社会发展的不平衡不充分积累了许多社会矛盾,党自身的建设也存在一些突出的问题。党的十八大报告指出,新形势下,党面临的执政考验、改革开放考验、市场经济考验、外部环境考验是长期的、复杂的、严峻的,精神懈怠危险、能力不足危险、脱离群众危险、消极腐败危险更加尖锐地摆在全党面前。[②] 根据中共中央组织部公布的统计数据,截至2018年底,全国党员数量为9 059.4万名,基层党组织为461万个。[③] 党的队伍不断壮大,人员不断充实,基层党组织不断夯实巩固,从侧面反映了共产党的吸引力和凝聚力。但是,如何管理党员,保持党员的纯洁性、先进性和战斗力,成为摆在全党面前的难题。新时期加强党的建设是党的重大政治责任,事关党的执政地位和民族兴衰。因此,实施全面从严治党战略,锻造中国特色社会主义事业坚强的领导核心显得尤为重要。

全面从严治党,核心是加强党的领导,基础在全面,关键在严,要害在治。[④] 从严治党的对象是全体党员,无论是中央还是地方,无论是哪一职级的党员,都要严格遵守党的纪律和规矩,不能逾越红线。全面从严治党就是要从思想从严、管党从严、执纪从严、治吏从严、作风从严、反腐从严六个方面全方位加强对党员的管理和治理。国家统计局于2013年11月在21个省(区、市)开展的民意调查显示,83.7%的群众

---

① 习近平.之江新语[M].杭州:浙江人民出版社,2007:111.
② 胡锦涛.坚定不移沿着中国特色社会主义道路前进 为全面建成小康社会而奋斗——在中国共产党第十八次全国代表大会上的报告[M].北京:人民出版社,2012:49.
③ 2018年中国共产党党内统计公报[EB/OL].http://www.12371.cn/2019/06/30/ARTI1561860413392572.shtml.
④ 习近平.在第十八届中央纪律检查委员会第六次全体会议上的讲话[M].北京:人民出版社,2016:16-17.

认为不正之风和腐败问题与以往相比有所好转,77.1%的群众认为查处领导干部违纪违法案件有力度。党的十八大以来,"四风"问题得到了明显改善,反腐败高压态势呈现,权力被关进制度的笼子,改变了管党治党宽松软状况,解决了人民群众反映最强烈、对党的执政基础威胁最大的突出问题。党内政治生态环境明显好转,党群关系明显改善,但是部分党员干部身上出现了"明哲保身""为官不为""懒政怠政"甚至"跳槽转行"等现象和问题。《人民论坛》问卷调查中心的调查结果显示,干部不作为的现象在基层干部中最普遍,其中为官不为发生在县级部门的占47%,发生在乡镇部门的占23.5%。① 县乡两级是我国政权的基层和基石,是党执政的基础。基础不牢地动山摇,县乡治而天下安。乡村振兴是奋斗在基层一线的党员干部的主要工作和职责,其工作质量、服务水平和办事效率关系到乡村振兴战略的成效。在全面从严治党背景下如何有效激发和提高党员干部干事创业的动力,成为人们关注的焦点。

已有的相关研究大致分为两类。第一类是党员干部工作动力及激励机制的描述性研究。当前,党员干部主要的动力来源为个人坚定的信仰、为人民服务的宗旨、深厚的家国情怀及有效的激励。② 激发党员干部工作内生动力要从外部压力和内部激励两方面入手③,而干部的准入选拔和退出、奖惩和约束、容错④、考核评价⑤等,都会对其产生有效的激励作用。十八大以来从政环境的优化在一定程度上提高了乡镇干部的动力,但在面临新的政治生态环境时,乡镇干部又因为不适应而陷入了工作动力不足的尴尬境地。⑥ 这种不适应表现在基层干部心理和工作方式的不适应,进而影响了其工作的积极性。这需要通过容错机制、薪酬待遇、学习教育、干部培训、职业指导等进行激励。⑦ 激励机制有效激发了基层干部的动力,但与现存制度存在刚性约束与柔性激励、刚性问责与柔性容错等矛盾。我们在实际工作中要注意厘

---

① 王卓怡,常妍,孟宪强.不敢干、不愿干还是不会干 部分官员不作为真实原因调查分析报告[J].人民论坛,2015(10):14-17.

② 张旭.干部作用有效发挥的四大动力源[J].人民论坛,2018(26):28-30.

③ 杨妍玮.激发乡镇公务员工作内生动力的思考[J].领导科学,2016(6):16-17.

④ 陈辉.基于新使命的干部激励机制重构研究[J].行政论坛,2018,25(3):11-16.

⑤ 方振邦.完善考核评价 激励担当作为[J].人民论坛,2018(26):38-39.

⑥ 陈元中,黄贵森,温桂珍,等.净化政治生态下广西乡镇干部动力机制建设研究[J].广西社会科学,2018(4):49-53.

⑦ 王丹.广西基层干部干事创业动力机制建设探析[J].广西社会科学,2018(3):45-47.

清制度与机制的关系,实现制度与机制的有机结合。① 第二类是对新时代干部干事创业的动力进行实证调查。党员干部的干事创业能力是指党员干部积极主动开展工作和提出新方式新思路等的能力。《人民论坛》问卷调查中心于 2015 年②、2016年③、2018 年④分别面向全国 31 个省(自治区、直辖市)的党政干部群体和普通民众进行了问卷调查,结果显示出现了部分官员不作为的懒政怠政现象。怕担责、怕触碰利益的不敢为是为官不为的主要原因。干部干事创业的动力缺乏适当的激励机制,干事创业的积极性有待进一步提高。在所有干事创业的动力来源中,物质和利益排在了首位。有学者对全国 20 余个省级党校及部分地市级党校进行调查发现,当前党员干部干事创业面临多重压力,个人仕途、家庭生活需要等利益动力在工作中不可或缺。⑤

已有的研究可以为本研究提供一定的研究基础,但这些研究存在两方面的不足。一是研究方法多采用质性研究,缺乏实证调查和量化分析,仅停留在经验或抽象的理论分析层面。二是研究对象大多以整个党员干部队伍为研究对象,忽略了党员干部队伍内部的亚群体在履职动力问题上的多样性,党员干部群体因其内部的差异性在干事创业的动力上会有不同程度的表现。对基层干部的专门研究在数量和质量上相对不足。县乡干部作为整个党员干部队伍的最底层,工作条件艰苦,责任大权力小,事务繁杂,待遇不高,其干事创业的积极性面临更大的考验。

县乡干部在全广西党政干部中占相当大的比重。广西地处祖国西南端,拥有得天独厚的喀斯特地貌和多样化的少数民族风情文化,旅游资源丰富,自然风光秀美,气候条件和水热资源独特。广西打造特色产业,坚持绿色发展,利用生态优势把绿水青山变成金山银山。建设美丽乡村,走广西特色的乡村振兴之路必须依靠广大县乡干部奋发有为,真抓实干。全面从严治党背景下,广西县乡干部干事创业遇到了新情况和新问题。部分县乡干部工作动力不足,积极性不高,工作中极易出现倦怠心理,产生慢作为、办事拖拉、得过且过甚至不作为的现象,阻碍了当地的经济社会

① 陈元中,黄贵森,温桂珍,等.净化政治生态下广西乡镇干部动力机制建设研究[J].广西社会科学,2018(4):49-53.
② 王卓怡,常妍,孟宪强.不敢干、不愿干还是不会干 部分官员不作为真实原因调查分析报告[J].人民论坛,2015(10):14-17.
③ 贾晓芬,陈琳,于晓萍.当前干部队伍干事动力指数调查报告[J].人民论坛,2016(33):44-47.
④ 人民智库课题组,《人民论坛》问卷调查中心.当前干部干事创业动力调查报告(2018)[J].人民论坛,2018(26):12-17.
⑤ 黄建军.当前党员干部干事创业状况的调查[J].中国党政干部论坛,2018(3):72-75.

发展,不利于乡村振兴战略的有效实施。如何有效地激发广西县乡干部的履职动力,让基层干部扎根基层,深化广西农村改革,推动广西乡村振兴,解决"三农问题",成为当前基层干部队伍建设中迫切需要解决的问题。

本研究以广西县乡干部为研究对象,基于调查研究的可行性和便利性,笔者在2018年广西县处级领导干部进修班上通过发放自填式问卷来收集样本数据。为确保问卷的有效回收,采取集中填答、当场完成、当场检查、当场回收的方式。本次调查共发放问卷160份,剔除填写不规范、数据出现极值等无效问卷5份,有效回收155份调查问卷,回收率为96.9%。所有有效调查问卷收齐后,将相关数据录入计算机,使用SPSS 19.0数据统计分析软件对问卷数据进行统计分析。测量所用的量表信度系数Cronbach's α均大于0.8,量表拥有较好的内部一致性,信度高。因子分析表明量表具有很好的结构效度,符合统计学要求。样本总体统计情况见表2-1。

表2-1　广西县乡干部调研各变量的基本情况描述($n=155$)

变量名	变量值	百分比	变量名	变量值	百分比
性别	男	85.8%	学历	专科及以下	27.7%
	女	14.2%		本科及以上	72.3%
工作单位性质	党政机关	86.5%	岗位职级	副科及以下	54.8%
	事业单位	13.5%		正科及以上	45.2%
身体状况	比较健康	81.3%	工作心情	比较好	64.5%
	一般	5.8%		一般	14.2%
	不怎么健康	12.9%		不怎么好	21.3%
年龄(岁)	48.3	均值	工龄(年)	26.9	均值
履职动力总分	61.806 5	均值	岗位职责总分	24.535 5	均值
物质生活保障总分	14.787 1	均值	理想信念总分	12.593 5	均值
价值追求总分	17.212 9	均值	能力素质总分	147.290 3	均值

第二节　新形势下广西县乡政治生态的变化

全面从严治党对当前广西县乡干部工作环境的影响是积极正向的。十八大以来，广西县乡政治生态有了明显和突出的改变，这也反映了党中央全面从严治党取得了实质性的成果，为广西县乡干部干事创业提供了良好的政治生态环境，营造了风清气正的工作氛围。本研究的实证调查也证实了这一显著的变化。问卷调查①统计结果显示，绝大多数县乡干部对当前自己所处的工作政治生态环境的变化给予了积极肯定的评价，认为这些变化比较符合或者完全符合实际情况。

综合现实变化和调查结果可知，十八大以来党的各项会议精神和党中央各项重大决策部署在广西县乡得到了较好的贯彻和落实，广西县乡各级各部门强化监督执纪问责，正风肃纪，全面从严治党取得了一定的成效，具体表现在以下几个方面。

一、政治立场更鲜明

在调查中问到十八大以来工作环境变化中关于"维护党中央权威，加强党的集中统一领导"的描述是否符合实际变化的情况，40.0%的县乡干部认为比较符合当前的工作环境现状，58.7%的县乡干部认为完全符合，即98.7%的县乡干部在当前自己所处的工作环境中感受到党的集中统一领导更加坚强有力。

十八大以来，广西把政治建设放在首位，全面加强党的领导和党的建设，坚决改变管党治党宽松软状况。落实从严治党"一岗双责"的主体责任和党风廉政建设，执行中央八项规定，查处发生在群众身边的"四风"问题，整治扶贫领域腐败和作风问题，加强行政监察和审计监督，采取板块轮动、分类推进的巡视模式，制定出台市县党委巡查制度，规范行政权力运行，净化党内政治生态。注意提升全区党员干部的政治定力、政治敏锐性和政治鉴别力，增强党员干部"四个意识"，自觉维护党中央权威和党的集中统一领导，践行全心全意为人民服务的根本宗旨，党风政风明显好转。

① 问卷相关问题共八个，涉及十八大以来县乡干部工作环境中的政治、信念、晋升、收入、监督、制度、纪律及服务意识八个方面的变化。问题均为正向的描述，且采用李克特五点量表进行测量，选项分别为"完全不符合""不怎么符合""无法确定""比较符合""完全符合"，从1至5分分别对其进行赋值，分值越高，表明当前的工作环境变化越积极正向，越符合问题所体现的现状。

二、理想信念更坚定

在调查中,广西县乡干部认为全面从严治党后,当前基层党员干部的理想信念更坚定,宗旨服务意识更强,累计占比达97.4%。

坚定的理想信念是党员干部坚定政治立场、抵御各种不良思潮和文化诱惑的关键。党的十八大以来,广西以全面从严治党统领政府工作,在全区各级各部门开展党的群众路线教育实践活动、"三严三实"专题教育、"两学一做"学习教育,加强党性和道德教育,落实意识形态工作责任,提升广大党员干部坚定理想信念、坚定马克思主义信仰、坚定社会主义道路的信心和决心。经过一系列的教育学习,全区广大党员干部都能自觉遵守八项规定,不忘初心,牢记使命,将党的政治纪律和政治规矩内化为行动,在思想上、政治上、行动上与党中央保持高度一致。

三、选拔任用更公正

在"十八大以来,选拔任用更公正,突出业绩和实干"的问题回答中,认为比较符合和完全符合目前工作环境变化的县乡干部比例分别为21.9%、69.0%,累计占比为90.9%。这说明广西县乡两级在选拔任用方面能够坚持正确的选人用人导向,匡正选人用人风气。

十八大以来,广西贯彻新时期好干部标准,在选拔任用的标准方面把干部的道德品质放在首位,突出政治标准,实行一票否决。2017年,广西壮族自治区印发《关于进一步推进公务员公开遴选工作的通知》,通过公开遴选的选人用人方式,规范畅通基层公务员上升通道,建立来自基层一线的公务员培养选拔链。更注重干部的个人能力和业绩,积极探索多样化测评方法,实行差额考核,不把考试分数与能力业绩等同起来,更重视党员干部在干事创业上的实绩。在选人用人过程中,坚持党的领导和民主相结合,发扬民主时不唯票取人,综合个别谈话、实地调查,广泛听取各方面意见,杜绝拉帮结派贿选现象。坚持中央"九严禁"换届纪律要求,选人用人状况和风气明显好转。

四、收入报酬更透明

在调查中问到十八大以来"收入报酬更透明,取缔灰色黑色收入"的描述是否符合实际变化的情况时,66.5%的县乡干部认为比较符合当前的工作环境现状,24.5%的县乡干部认为完全符合,即调查中累计91.0%的县乡干部对当前收入制度的规范性表示认同和满意。

十八大以来,广西根据自身实际情况,加强党风廉政建设,持续深入改进作风,推进作风建设常态化、长效化;加大监督执纪问责力度,坚持运用监督执纪"四种形态",紧盯节日假期,紧盯"四风"问题新动向、新表现,严肃问责领导干部违规公款吃喝和旅游、配备使用公务用车,违规发放津贴补贴或福利、收送礼品礼金、私设"小金库",违规接受管理服务对象的宴请,提供或接受超标准接待,接受或用公款参与高消费娱乐健身活动,违规出入私人会所,住房超标,大办婚丧喜庆等问题。广西壮族自治区纪委发布的党风廉政建设和反腐败工作综述报告显示,十八大以来全区查处违反中央八项规定精神问题2 781起,给予党纪政纪处分2 817人,其中厅级干部16人,处级干部219人,点名道姓通报曝光3 069起。[①] 广西壮族自治区第十次党代会以来,党员干部的收入报酬更透明,落实中央八项规定精神逐渐成为党员干部的内在自觉。

五、管理监督更严密

在"十八大以来,监督更严密,处于立体式监督之下"的问题回答中,认为比较符合和完全符合目前工作环境变化的县乡干部比例分别为66.5%、25.8%,累计占比达到92.3%。这说明广西纠四风、"打虎""拍蝇""猎狐"的高压反腐工作成效显著,震慑效应强烈,全面从严治党向县乡基层延伸,形成了有责必问、问责必严的常态。

2018年5月,广西壮族自治区纪委出台《"政治建设六项重点任务"专项监督检查工作方案》,明确对全区14个设区市、111个县(市、区)和全部区直部门、中直驻邕单位开展全覆盖、常态化的专项监督检查,对政治建设问题突出的地方和部门开

---

① 清风指八桂 气正助扬帆——我区五年党风廉政建设和反腐败工作综述[N].广西日报,2016-11-17 (001).

展"回头看"活动。在对权力的管理监督方面,同年8月广西壮族自治区印发《广西纪检监察干部"十自觉、十严禁"》①,明确我区纪检监察干部应遵守和禁止的行为,要求全区广大纪检监察干部衡量自身言行,扎实抓好自身建设。广西纪检监察网的数据显示,2018年自治区、市、县三级纪检监察机关共检查单位(部门)7 294个,收到信访举报220件,检查发现问题4 573个,督促整改问题4 083个,约谈领导干部2 079人次,立案查处122件,问责102起。②

六、权力运行更阳光

在调查中问到十八大以来"权力运行更阳光,用制度管权管事管人"的描述是否符合实际变化的情况时,63.2%的县乡干部认为比较符合当前的工作环境现状,18.7%的县乡干部认为完全符合,即调查中累计81.9%的县乡干部对当前自己所处的工作环境中权力运行方式方法的合法性合规性给予了肯定评价。

十八大以来,党中央先后印发了《〈中国共产党党员领导干部廉洁从政若干准则〉实施办法》《中国共产党党内监督条例》《关于新形势下党内政治生活的若干准则》《中国共产党问责条例》,修订和完善了《中国共产党章程》《中国共产党纪律处分条例》等党内规章制度,严明党的政治纪律和政治规矩。广西贯彻落实中央各项规定,全区各级党组织、各部门纷纷出台相应的细则和规定,真正把权力关进制度的笼子里。在权力的运行方面,2017年广西壮族自治区人民政府办公厅要求各级行政机关实施全面推进政务公开六项行动,各市、县围绕基层群众关切的信息和政务服务事项,推动决策、执行、管理、服务和结果"五公开"。③ 在权力的使用方面,贯彻落实《广西壮族自治区行政执法监督办法》,执行《广西壮族自治区人民政府办公厅

---

① "十自觉、十严禁":1.自觉遵守政治纪律,落实"两个坚决维护";严禁拉帮结派、阳奉阴违、妄议中央。2.自觉遵守组织纪律,严肃党内政治生活;严禁拉票贿选、独断专行、欺骗组织。3.自觉遵守廉洁纪律,严守个人干净底线;严禁接受请托、以权谋私、以案谋私。4.自觉遵守群众纪律,永葆人民公仆本色;严禁态度蛮横、口大气粗、以势压人。5.自觉遵守工作纪律,忠诚履行岗位职责;严禁打听说情、越权干预、压案抹案。6.自觉遵守生活纪律,培养高尚道德情操;严禁生活奢靡、贪图享乐、轻率交友。7.自觉遵守中央八项规定精神,维护良好作风形象;严禁公私不分、铺张浪费、讲究排场。8.自觉遵守保密规定,筑牢信息安全防线;严禁口无遮拦、跑风漏气、泄露秘密。9.自觉遵守履职规范,执纪执法严谨高效;严禁违反程序、擅自决定、久拖不决。10.自觉遵守职业道德,争做敢于担当表率;严禁慵懒无为、推诿扯皮、失职失责。

② 全面从严治党的广西答卷——2018年广西党风廉政建设和反腐败工作综述之一[N].广西日报,2019-01-25(009).

③ 潮起云飞满目新——党的十八大以来广西政治建设综述[N].广西日报,2017-09-26(002).

关于建立行政执法公示制度的实施意见》，印发《广西壮族自治区人民政府办公厅关于全面建立行政裁量权基准制度的实施意见》，促使执法权力更加公正文明。此外，构建了纪法贯通、法法衔接的"6+9"制度体系，设立 38 家派驻（出）机构纪检监察组，不断推进监察体制向派驻机构和乡镇延伸。[1] 在滥用权力的处置方面，截至 2019 年 3 月底，全区各级纪检监察机关共立案查处党员干部涉黑涉恶腐败和充当"保护伞"案件 420 件，结案 258 件，党纪政务处分 229 人，组织处理 35 人，移送司法机关 73 人。[2] 一系列的举措确保了党员干部手中的权力在阳光下运行，使广大党员干部对权力心存敬畏，严以用权，把权力切切实实用于为党工作、为民办事、为公行权。

七、纪律规范更严明

在"十八大以来，纪律规范更严明，自觉遵守政治纪律和工作纪律"的问题回答中，选择"比较符合"和"完全符合"的县乡干部比例分别为 67.7%、29.0%，累计占比达到 96.7%。这说明全面从严治党以来，广西县乡依规依纪依法正风肃纪工作取得了不错的成效。

依规治党首先是把纪律和规矩立起来、严起来、执行起来，党的性质、宗旨都决定了纪严于法、纪在法前，要把党的纪律和规矩挺在前面。[3] 继中央出台八项规定后，广西配套出台了《广西壮族自治区党政机关国内公务接待管理办法补充规定》《广西壮族自治区党政机关会议定点管理实施细则》《广西壮族自治区领导干部违反改进作风建设有关规定实行问责的暂行办法》等文件，提出了 30 条具体要求，提高了党员干部落实中央八项规定的自觉性。党员干部厉行节俭，出入高档会所的情况少了，把更多的时间用在了走访基层、进村入户上，三公经费和会议经费连年递减。2018 年，广西共接受信访举报 56 978 件次，立案 21 535 件，结案 21 358 件，给予党纪政务处分 20 488 人，涉嫌犯罪移送有关国家机关 335 人。[4]

---

① 全面从严治党的广西答卷——2018 年广西党风廉政建设和反腐败工作综述之一［N].广西日报,2019-01-25(009).

② 打掉"保护伞" 挖出"黑后台"——全区扫黑除恶专项斗争监督执纪问责工作综述［N].广西日报,2019-04-18(003).

③ 中共中央纪律检查委员会,中共中央文献研究室.习近平关于严明党的纪律和规矩论述摘编［M].北京:中央文献出版社,中国方正出版社,2016:60.

④ 全面从严治党的广西答卷——2018 年广西党风廉政建设和反腐败工作综述之一［N].广西日报,2019-01-25(009).

八、群众联系更紧密

在调查中,89.0%的广西县乡干部认为全面从严治党后,当前基层党员干部能够密切联系群众,以人民群众为中心。

根据十八大以来广西社会建设综述[1]、精准扶贫综述[2]及2018年广西壮族自治区政府工作报告[3],自治区党委和自治区人民政府以人民群众的需求需要为导向,落地、出台和执行了一批惠民政策、民生项目、利民措施,显著增进了人民群众的福祉。

在教育方面,实施教育振兴行动计划、八大重点工程、"双千"计划等。在基础教育方面,学前三年毛入园率为82.7%,义务教育巩固率达94%,高中阶段教育毛入学率为88.5%,比2013年分别提高了17.7、6、12.5个百分点,实现了广大群众学有所教。

在就业方面,通过拓宽就业渠道、给予创业扶持等方式,新增城镇就业人口233万人,农村劳动力转移就业361万人次,保障了劳有所得。

在居住方面,公租房、危房改造、棚户区改造极大地保障了广大群众住有所居。数据显示,2012年至2016年,全区农村危房改造106.95万户,解决了428万农村贫困人口的住房安全需求。2013年至2016年,开工建设134.49万套保障性住房并进行棚户区改造,累计解决了400多万中低收入群众的住房困难问题。

在医疗方面,实现城镇基本医疗保险异地就医直接结算,看病报销取消城乡差别,实行统一的城乡居民基本医疗保险政策,实现了广大群众病有所医。

在生态建设方面,2013年至2016年,共投入514.56亿元用于改善农村人居环境,解决了1 779.6万农村人口的饮水安全问题,并顺利开展了美丽广西乡村建设和"厕所革命"。

在脱贫攻坚方面,自2015年起广西确定市级干部476人联系559个贫困村,县级干部2 883人联系2 708个贫困村,8 000多个单位参与定点扶贫,6 500名贫困村第一书记实现全覆盖。2016年,全区共有111万个贫困户脱贫,脱贫人口为全国之

---

① 幸福清风扑面来——党的十八大以来广西社会建设综述[N].广西日报,2017-09-29(007).
② 绘就贫困地区新画卷——广西精准扶贫决胜小康综述[N].广西日报,2017-05-19(004).
③ 政府工作报告——2018年1月25日在广西壮族自治区第十三届人民代表大会第一次会议上[N].广西日报,2018-02-02(002).

首。截至 2018 年，累计减少建档立卡贫困人口 609 万人，年均减贫 120 多万人，贫困发生率下降到 7.9% 左右。

在法律援助方面，根据广西司法厅提供的数据，截至 2018 年，全区司法行政机关深入 2 105 个贫困村开展法治宣传活动，为 2 800 个贫困户提供法律援助，对 2 027 个贫困村和 2 501 个贫困户产生的矛盾纠纷进行了调处，调结率 98% 以上。①

九、干事创业更担当

全面从严治党以来，广西县乡干部树立了新的世界观、权力观、事业观、政绩观，展现了进取、担当、实干、清廉、正气的政治风貌。

在调查中，广西县乡干部对身边的领导干部干事创业给予了高度的评价，大多数县乡干部认为身边的领导干部在难题面前敢于开拓，在矛盾面前敢抓敢管，在风险面前敢担责任，并且自觉地接受法纪的约束，责任意识、规矩意识、纪律意识较强，多数党员干部在忙改革发展稳定的大事、实事，在忙保障和改善民政的急事、难事。笔者在政绩观的调查中发现，大部分县乡干部能够树立正确的政绩观，都认同求真务实是实现政绩的基本途径，维护群众利益是追求政绩的根本目的，科学发展是衡量政绩的主要标准。在价值追求方面，县乡干部认为现实中许多共产党员能够在平凡的岗位上做出英雄壮举，身边的党员干部将人生追求和价值目标融入为祖国富强、民族振兴、人民幸福的奋斗之中，淡泊名利、克己奉公、无私无畏、勇往直前，自己也常常被革命先烈赴汤蹈火、视死如归的行为所感动。调查结果显示，十八大以来，随着全面从严治党的推进，广西党风廉政建设和作风建设取得实实在在的成效，社会风气正了，公共资源回归了，干部作风转变了，大部分县乡干部干事创业敢担当，能够坚守共产党人的价值追求，忠诚老实、公道正派、实事求是、清正廉洁。

第三节　新形势下广西县乡干部的履职动力现状

随着党风廉政建设和反腐败工作的推进，一大批违法犯纪的党员干部相继被查

---

① 做好法律服务　为人民谋幸福——五年来全区司法行政工作亮点综述［N］.广西政协报,2018 - 01－27(C02).

处,不少党员干部在越来越严格的政治规矩和政治纪律面前直呼为官不易,产生消极思想,出现越来越多为官不为等懒政怠政现象。① 在新媒体网络时代,信息公开化透明化,使得一些党员干部不作为的现象被大肆报道并迅速传播和扩大,影响了政府形象和公信力,引起了社会和群众的不满。虽然当前社会舆论对党员干部存在不同的看法甚至是偏见和非议,但从调查统计数据来看,广西县乡基层干部大多能够遵照中央和地方各级党委、政府的指示及要求,勤勤恳恳做事,踏踏实实工作,坚守共产党员和领导干部的初心和使命。

调查发现,广西县乡干部干事创业动力总体均值高达61.806 5,九成以上被调查者对十八大以来自己的履职动力给予向好的判断。数据显示,被调查者的"责任心""事业心""进取心""公共服务意识"的均值分别为9.32、9.11、8.76、8.97(从 1 至 10分赋值)。这说明广西县乡干部具有强烈的责任担当精神,把干事创业作为自己的天职,认同不论在什么岗位上、不论做何种工作,都是干事创业,都必须做好,要满怀激情地投入工作,艰苦奋斗,知难而进,埋头苦干,兢兢业业,吃苦耐劳;认为事业顺利时要满怀信心,遇到挫折时也要毫不动摇、积极进取;尊重客观规律,讲究工作方法,以科学精神和科学态度努力工作;胸怀公共服务意识,能够从实际出发,察实情、讲实话,鼓实劲、出实招,办实事、求实效,扎实推进各项工作,不弄虚作假,不欺上瞒下,不做表面文章,不搞形式主义,诚心诚意,尽力尽责,一干到底。

进一步从被调查者个体的差异来分析其与履职动力的关系,我们发现女性(均值为 63.545 5)高于男性(均值为 61.518 8),党政机关(均值为 61.992 5)高于事业单位(均值为 60.619 0),副科及以下干部(均值为 61.952 9)高于正科及以上干部(均值为 61.628 6),学历越高其履职动力越充足(专科及以下学历均值为 61.139 5,本科及以上学历均值为 62.062 5)。虽然不同性别、工作单位性质、岗位职级及学历的县乡干部履职动力存在不同,但其独立样本 T 检验显示不存在显著差异。从年龄分布看,履职动力最强的是 40 岁至 49 岁的县乡干部(均值为 62.703 1),其次是 50 岁至60 岁的县乡干部(均值为 61.352 1),最后是年龄段为 25 岁至 39 岁的县乡干部(均值为 61.055 6);从工龄长短看,工龄在 21 年至 30 年的县乡干部履职动力最佳(均值为 62.019 2),工龄在 20 年以下的县乡干部次之(均值为 61.650 0),最后是工龄在31 年以上的县乡干部(均值为 61.548 4)。同样,虽然不同年龄和工龄的县乡干部履

---

① 许耀桐.治理为官不为、懒政怠政问题刍议[J].中共福建省委党校学报,2015(10):4-8.

职动力①与物质生活保障②、理想信念③及价值追求④有相关关系。

（接上文）动力存在不同，但其单因素方差分析显示不存在显著差异。而被调查者的履职动力①与物质生活保障②、理想信念③及价值追求④有相关关系。

表2-2　履职动力的相关系数表

因素	物质生活保障	理想信念	价值追求
履职动力	0.310**	0.482**	0.578**

注：**$P<0.01$（双尾检验）；*$P<0.05$（双尾检验）。

从表2-2可知，县乡干部的物质生活保障、理想信念及价值追求与其履职动力均存在正相关的关系，均达到显著水平（$P<0.01$），说明当县乡干部个人的政治信仰越坚定，党性修养和政治素养越高，并且在工作中能够得到与之相匹配的收入保障时，其干事创业的积极性越高，履职动力越充足，越能满怀激情地投入工作，吃苦耐劳，干事创业敢担当，尽心尽力为民办实事，扎实推进各项工作。

已有的研究也证实了物质生活保障、理想信念、价值追求在不同程度上影响个人的履职动力。人与其他动物的区别在于人具有对其生存、享受、发展等物质与精

①　问卷中履职动力的测量问题分为两部分：第一部分为"不论在什么岗位上、不论做何种工作，都是干事创业，都必须做好""事业顺利时要满怀信心，遇到挫折时也要毫不动摇""不弄虚作假，不欺上瞒下，不做表面文章，不搞形式主义，诚心诚意，尽力尽责，一干到底""从实际出发，察实情、讲实话，鼓实劲、出实招，办实事、求实效，扎实推进各项工作""艰苦奋斗，知难而进，埋头苦干，兢兢业业，吃苦耐劳""尊重客观规律，讲究工作方法，以科学精神和科学态度努力工作""满怀激情投入工作，把干事创业作为自己的天职"，选项分别为"完全不符合""不怎么符合""无法确定""比较符合""完全符合"，从1至5分分别对其进行赋值；第二部分为"事业心""公共服务意识""责任心""进取心"，选项分值为1—10分，被调查者根据自己的实际情况进行判断并给出自己认为合适的分数。两部分分数相加则为履职动力总分。

②　问卷中物质生活保障的测量问题为"工资收入稳定""五险一金有保障""工作业绩突出会有额外的绩效奖励""自己和家人能过上体面的物质生活"，采用李克特五点量表进行测量，选项分别为"完全不符合""不怎么符合""无法确定""比较符合""完全符合"，从1至5分分别对其进行赋值。将问题选项的得分进行加总，得到被调查者物质生活保障的总分。分值越高，表明其物质生活保障越好。

③　问卷中理想信念的测量问题为"共产主义在我国一定会实现""在工作中践行马克思主义""中国特色社会主义的前景是光明的"，采用李克特五点量表进行测量，选项分别为"完全不符合""不怎么符合""无法确定""比较符合""完全符合"，从1至5分分别对其进行赋值。将问题选项的得分进行加总，得到被调查者理想信念的总分。分值越高，表明其理想信念越坚定。

④　问卷中价值追求的测量问题为"对党忠诚老实，言行一致""全心全意为人民服务""求真务实，真抓实干""自觉遵守党章，严格执行党规党纪"，采用李克特五点量表进行测量，选项分别为"完全不符合""不怎么符合""无法确定""比较符合""完全符合"，从1至5分分别对其进行赋值。将问题选项的得分进行加总，得到被调查者价值追求的总分。分值越高，表明其价值追求越积极正面。

神条件的广泛需要①,而物质需要是第一位的,只有物质需要被满足,解决了生存和生活的问题,才能够进一步产生更高层次的精神需要。县乡干部需要面对日常生活开支、买房还贷、医疗、子女教育、赡养老人等费用支出问题,工作的首要动力是保障其物质生活,满足其对美好生活的需要,物质生活保障是其履职的根本动力所在。

县乡干部不仅是经济人,具有趋利性,还是政治人,具有政治属性,是经济理性与政治理性的结合体,在追求个体利益最大化的同时,追求社会认同最大化。经济理性行动是工具理性与责任伦理相联系,政治理性与价值理性、信念伦理等相关联的行动。② 人自主自觉地完成每项工作任务,必须由个人精神产生的内在力量去推动它,这种精神力量源自理想信念。美国埃德温·洛克的目标设定理论指出,目标能把人的需要转变为动机,使人们的行为朝着一定的方向努力,并不时地将自己的行为结果与既定的目标相对比,及时调整和修正,从而实现目标。而理想信念是一种具有坚定信念的目标③,是人的精神支柱,是一切工作的动力源泉。理想信念动摇是最危险的动摇,理想信念滑坡是最危险的滑坡。④ 坚定的理想信念使人能够抵御各种腐朽思想和不良诱惑的侵蚀,在遇到困难和挫折时具有不低头、不动摇的韧劲,勇往直前、奋力拼搏。价值追求是个体在实现目标的过程中坚守的标准和尺度,为理想信念的践行主体提供了行为准则,指明了实现的途径。一个人若价值观念淡薄或缺乏正确的价值观念指引,在工作中极易缺乏责任感和使命感,缺乏为人民服务的担当精神⑤,把个人利益置于首位,工作态度消极,遇到困难和问题时推诿塞责。

第四节　新形势下广西县乡干部有效履职面临的问题

一、存在怠政懒政现象

虽然全面从严治党以来广西县乡政治生态持续向好,但在调查中,县乡干部们认为在日常的工作中仍存在懒政怠政等不作为现象。调查数据显示,部分干部承认

---

① 徐瑞矫,史向军.新时代理想信念知行合一的内生动力研究[J].毛泽东邓小平理论研究,2018(7):101-106,108.

② 陈永国.理性人:政治理性与经济理性的有机结合[J].党政论坛,2011(5):38-40.

③ 谢作渺,王建文.以理想信念提升公务员工作成就感的研究[J].中国行政管理,2019(4):154-156.

④ 习近平.习近平谈治国理政:第二卷[M].北京:外文出版社,2017:34.

⑤ 侯赞华."为官不为"现象的成因及治理[J].学校党建与思想教育,2017(6):88-90.

身边有部分党员干部存在怠工怠政、蜕化变质、腐败堕落现象,这部分人形成了损害行政效率和影响工作落实的"暗礁";部分县乡干部认为身边部分党员领导干部不关心群众利益,甚至造成了某些地方干群关系的紧张和矛盾纠纷的激化;部分党员领导干部"小官"弄权,消解了政策法律权威,"小官"成为干部队伍的害群之马。

在调查中发现,懒政怠政在实际工作中的具体表现为:一是宗旨服务意识不高,不想为。群众路线贯彻得不彻底,小部分干部不下基层,办事推诿扯皮;在忙形式主义的会议、讲话,忙迎来送往的仪式,忙自己的事情,不解决群众的生产生活难题。二是法治权力意识淡薄,不愿为。部分干部存在有权不用过期作废的错误权力观,依法行政、权力在民不在我的法治思想觉悟有待提高。三是政绩观念扭曲,不真为。在调查中,一些被调查者反映某些领导干部新官上任"三把火",有时只是追求政绩,决策武断,铺了不少"烂摊子";想问题、办事情不怕群众不满意,只怕领导不注意,把得到上级领导的认可放在第一位,甚至不惜打击报复反映问题的群众。四是工作态度散漫,不敢为。被调查者指出身边的一些干部工作缺乏责任心,怕担责,不担当,奉行只要不出事、宁可不干事的思想,党和国家的政策连人民群众都知道了,而一些党员领导干部却不知道、不熟悉、不执行,热衷搞亲亲疏疏,拉帮结派。

二、岗位职责认知水平有待提高

在调查岗位职责认知①情况时笔者发现,县乡干部对于现任岗位的业务活动内容与范围,现任岗位的工作目标与责任,现任岗位的任职资格,现任岗位要使用的设备和工具、工作质量及效率具有比较清晰的认知,均值都在 4 分以上,分别为 4.31、4.23、4.14、4.01。而对现任岗位对工作环境的要求、现任岗位与其他相关岗位之间的相互关系的认知,得分则较低。数据说明,县乡干部对岗位自身内部的要求和规范比较熟悉,并且明确岗位自身内部的权利与义务,但对岗位与外部环境或与其他岗位之间的联系和作用则知之甚少,不清楚现任岗位与其他相关岗位之间的关系。一方面,这样不利于各部门之间协调配合、通力合作,影响工作效率;另一方面,模糊

---

① 问卷中岗位职责的测量问题为"现任岗位的业务活动内容与范围""现任岗位要使用的设备和工具、工作质量及效率""现任岗位的任职资格""现任岗位与其他相关岗位之间的相互关系""现任岗位的工作目标与责任""现任岗位对工作环境的要求",采用李克特五点量表进行测量,选项分别为"完全不清楚""不怎么清楚""无法确定""比较清楚""完全清楚",从 1 至 5 分分别对其进行赋值,分值越高,表明对现任岗位职责的认知越清晰。

部门之间的权力和界限,在处理事情上容易产生矛盾和不必要的摩擦,遇到问题时则会相互扯皮,推卸责任,只关注自身岗位的工作,自扫门前雪,明哲保身,这是缺乏大局意识、责任意识、担当意识和合作意识的表现。

进一步对不同类型的党员干部的岗位职责认知进行分析,数据显示男性(均值为24.518 8)比女性(均值为24.636 4)差,事业单位(均值为24.190 5)比党政机关(均值为24.589 6)差,副科及以下干部(均值为24.529 4)比正科及以上干部(均值为24.542 9)差,而且学历越低其岗位职责认知越不清晰(专科及以下学历均值为24.023 3,本科及以上学历均值为24.732 1)。虽然不同性别、不同工作单位性质、不同岗位职级及不同学历的县乡干部对岗位职责的认知存在差异,但其独立样本 T 检验显示不存在显著差异。对县乡干部不同的年龄层与其岗位职责进行单因素方差分析,可得到如表2-3所示的年龄与岗位职责的 One-Way ANOVA 统计表。经过方差分析可知,不同年龄层次的县乡干部对岗位职责的认知存在显著的差异,F 值达到了显著水平($P=0.036$)。用 LSD 法(最小显著法)进行多重比较检验,数据显示40岁至49岁的县乡干部对岗位职责的认知,较50岁至60岁的县乡干部更清晰、更明确。在客观条件上,40岁至49岁的县乡干部身体较好,精力充沛,对自己的职业满怀信心,干劲十足;而50岁至60岁的县乡干部受记忆力减弱、身体欠佳等客观条件的制约,学习起来比较吃力,见效慢,效果不理想。在客观条件上,40岁至49岁的县乡干部基本处于中层管理职位,接受教育培训的机会较多;主观上也愿意学、好学,愿意花精力和时间去熟悉工作岗位内容和要求,希望有更大的成就。而50岁至60岁的县乡干部随着年龄的增长及遭遇职业"天花板"现象,晋升的空间越来越小,大部分人主观上不愿意接受新的事物,习惯按照过去对岗位认知的经验和方式工作,按部就班,希望平安退休。

表2-3　年龄与岗位职责认知①的 One-Way ANOVA 统计表

差异构面	总平均值 ($n=155$)	25—39 岁 ($n=18$)	40—49 岁 ($n=64$)	50—60 岁 ($n=71$)	F 值	多重比较 检验
岗位职责认知	24.542 5	24.166 7	25.265 6	23.985 9	3.388**	2—3

注:1."多重比较检验"栏中,1、2、3分别指25—39岁、40—49岁、50—60岁。

　　2.* $P<0.1$,** $P<0.05$,*** $P<0.01$。

---

① 为了便于分析,笔者对问卷中涉及岗位职责测量的六个问题的得分进行加总,得到被调查者岗位职责的总分。

三、能力素质仍需提升

在实际的工作中，领导干部出现懒政怠政等为官不作为的现象，除了主观上的不想为、不愿为、不真为、不敢为，还有一个很重要的因素，即自身能力素质不足导致的客观不能为、不会为。从被调查者对自己的工作能力素质[①]自评结果来看，总体上"依法行政能力""心理调适能力""公共服务能力"及"政治鉴别能力"的得分靠前，自评均值在 8.5 分以上，"学习能力""沟通协调能力""应对突发事件的能力"次之，得分靠后的是"调查研究能力"和"创新能力"。这说明县乡干部的学习风气、民主作风、协作意识有待进一步提升，协调不同利益及面对突发事件时准确判断、果断行动和应对处理的能力不足，尤其缺乏调查研究和创新能力，在工作中没有掌握科学的调查研究方法，到一线实地考察和调研不够。在工作中循规蹈矩，力求平稳，既有从众心理、不愿做"出头鸟"的不愿创新，又有害怕创新产生新的问题，为此而承担责任、受惩罚的不敢创新。

调查研究能力和创新能力是新时期比较重要的两大能力，而县乡干部在这两个方面的表现明显不尽如人意。调查研究是联系基层、联系群众的重要手段。实施乡村振兴战略，必须建立在充分了解当地农业农村农民情况的基础上，充分挖掘优势产业，调动农民积极性。工作能不能落实，关键在于领导干部是不是以身作则调查研究，从实际出发，分析问题，解决问题。[②] 调查研究做得扎实全面，制订的计划等符合实际生产生活，工作就会顺手，完成的质量就会高。调查研究是党员干部必须掌握的一项重要工作能力，调查重在求实，研究重在求是。在基层工作中，要以求真务实的态度深入农村、深入实际、深入农民，围绕广大农民群众普遍关心的热点、难点问题开展调查研究工作，听真话、讲实情，确保调查信息的准确性、真实性，收集和反映农民群众的意愿和要求，充分了解当前基层情况，增强决策的科学性、正确性和针对性。善于调查研究，了解群众在想什么、盼什么，客观条件和困难具体有什么，少一些主观臆断，就能降低犯错的概率，真正解民忧、办实事、促发展。基层工作纷繁

---

① 参照《国家公务员通用能力标准框架（试行）》（国人部发〔2003〕48 号）的规定，对广西县乡干部的能力素质状况，从政治鉴别能力、依法行政能力、公共服务能力、调查研究能力、学习能力、沟通协调能力、创新能力、应对突发事件能力、心理调适能力九个方面进行测量，选项分值为 1 至 10 分。被调查者根据自己的实际情况进行判断并给出自己认为合适的分数。得分越高，说明被调查者认为自己的能力素质越高。

② 邓小平.邓小平文选:第 2 卷[M].北京:人民出版社,1994:124.

复杂,乡村振兴更是涉及农村、农业和农民的方方面面。深化改革新时期,农村的实际情况发生了巨大的变化,如何面对不断出现的新问题、新挑战,既是新时代对县乡干部的考验,又是提高县乡干部工作能力和素质的关键。破解各种基层难题,唯有依靠创新,进一步解放思想,开阔思路,培养创新思维方式,掌握创新方法和技能,分析新情况,提出新思路,结合实际创造性地开展工作。

进一步对不同类型的党员干部的能力素质进行分析,数据显示男性(均值为147.142 9)比女性(均值为 148.181 8)差,事业单位(均值为 145.714 3)比党政机关(均值为147.537 3)差,副科及以下干部(均值为 146.129 4)比正科及以上干部(均值为 148.700 0)差,而且学历越低其能力素质越低(专科及以下学历均值为147.023 3,本科及以上学历均值为 147.392 9)。虽然不同性别、不同工作单位性质、不同岗位职级及不同学历的县乡干部的能力素质存在差异,但其独立样本 T 检验显示不存在显著差异。对县乡干部的年龄、工龄与其能力素质进行单因素方差分析,数据显示不同年龄、不同工龄的县乡干部,其能力素质有差异,但差异并不显著。

四、工作精神状态欠佳

工作精神状态包含身体健康程度与心情状态两个方面。县乡干部的工作精神状态反映其工作时的干劲。中央和地方的各项工作都由基层县乡干部落实,上面千条线,下面一根针。县乡干部们奋斗在基层第一线,承担着乡村振兴、发展农业农村经济、精准扶贫、处理各种纠纷和突发事件等重任,工作繁杂,压力大,千头万绪,而且节假日没有保障。俗话说,身体是革命的本钱,良好的身体素质是干事创业的有力保证,若身体状态不佳,办起事来也是有心无力。而工作时的情绪直接影响县乡干部干事创业的精气神,愉悦的心情不仅有助于保持干事创业的动力和活力,还有助于提高工作效率,达到事半功倍的效果。

统计结果显示,18.3%的县乡干部认为自己的身体状况一般或者不怎么健康,35.5%的县乡干部认为自己的工作心情一般或者不怎么好。这说明广西县乡干部在干事创业中处于亚健康状态,精神状态欠佳的不在少数。

进一步对不同类型的党员干部的工作精神状态进行分析,交互分类中不同工作单位性质、岗位职级的县乡干部的工作精神状态虽有差异,但差异并不显著,而年龄和工龄与其健康状况有显著的差异,年龄、工龄、性别和学历与其心情状况有显著的差异。

表2-4　年龄、工龄与身体健康三种程度①的交互分类结果

		不怎么健康	一般健康	比较健康	样本量	卡方值
年龄	25—39岁	5.6%	27.7%	66.7%	18	
	40—49岁	9.4%	4.7%	85.9%	64	
	50—60岁	16.9%	1.4%	81.7%	71	
	合计	12.4%	5.9%	81.7%	153	20.189***
工龄	20年以下	12.5%	15.0%	72.5%	40	
	21—30年	7.7%	5.8%	86.5%	52	
	31年以上	17.7%	0	82.3%	62	
	合计	13%	5.8%	81.2%	154	12.135**

注：$*P<0.1$，$**P<0.05$，$***P<0.01$。

表2-4显示，年龄与身体健康三种程度的交互分类结果的卡方值为20.189，Sig值为0.000，已达0.01的显著水平，表明年龄确实会影响县乡干部对自身健康的评估。在全部样本中，认为自己不怎么健康、一般健康、比较健康的比例分别为12.4%、5.9%和81.7%。不同年龄层的比例显示，50岁至60岁的县乡干部认为自己不怎么健康的比例为16.9%，高于样本总比例12.4%，而其他年龄段的县乡干部这一比例均远低于样本总比例；认为自己身体比较健康的县乡干部比例最高的年龄段为40岁至49岁，达85.9%，高于样本总比例81.7%，其次是50岁至60岁的县乡干部，比例与总体一致，最低的是年龄段为25岁至39岁的县乡干部，仅有66.7%。总体数据表明，认为自己身体健康一般或者欠佳的县乡干部依次为25岁至39岁、40岁至49岁、50岁至60岁，累计比例分别为33.4%、14.1%、18.3%。此结果显示，县乡干部的年龄与身体健康状况确实有关联。

工龄与身体健康三种程度的交互分类结果的卡方值为12.135，Sig值为0.016，已达0.01的显著水平，表明工龄也会影响县乡干部对自身健康的评估。在全部样本中，认为自己不怎么健康、一般健康、比较健康的比例分别为13%、5.8%与81.2%。有21年至30年工龄的县乡干部认为自己不怎么健康的比例为7.7%，远低于样本总

---

① 根据问卷调查的结果，为了方便数据统计与分析，我们对选项进行了合并。将身体健康程度测量问卷中的原选项"很不健康"并入"不怎么健康"，将"很健康"并入"比较健康"，即将原来的五个选项（"很不健康""不怎么健康""一般健康""比较健康""很健康"）合并成三个选项（"不怎么健康""一般健康""比较健康"）。

比例13%，而其他工龄段的县乡干部这一比例接近或高于样本总比例；有31年以上工龄的县乡干部认为自己的身体状况一般的比例为0，远低于样本总比例5.8%，有21年至30年工龄的县乡干部这一比例与总体一致，最高的是工龄在20年以下的县乡干部，达15.0%；认为自己身体比较健康的比例最低的是工龄在20年以下的县乡干部，仅为72.5%，低于样本总比例81.2%，其他工龄段的县乡干部认为自己身体比较健康的比例均高于样本总比例。总体数据表明，感觉自己身体健康状况一般或者欠佳的县乡干部依次为20年以下工龄、31年以上工龄、21年至30年工龄，累计比例分别为27.5%、17.7%、13.5%。此结果显示，县乡干部的工龄与身体健康状况确实存在差异。

通过数据分析发现，中青年干部（年龄段为25岁至39岁，工龄为20年以下）的身体最差，其次是中老年干部（年龄段为50岁至60岁，工龄为31年以上），身体健康状况最好的是中年干部（年龄段为40岁至49岁，工龄为21年至30年）。笔者认为原因可能是中青年干部作为单位的"年轻人"，工作年限短，职位低，工作量大，担子重，大部分的时间都用于工作，休息和娱乐时间得不到保障；中老年干部随着年龄的增长，工作年限的增加，身体机能开始减退，因此健康状况也大不如前；而中年干部处于人生中精力旺盛的时期，作为单位的中坚骨干力量，职位相对较高，一般处于管理层，对工作熟悉，工作效率高，开始关注养生和健康，因此其身体健康程度最好。

表2-5　年龄、工龄、性别、学历与心情三种程度①的交互分类结果

项目		不怎么好	一般	比较好	样本量	卡方值显著水平
年龄	25—39 岁	22.2%	33.4%	44.4%	18	
	40—49 岁	31.3%	15.6%	53.1%	64	
	50—60 岁	12.7%	7.0%	80.3%	71	
合计		21.6%	13.7%	64.7%	153	18.039**
工龄	20 年以下	32.5%	32.5%	35.0%	40	
	21—30 年	25.0%	5.8%	69.2%	52	
	31 年以上	11.3%	8.1%	80.6%	62	

① 对心情状态测量问卷的五个选项进行相应的合并，原选项"很不好"并入"不怎么好"，"很好"并入"比较好"，即原来的五个选项（"很不好""不怎么好""一般""比较好""很好"）合并成三个选项（"不怎么好""一般""比较好"）。

项目		不怎么好	一般	比较好	样本量	卡方值显著水平
合计		21.4%	13.7%	64.9%	154	27.805***
性别	女	0.0%	13.6%	86.4%	22	
	男	24.8%	14.3%	60.9%	133	
合计		21.3%	14.2%	64.5%	155	7.361*
学历	专科及以下	11.6%	4.7%	83.7%	43	
	本科及以上	25.0%	17.9%	57.1%	112	
合计		21.3%	14.2%	64.5%	155	9.829***

注：*$P<0.1$，**$P<0.05$，***$P<0.01$。

表 2-5 显示，年龄与心情三种程度的交互分类结果的卡方值为 18.039，Sig 值达到 0.05 的显著水平，表明年龄确实会影响县乡干部工作的心情状态。在全部样本中，认为自己心情不怎么好、一般、比较好的样本总比例分别为 21.6%、13.7% 与 64.7%。不同年龄层的比例显示，50 岁至 60 岁的县乡干部认为自己工作心情不怎么好的比例为 12.7%，远低于样本总比例 21.6%，而其他年龄层的县乡干部这一比例均高于样本总比例；评价自己工作心情一般的比例最低的也是 50 岁至 60 岁的县乡干部，比例为 7.0%，远低于样本总比例 13.7%，而其他年龄层的县乡干部这一比例均高于样本总比例；认为自己心情比较好的县乡干部比例最高的年龄段为 50 岁至 60 岁，达 80.3%，高于样本总比例 64.7%，而其他年龄层的县乡干部这一比例均低于样本总比例。总体数据表明，认为自己心情一般或者欠佳的县乡干部年龄段依次为 25 岁至 39 岁、40 岁至 49 岁、50 岁至 60 岁，累计比例分别为 55.5%、46.9%、19.7%。此结果显示，县乡干部的年龄与工作心情状态确实有关联。

表 2-5 中工龄与心情三种程度的交互分类结果的卡方值为 27.805，Sig 值为 0.000，表明工龄也会影响县乡干部的工作心情状态。在全部样本中，认为自己心情不怎么好、一般、比较好的比例分别为 21.4%、13.7%、64.9%。工龄长短的比例显示，有 31 年以上工龄的县乡干部认为自己心情不怎么好的比例为 11.3%，远低于样本总比例 21.4%，而其他工龄段的县乡干部这一比例高于样本总比例；有 20 年以下工龄的县乡干部认为自己身体状况一般的比例为 32.5%，远高于样本总比例 13.7%，而其他工龄段的县乡干部这一比例低于样本总比例；认为自己工作心情比较好的县乡干部比例最低的是工龄在 20 年以下的县乡干部，仅为 35.0%，远低于样本总比例

64.9%,其他工龄段的县乡干部认为自己工作心情比较好的比例均高于样本总比例。总体数据表明,认为自己心情一般或者欠佳的县乡干部依次为 20 年以下工龄、21 年至 30 年工龄、31 年以上工龄,累计比例分别为 65.0%、30.8%、19.4%。此结果显示,县乡干部的工龄与工作心情状态确实存在差异。

通过数据分析发现,中青年干部的工作心情最糟糕,其次是中年干部,工作心情最愉悦的是中老年干部。笔者认为原因可能是中青年干部工作经验欠缺,同时缺乏应对繁重工作的方法和技巧,正处在职业磨合期,职业期待与现实产生冲突,因此在工作压力下,身心疲劳,焦虑和失落感明显;而中老年干部工作时间长,经验丰富,做事得心应手,同时处于快退休的年纪,工作量小了,欲望和需求也少了,因此心情最佳。

性别与心情三种程度的交互分类结果的卡方值为 7.361,*Sig* 值为 0.025,已达 0.01 的显著水平,表明性别也会影响县乡干部的工作心情状态。认为自己工作心情不怎么好的男干部比例高达 24.8%,而女干部这一比例为 0;认为自己工作心情一般的男干部占 14.3%,比女干部的相应比例高 0.7%;认为自己工作心情比较好的男干部比例为 60.9%,比女干部的相应比例低 25.5%。总体数据表明,女干部在工作中心情不错,而男干部则较为忧虑和压抑,这一感受的累计比例高达 39.1%。卡方检验显示,不管是女性还是男性,上述差异都是明显的。笔者认为这一结果可能有三方面的原因。一是社会角色的影响。虽然随着社会的变革,女性角色相应发生了一些变化,但受传统文化思想的影响仍然较大。在现实中,女性要花较多的时间和精力处理家务事,诸如抚育孩子、照顾老人及处理家庭琐事等事项还是由女性承担,由于精力有限,在工作上不如男性那么要强,没有那么多的期望和要求,自然也就宽心许多。而男性较女性的事业心更重,把工作当作自己的事业来做,全身心地投入,努力在现有岗位上做出更多突出的业绩和成果,以便尽早得到提拔和晋升,因而压力更大。二是心理差异的影响。女性的减压能力比男性强,当女性在工作中遇到挫折或者不顺心的时候,会通过倾诉或者哭泣的方式进行自我减压,把烦闷和不快宣泄出来,心事一旦吐露出来,就转移给了倾听者,而倾诉者的情绪得到了很大程度的释放和舒缓。男性则不善于表达,羞于倾诉,受"男儿有泪不轻弹"的男权强势文化的影响,习惯将压力和负面情绪闷在心里,自己扛着。三是生理差异的影响。在现实工作中,基于男女生理上的差异,人们倾向于把脏活、累活、棘手的活、重要的活交给男性去处理而不是女性,造成了同一部门同一岗位中,男性工作量更大,加班熬夜更多。因此,男性在工作中需要承担更多的工作和更大的责任,心理负担也相应增加,工作心情自然会比女性要差一些。

学历与心情三种程度的交互分类结果的卡方值为 9.829,*Sig* 值为0.007,已达 0.01的显著水平,表明学历也会影响县乡干部的工作心情状态。学历为专科及以下的县乡干部认为自己工作心情不怎么好的为 11.6%,而学历为本科及以上的县乡干部这一比例高达 25.0%;学历为专科及以下的县乡干部认为自己工作心情一般的占 4.7%,比学历为本科及以上的县乡干部的相应比例低 13.2%;学历为专科及以下的县乡干部认为自己工作心情比较好的占 83.7%,比学历为本科及以上的县乡干部的相应比例高 26.6%。总体数据表明,学历为专科及以下的县乡干部感觉自己工作时心情平缓,而学历为本科及以上的县乡干部工作时情绪波动较大,累计超过四成的干部觉得工作时心情一般或者不怎么好。卡方检验显示,无论是高学历还是低学历,上述差异都是明显的。笔者认为学历更高的人因其接受过更好的教育,站得更高,视野更广,考虑问题更深更远,对人生有更长远的规划和目标,对自己的要求和定位也就更严苛,工作时更努力奋进、积极向上,对自身的期待也就更高,想要的更多,因此更容易产生患得患失的焦虑紧张心理。在现实中,学历高的人也更容易被重用,工作量和工作难度都会相应增加,工作风险和出错率也更高。因此,高学历的人在工作中面临更大的压力和挑战,需要时刻保持较强的工作能力和较高的工作效率。

五、物质生活水平有待提高

物质生活是人最根本的保障,人首先要生存才能谋发展。总体上,广西县乡干部对自己的薪酬收入和物质生活基本满意。具体的调查数据显示,被调查者对工资收入的稳定性比较满意。虽然基层干部的工资收入与其他行业相比尚有不小的差距,但较为平稳,且旱涝保收的性质及"五险一金"的保障,还是得到了被调查者的认可和肯定。58%的被调查者认为目前的工资收入水平能够让自己和家人过上体面的生活。关于"工作业绩突出会有额外的绩效奖励"的问题,仅有45.7%的县乡干部认为符合当前的工作实际情况,这也从侧面反映了当前干部薪酬激励机制的不完善,在一定程度上挫伤了县乡干部干事创业的积极性,出现干多干少一个样,影响了县乡干部干事创业的激情与动力,极易导致为官不作为现象的发生。

为了便于分析,我们对问卷中涉及物质生活保障的问题选项的得分进行加总,得到被调查者物质生活保障的总分。从问卷调查的数据结果来看,在对自身工作岗位物质生活保障的评价中,女性(均值为15.000 0)高于男性(均值为14.751 9),事业单位(均值为15.000 0)高于党政机关(均值为14.753 7),正科及以上干部(均值为15.114 3)高于副科及以下干部(均值为14.517 6),而且学历越低对自身工作岗位物质生活保障的评价越好(专科及以下学历均值为14.790 7,本科及以上学历均值为14.785 7)。虽然不同性别、不同工作单位性质、不同岗位职级及不同学历的县乡干部对自身工作岗位物质生活保障的评价存在差异,但其独立样本 T 检验显示不存在显著差异。

进一步对县乡干部不同的年龄段与其物质生活保障进行单因素方差分析,可得到表2-6所示的年龄与物质生活保障的 One-Way ANOVA 统计表。

表2-6　年龄与物质生活保障的 One-Way ANOVA 统计表

差异构面	总平均值 ($n = 153$)	25—39 岁 ($n = 18$)	40—49 岁 ($n = 64$)	50—60 岁 ($n = 71$)	F 值	多重比较检验
物质生活保障	14.797 4	15.000 0	14.343 8	15.154 9	2.478*	2—3

注:1.“多重比较检验”栏中,1、2、3分别指25—39岁、40—49岁、50—60岁。

2. *P<0.1,**P<0.05,***P<0.01。

我们经过方差分析可知,不同的年龄段对物质生活保障的评价存在显著的差异,F 值达到了显著水平。用 LSD 法(最小显著法)进行多重比较检验后,数据显示年龄段为40岁至49岁的县乡干部对物质生活保障的评价较50岁至60岁的县乡干部差。笔者认为原因是中年干部处于上有老下有小的境况,各项生活开支费用高,经济压力较大;中老年干部的工龄和职位较高,福利待遇也相对较好,同时由于工作年限长,有了一定的经济积累,而且子女多已成家,不需要负担抚养教育费用,因此其对物质生活保障的评价也就越高。

同样,通过对县乡干部不同工龄与其物质生活保障进行单因素方差分析,可得到如表2-7所示的工龄与物质生活保障的 One-Way ANOVA 统计表。我们经过方差分析可知,工龄影响着县乡干部对其物质生活保障的评价,两者存在显著的差异,F 值达到了显著水平。用 LSD 法(最小显著法)进行多重比较检验后,数据显示工龄在20年及以下的县乡干部对物质生活保障的评价较工龄在31年及以上的县乡干部差。笔者认为原因是中老年干部随着年龄的增长,需求和欲望都有所降低,且有一定的积蓄;中青年干部工作时间短,职位低,收入水平不高,生活、住房、学习、娱乐等日常开销大,因此其对物质生活保障的评价自然不如中老年干部那么好。

表2-7　工龄与物质生活保障的 One-Way ANOVA 统计表

差异构面	总平均值 （$n=154$）	20 年及以下 （$n=40$）	21—30 年 （$n=52$）	31 年及以上 （$n=62$）	F 值	多重比较检验
物质生活 保障	14.753 2	14.450 0	14.442 3	15.209 7	2.404*	1—3

注:1.“多重比较检验”栏中,1、2、3分别指20年及以下、21—30年、31年及以上。

2.*$P<0.1$,**$P<0.05$,***$P<0.01$。

表2-8的结果表明,县乡干部的岗位职级影响其对物质生活保障的评价。副科及以下的县乡干部对其物质生活保障的评价的平均值比正科及以上的县乡干部低0.596 7,独立样本 T 检验显示这种差距很明显。副科及以下的县乡干部的收入水平、物质保障及生活水平明显不如正科及以上的县乡干部。当前县乡干部的岗位职级大多为副科及以下,职位低,待遇差,不利于调动县乡干部干事创业的积极性。

表2-8　岗位职级与物质生活保障的独立样本 T 检验结果

差异构面	副科及以下 （$n=85$）	正科及以上 （$n=70$）	平均数差距	T 值
物质生活保障	14.517 6	15.114 3	−0.596 64	−1.711*

注:*$P<0.1$,**$P<0.05$,***$P<0.01$。

六、职位晋升存在“天花板”现象

在干部晋升提拔方面,关于“处科级领导干部的提拔‘僧多粥少’,个人发展空间有限,各方面激励动力不足”的问题,选择“比较符合”和“完全符合”的被调查者分别占45.4%和13.3%,即超过五成的县乡干部认为晋升渠道不畅通,个人发展前景受限制。

关于领导干部的选拔任用标准,被调查者普遍认同凭借个人坚定的理想信念、勤政务实的工作态度、自身的能力素质、清正廉洁的品格、为民服务的宗旨意识及敢于担当的精神品质,在实际工作中容易得到晋升和提拔的机会,分别占86.9%、86.5%、86.4%、84.3%、83.9%、83.6%。但在调查中,我们也发现一些不科学、不合理、不合法、不合规的人情观念在干部选拔任用过程中占有一定的比例,在某种程度上影响县乡干部的任用、晋升与提拔。

七、内部机制需要进一步完善

在调查中,被调查者普遍表示处科级领导干部流动性小,容易造成工作激情流失和利益关系固化。同时,这一岗位职级的领导干部受重视度和被关注度不高,使命感、价值感、责任感容易迷失。值得一提的是,处科级领导干部手中的权力具体实用,不少关键岗位弄权谋私机会多、诱惑大,败露的概率却比较低,与此同时,这一岗位职级的领导干部处于监管末端,久而久之便形成了监督软肋和管理"病灶"。

第五节 构建新时代广西县乡干部有效履职的动力机制

动力是推动事物向前运行和发展的根本。县乡干部履职动力的构成要素主要包括内生动力和外部动力两大系统,内生动力为精神动力,外部动力为物质动力和管理动力。新形势下有效激发县乡干部履职的内生动力和外部动力,就是要建立干部教育培养机制,激发县乡干部履职的精神动力;建立薪酬奖励、选拔晋升及考核评价等激励机制,进一步提升县乡干部履职的物质动力,增强县乡干部干事创业的主动性。此外,还需要建立有效的管理监督机制和容错纠错机制,让县乡干部"动"起来,调动县乡干部工作的积极性。

一、丰富培养机制,激发内生动力

当前,我国进入全面深化改革的深水区,面临许多前所未有的新情况、新困难、新挑战,需要集合各方智慧力量攻克难关。新时代对党员干部提出了更高的能力要求,但是许多党员干部还一成不变地沿用之前的老办法解决新问题,自然不奏效,不仅花费了大量的时间和精力,还干不成事,招致人民群众的不满,甚至有些党员干部墨守成规,故步自封,久而久之便因为能力上的不足,办事有心无力,消极怠工,懒政怠政现象时有发生。过去的工作方式与方法显然已不能适应当今社会的发展,党员干部们只有与时俱进,加强学习,时刻保持学习的热情,才能跟上时代的变化,才能提高新时期的执政能力和水平,破除不会为、不能为的短板。

首先,加强工作基本知识和原理的学习。明确自身所处岗位的职责,根据不同岗位进行专业学习,清楚知悉自己的工作职责内容等,清晰知晓自己在这个岗位上该做什么、不能做什么、该怎么做,有针对性地进行工作基本知识和原理的培训,提高专业素养和工作效率。此外,还要知道如何更好地去做,更高效地履行工作职责,明悉岗位与外部环境或其他岗位之间的联系和作用,加强各部门的联系与合作,按时按质按量地完成工作任务。在提高岗位胜任力的同时,减少因岗位职责不清晰不明确而出现的党员干部间相互推脱工作、推卸责任等扯皮现象的发生。加强党员干部对工作基本知识和原理的学习,使其明确自身的职责和目标,强化与外界及各相关部门的联系与沟通,这对提升县乡干部干事创业的履职动力与执行力,克服本领恐慌至关重要。

其次,组织党员干部学习马克思主义哲学和马克思主义中国化最新成果。读原著、学原文、悟原理,在学懂、弄通、做实上下功夫,让广大党员干部自觉用马克思主义武装自己,正确理解和把握党的理论、方针政策,在工作中坚持马克思主义立场观点和方法,坚定理想信念,坚定共产主义信仰,运用习近平新时代中国特色社会主义思想指导实践,提高治国理政的理论和政策水平。组织党员干部学习近现代史和党史,了解党和国家的荣辱兴衰,激发党员干部爱党爱国热情,提升民族使命感、责任感,提高党性修养,用党章、党性原则规范自身行为,抵制各种错误思想,坚决拥护中国共产党的领导,坚持推进中国特色社会主义事业,增强"四个意识",坚定"四个自信",做到"两个维护"。此外,组织党员干部学习习总书记"建设壮美广西,共圆复兴梦想"的总目标、总要求,结合广西县乡的实际情况,解放思想,实事求是,扎实推动乡村振兴,让广西"壮"起来、"美"起来。

再次,强化党员干部持续学习的意识,建立长效学习保障机制。学习不是一蹴而就的事情,也不可能一劳永逸,党员干部要树立终身学习的理念,保持对新兴事物的好奇心,打破已经形成的思维定式,促使学习贯穿工作的全过程。新时代我国社会基本矛盾发生变化,如何解决新时代发展不平衡不充分的问题,更好地满足人民在经济、政治、文化、社会、生态等方面日益增长的需要,是摆在党员干部面前的难题。一味沿用过去的经验做法,满足于现状,吃老本而不思进取,是解决不了当前我国尤其是基层各种复杂的情况和矛盾的。对个人而言,不懈努力,坚持主动学习,不断为自己赋能,持续性地成长,无论社会环境怎样改变,都能处变不惊,迎风而上,不被时代淘汰。对组织而言,要建立长效学习的保障机制,使学习持续化、常规化、常态化,管理和督促广大党员干部积极学习,及时更新知识,使其能够成为有力执行党和国家大政方针政策的骨干和中坚力量。

最后,加强调查实践锻炼,培养创新精神,提升能力素质。新时代的党员干部不仅要有较高的文化和能力素质,还要有丰富的基层实践经验。除了向书本学习,还要向实践学习。马克思主义认识论揭示了认识和实践的辩证关系。认识和实践是具体的历史的统一,实践是认识的来源,起决定性作用,同时也是检验认识是否具有真理性的唯一标准;正确的认识能够指导实践并推动事物向前发展。要了解基层党组织和政府各项决策是否符合现实情况,是否符合人民的期待和利益,深入的调查研究必不可少。党员干部要加强实践锻炼,在实践中掌握调查研究的能力,了解当地真实情况,掌握真实的第一手资料,增强决策的科学性、合理性,杜绝把坐在办公室里看材料和听汇报当作调查研究,切实转变领导干部的形式主义、官僚主义等不良思想作风和工作作风。在基层实践中锻炼处理复杂矛盾的综合能力,加强与群众的联系,深入基层了解民情,倾听民意,关心人民疾苦,培养责任意识和使命感,坚持群众路线,贯彻落实以人民为中心的思想,自觉将人民群众的利益放在工作首位。同时,通过调查实践锻炼吃苦耐劳的品质,磨炼坚韧不拔的意志,培养创新意识和创新能力,在调查实践中解放思想、更新观念,破除习惯性思维,提升能力素质。

二、调整薪酬机制,提升奖励效用

"人们为之奋斗的一切,都同他们的利益有关。"[①]党员干部先是经济人,而后才是政治人,既要对其讲理想信念、党性修养,又要讲现实利益、薪酬保障,既要精神奉献,又要物质激励。对党员干部来说,薪酬回报既是自己工作劳动价值的体现,又是自己得以生存发展、享受美好生活的物质保障。合理的薪酬回报对党员干部在工作上的表现有着极大的激励作用。因此,通过薪酬回报来激发党员干部干事创业的履

---

① 中共中央马克思恩格斯列宁斯大林著作编译局.马克思恩格斯全集:第 1 卷[M].北京:人民出版社,1995:187.

职动力显得尤为重要。

构建合理的薪酬奖励机制,一是要确定合理的薪酬水平。广西各级政府在财政允许的条件下,应适当调整党员干部的工资水平,不断改善基层党员干部的生活,保障党员干部合理、正当的个人利益,同时提供具有市场竞争力的薪酬回报,吸引和留住更多优秀的人才,为党和国家的事业集聚人才力量。自全面从严治党以来,高压问责之下,越来越多党员干部感叹为官不易。工作繁多,责任重大,而薪酬水平与劳动付出的差距明显,付出与收入不成正比,导致公务员离职现象的出现,造成部分人才的流失。确定合理的薪酬水平,对于提高党员干部工作精神状态,减弱其思想动摇性,稳定干部队伍,安定人心具有重要作用。

二是要建立合理的薪酬结构。薪酬回报要因人而异、因岗而异。一成不变的薪酬福利管理机制已不再适应当今社会的发展,我们要打破平均主义思想。在当前县乡政府机构中,同一岗位同一职级所得的薪酬回报差别不大,打击了同岗位同职级中更积极主动工作的党员干部的干事热情。另外,薪酬福利观念的淡化,也在一定程度上产生了不良影响。一些薪酬福利只是领导口头应允,并未落实到具体的行动上,党员干部的期待落空,内心失落,进而出现工作不认真、不负责的懒惰情况。薪酬回报要根据不同岗位确定合理的薪酬水平,根据工作辛劳和难易程度适时调整,并鼓励向老少边穷地区倾斜,加大补贴力度,激励广大党员干部服务基层,安心扎根基层。薪酬回报要与工作绩效挂钩,奖励工作业绩突出、表现优秀的党员干部,激发党员干部踏实工作、锐意进取的热情。确立科学正向的奖惩原则,最大限度地发挥薪酬回报的激励作用。

三是要制定合理的奖励制度。马斯洛指出,人的需求就像阶梯一样,由低到高分为五个层次,处于最低层次的是生理需求,往上依次为安全需求、社交需求、尊重需求、自我实现需求。当低层次的物质需要得到相应的满足后,它的激励作用就会降低,人就会开始追求更高层次的心理需要。因此,在奖励方面要注重物质奖励与精神奖励的结合与统一,二者缺一不可。物质奖励包括专项奖金、绩效奖励、奖品等。精神奖励主要为大会表彰、荣誉称号、榜样宣传等。明确和细化奖励的标准,保障评选过程的公平和科学。奖励先进树典型,充分发挥奖励的激励作用,激发他们的荣誉感、责任感、进取心和事业心,激发县乡干部履职的动力。嘉奖勇于改革创新、具有冒险精神、勇挑重担的党员干部,惩治躲避风险的党员干部;嘉奖切实可行、简单有效的创新工作方案,惩治复杂、冗长、陈腐的空头计划;嘉奖及时果断的行动,惩治无用的分析、纸上谈兵;嘉奖取得实效性的出色工作,惩治进进出出、忙忙碌碌却毫无成效的行动;嘉奖埋头苦干、默默奉献、踏实有为的有效行动,惩治哗众取宠、华而不实的无效工作;嘉奖忠诚合作、积极肯干,惩治背叛内讧、消极怠工。只有建立科学合理的薪酬奖励机制,才能全面激发基层党员干部的工作活力。

三、完善选拔机制,实现晋升可期

为政之要,唯在得人,用非其才,必难致治。人才对于国家治理的重要性不言而喻。树立正确的选人用人观,规范选人用人方式,匡正选人用人风气,公正务实地选贤任能,使真正愿干事、敢干事、干实事的党员干部能够被选拔到领导干部队伍中来,对于实现乡村振兴,推进"四个全面",实现"两个一百年"奋斗目标及中华民族伟大复兴的中国梦具有非常重要的意义,事关党和国家事业健康持久的发展。

首先,明确好干部的标准。广西各级党委要全面理解、准确把握中央关于领导干部培养和选拔的指示精神,通盘考虑个人政治素养和职业能力,以习总书记提出的"信念坚定,为民服务,勤政务实,敢于担当,清正廉洁"为选拔晋升干部的总要求和总标准,确定选拔晋升的总体目标和具体指标,形成全体党员干部自觉向好干部标准看齐的氛围,对标对表,找差距,奋发有为。实践证明,选什么人、用什么人,其党风政风作风就会呈现出相应的样子。科学合理的选人用人标准,能够增强干部干事创业的履职动力,激发干部的创造活力,使其聪明才干能够在工作中得到充分发挥和运用,实现人才的最大价值和效用。而倘若用人标准发生了偏差,用了投机取巧、庸庸碌碌、空谈无为、推责诿过的人,则会助长为官不为、为官不正和为官乱为的歪风邪气,挫伤真抓实干、为民务实、清正廉洁的干部的履职主动性和积极性,寒了人心,甚至上行下效,产生劣币驱逐良币的恶劣效果,严重阻碍党和国家各项事业的进程和发展。在选人用人上坚持选好人用好人的标准,用作风优良的人,用党性坚定的人,用道德高尚的人,用心系群众的人,用为民办实事的人。

其次,公正务实,选贤任能。不搞论资排辈、平衡照顾,不看资历,着重实力。那些能够在改革攻坚克难中负责担当、抓实事、求实效的党员理应得到相应的提拔和任用。现今,在实际中仍存在任人唯亲、以票取人、排除异己的现象,重用和提拔人才不问德才品行和能力绩效。在干部选拔过程中,要严格按照习总书记提出的二十字好干部标准,严格选人用人操作程序,坚持阳光公平公开透明的评选机制,公正务实,选贤任能。在选人机制方面,构建能者上、庸者下、劣者汰的机制,打破领导干部铁饭碗,引入竞争淘汰机制,使干部能上又能下,让忠诚、干净、担当的县乡干部"政治上有奔头"。

最后,全面、历史、辩证地考察识别干部。选拔和晋升干部要做到人职匹配,最大限度地激发党员干部的履职动力,注重岗位与个人思想、价值观、目标追求的契合度和一致性。考察党员干部的个人特质、价值观念、能力素质是否符合其晋升岗位的特征和要求,确定其是否能够胜任。选择最优秀的干部,而不是论资排辈,不是考虑该轮到谁。除此之外,考察识别干部不仅注重他在单位的工作表现,还应深入基层,深入人民群众中,听听群众的评价。

四、改革考核机制,发挥激励作用

一是扩大考核主体。将上级主评、同级互评、下级参评和群众评价按照一定的比例纳入考核主体之中。[①] 在考核中,被考核人的上级是最有发言权的,他们最了解被考核人的日常工作情况和工作业绩,因此,在多数的考核评价中,均采取上级考核的方式。但是,上级考核一元评价存在诸多弊端,上级对下属的偏爱或者偏见在一定程度上影响考核评价的结果,有失公平公正。因此,要引入多元主体的考核评价机制,使同级、下级和人民群众有机会参与到考核中来,凸显主评的同时,又不唯主评,解决采用领导"一言堂"带来的矛盾焦点集中,人情关、面子关难过的问题。路遥知马力,日久见人心。同级一起共事,一个人的言行举止、工作态度、思想动态等在朝夕相处中能真实地显现出来,并且多人同时评价能准确地反映客观情况,减少主观性误差。下级参评有利于打破传统考核评价机制中的不均衡性,扫除盲点。县乡干部的考核评价不能缺少人民群众的评价。县乡干部长期扎根基层,其在工作中是否做到勤政爱民,是否经常下到基层一线,深入人民群众中帮助群众解决迫切的生产生活难题,是否勤勤恳恳、踏踏实实,人民群众心里是最清楚的。而那些热衷在办公室里看材料听报告,脱离基层脱离群众搞形式主义的县乡干部,自然不被人民群众所认可。

二是完善考核内容。科学设计考核指标,定性考核与定量考核有机结合。对

---

① 石学峰.从严治党实践中的领导干部"为官不为"问题及其规制[J].云南社会科学,2015(2):18-22.

德、能、勤、绩、廉等进行量化考核,精准考评基层党员干部的工作实绩、工作态度和作风、工作实效和质量、思想政治素质和道德水平、岗位能力素质、廉洁自律等方面的表现,提升考核评价指标的具体化、操作化和可视性水平;针对不同岗位职责要求和各地县乡地域实际设置考核内容和指标,实行有针对性、有侧重性、差别化的考核,不以一个考核标准或指标考核所有部门、所有级别的干部;考核内容多样化,不只唯地区生产总值。综合判别各方因素,辩证看待主观努力与客观条件的阻碍和限制,前任领导积累的基础与现任干部创造的业绩的区分,个人贡献与集体作用的差别。①

三是创新考核方式。改变平面化、单一的静态考核方式,转化成全方位、立体式的动态考核。首先,结合民主推荐、专家考评、领导评价、个别谈话等综合评价,扩大民主,注重群众口碑、民主测评和民意调查,对干部的工作实绩做出公正客观的评判。其次,改变以往侧重年终考核的方式,逐步转向平时考核和重点项目专项考核,探索按季度或者按月考核的方式,使考核常规化、制度化,避免年底因为时间集中、考核指标多而加班熬夜补材料的现象发生,加重基层干部负担。同时,引导基层工作抓在日常、严在日常,通过平时考核能及时掌握县乡各级党员干部的工作动态和工作实效,及时发现问题,适时调整,有针对性地进行纠偏和纠错。再次,突破考核机制的盲点,加强事前事中的考核。当前的考核机制主要为事后考核,出现重大纰漏和失误后才进行严肃问责考核。应关注事前事中变化和发展,实施考核跟进,做到提前预防和及时纠错,避免事态严重了、损害扩大了才处理。引入巡视督查机制,对考核过程、考核结果进行不定时的随机抽查,确保考核的真实性。最后,搭建网络考核体系平台,创新考核方式。充分运用网络时代的科技力量,研发简单实用的考核系统,提高考核工作的效率,切切实实减轻基层干部写材料、整材料、补材料的负担,使他们能够把更多的精力投入基层工作之中,扎扎实实服务群众。

四是强化考核结果运用。将考核结果与干部的薪酬绩效、职务晋升、选拔任用等利益挂钩,加强惩戒和教育考核中不合格的干部,表扬褒奖考核成绩优异的干部,鼓励先进、鞭笞后进,使考核结果真正落到实处,不能仅停留在纸上、挂在墙上,要真正发挥考核的激励作用。

---

① 北京市委组织部课题组.领导干部"为官不为"的表现、原因和对策[J].中国延安干部学院学报,2016,9(3):67-74.

五、落实监管机制，增强履职动力

英国管理学家 H.赫勒指出，没有有效的监督，就没有工作的动力。当人们知道自己的工作成绩有人检查的时候会倍加努力。从严治党的关键是从严治吏。吏治则国治，从严管理干部是党和国家做好一切工作的重要保障。好干部是培养锻炼出来的，同时也是监督管理出来的，因此，建立健全管理监督机制对增强党员干部履职的主动性和积极性至关重要。

一是强化自我监督与严格组织督查相结合。首先，加强对党员干部的教育学习。党员干部要对党的政治纪律和政治规矩心存敬畏之心，注意规范自身言行，不发表、不传播不良言论，学规守规用规。学习法律法规和党章党规，尤其是党内监督、纪律处分条例，自觉严格实践"十自觉、十严禁"。其次，创新学习方式，把专题会议集中学和新媒体平台讨论学结合起来。利用图片、影视作品、网络平台等多媒体进行学习，充分利用工作之余的碎片化时间自主学习，将组织纪律规范内化为自己的行为准则。再次，利用基层党组织民主生活会开展批评与自我批评，促使党员干部定时进行自查自省，深刻剖析自身存在的问题，有则改之，无则加勉，将党纪国法和制度规定内化于心、外化于行。最后，严格组织督查。为防止个别党员干部将自省自查流于形式，对于自身存在的问题仅停留在口头上、书面上的反思悔过，而没有真正入脑入心、切实整改，表面说一套，背后做一套，言行不一，表里不一，必须发挥组织监管的作用，促进党员干部自律自警，自觉接受监督。组织督查要注重在谈心谈话中发觉党员干部思想、工作、生活作风的不良倾向和苗头，及时提醒，批评教育，督促其纠错改正。在重大节假日之时，强化组织督查，促使党员干部时刻遵守党的规定和纪律，廉洁自律，洁身自爱。组织监督应做到及早预防，提前预判，有效防范。同时，拓宽社会监督渠道，及时通过报纸杂志、政府网站向社会公开督查情况，接受群众和社会的监督。

二是以家风建设为抓手，加强对基层党员干部"八小时外"的监督管理。领导干部的家风，不是个人小事、家庭私事，而是领导干部作风的重要表现。[1] 全面从严治党以来，党中央和地方各级纪检部门查处的违法违纪案件，大多与家庭贪腐有关，家风不正是主要原因。[2] 可见，家风是否纯正优良，极大地影响了党员干部的思想意

---

[1] 本书编写组.开展"三严三实"专题教育　争做"三严三实"好干部[M].北京：人民出版社,2015:55.
[2] 周蓉.领导干部家风建设不是私事[J].人民论坛,2019(16):48-49.

识、价值观念和行为做派。欲治其国者,先齐其家;欲齐其家者,必修其身。家风不正,家规不严,导致党员干部信念不坚、价值观扭曲、利欲熏心。领导干部的家风,不仅关系自己的家庭,而且关系党风政风。① 家风建设影响党规党纪和政治生态建设,因此,必须以良好家风来促党风政风、带社风民风。

启动党员干部廉政家访制度。通过实地走访督查、拉家常、摸实情,深入了解党员干部生活作风和家庭家教家风状况。向党员干部家属宣传党的十九大精神、全面从严治党方略及党的各项纪律处分规定,教育党员干部及其家属自重、自警、自省,杜绝家庭式、家族式贪腐,筑牢拒腐防变的思想防线,积极建设廉政家风,引导党员干部家属做好"贤内助、廉管家",躬耕勤勉、慎言慎行,对于党员干部思想上、作风上、行动上出现的不良变动,要及时提醒和劝止,充分发挥家属监督作用,构建家庭防线。通过实地入户家访,对党员干部的居住环境、生活条件、家庭消费情况和兴趣爱好有更清晰客观的了解;通过邻里关系了解党员干部的行为风格和群众意识;通过与党员干部亲属访谈,了解其家人对权力观和事业观的认识;通过党员干部的生活圈、朋友圈了解党员干部"八小时外"的生活和社交情况。在家访中要注重人文关怀,凸显组织关爱。家访中发现党员干部实际生活困难的,组织要在政策允许范围之内尽力想办法协调解决,免除其后顾之忧。倾听党员干部的心声和诉求,及时帮助他们做好心理疏导,排除不良情绪,鼓励其在工作中卸下思想包袱,履职尽责,积极担当。

开展优良家风建设活动。把中华优秀传统文化、社会主义核心价值观、老一辈无产阶级革命家红色家风作为家规家训的组成部分。党员干部与家庭成员一道讨论商议,言传身教,立言立行。言传:加强家人对家规家风的认识和了解,教育他们养成良好的行为习惯,培养高尚的道德情操,正确看待职位和权力,清清白白做人,本本分分做事,自觉遵守家规家训,并以此作为约束自身的行为规范和准则。身教:其身正,不令而行;其身不正,虽令不从。党员干部首先要端正自己的品行,严以修身、严以律己、严以用权,树立慎独慎微、洁身自好的榜样,潜移默化地影响身边人,净化家庭或家族风气,引导家庭成员共同践行家规家训,构建和谐家风。家庭成员之间相互理解和尊重,相互关心和爱护,平等协商,宽容忍让,和睦相处,积极营造温馨和谐友爱的家庭环境,为基层党员干部干事创业提供稳定的后方支持,使广大基

---

① 习近平.在会见第一届全国文明家庭代表时的讲话(2016年12月12日)[M].北京:人民出版社,2016:6.

层党员干部忠诚坚定,干事创业有动力。

三是执行个人有关事项报告制度。落实外出请假请示报告制度,按时、如实地向组织报告个人婚姻状况,配偶及子女教育、从业、出入境等方面的情况;及时、真实地向组织报告个人收入、房产、投资等方面的个人财产情况。

六、建立纠错机制,营造和谐氛围

古往今来,成功都是在一次次的失败中不断积累经验教训,总结成长而来的。改革成功的途径不存在于人们的臆想之中,只能通过人们的实践干出来,总结出来,试过之后才知道哪些方法是奏效的,哪条路是可行的。随着改革广度和深度的拓展,容易的、皆大欢喜的改革已经完成,剩下的都是难啃的硬骨头。[①] 面对前人没走过的路、没做过的事,大家都是摸着石头过河,没有任何可以借鉴的经验,谁也不敢保证走的每一步都是正确的、成功的,加上改革攻坚克难风险的不确定性、环境的多变性和现实矛盾的复杂性,同时囿于党员干部个人能力、智力、视野的局限,难免会因为这样那样的问题而遭遇挫折和失败,甚至犯错误。而当前的政策多为有责必问的惩罚式制度,如通报批评、调离岗位、党内处分、停职降职等,忽视正向激励,高压问责之下,党员干部们必然有所顾忌,认为吃力不讨好,导致为官不敢为。伟大的阶级,正如伟大的民族一样,无论从哪方面学习,都不如从自己所犯错误的后果中学习来得快。[②] 给在改革创新中失败的领导干部提供容错试错的机会,使其能够深入分析失败原因,找出问题所在,探索出一条规律性的工作方式方法,为后来的工作提供科学、合理的方案,避免类似的错误再次发生。

构建容错纠错机制,关键是要搞清楚"错"的性质是什么,又是如何定义的,它的具体标准和条件又是什么,界线划分范围在哪里。明确什么样的错可以容忍,什么样的责任可以免除。对"错"的精准界定是建立容错纠错机制的首要任务和基础。这个问题弄不明白,容错纠错机制不仅不能发挥对在改革创新中干事创业的党员干部的保护和激励作用,还会给各种机会主义行动创设新的制度空间。在实际工作中,必须划分和界定主观无意与知法犯法、改革创新与目无法纪。把干部在推进改

---

① 中共中央文献研究室.习近平关于全面深化改革论述摘编[M].北京:中央文献出版社,2014:61.

② 中共中央马克思恩格斯列宁斯大林著作编译局.马克思恩格斯选集:第1卷[M].北京:人民出版社,2012:79.

革中因缺乏经验、先行先试出现的失误和错误,同明知故犯的违纪违法行为区分开来;把上级尚无明确限制的探索性试验中的失误和错误,同上级明令禁止后依然我行我素的违纪违法行为区分开来;把为推动发展的无意过失,同为谋取私利的违纪违法行为区分开来。①

容错要坚持底线思维,容错是对党员干部在改革创新中因缺乏经验、先行先试而出现的失误和错误予以免除责任处分的机制,但需要注意的是,允许试错,宽容失败,并不表示鼓励犯错,对失误和错误的容忍也不是无限制的,容错的前提是必须不能违背、变通党中央各项决议和路线方针政策,不能触碰国家法律法规,不能违反党纪党规,不能践踏道德准则。②

建立健全容错纠错机制,做到及时发现、及时纠错、及时处理,避免错误的扩大,遏制不良影响的蔓延,把损害降到最低。严格规范容错纠错制度,完善个人申请、审查核实、性质认定、沟通反馈、结果评价、上级批准、责任豁免、决策备案等程序,并配套相应的法律法规作为实施保障。在容错纠错过程中,必须坚持透明公开、集体研究、民主决策原则,全面、客观、立体地进行评估,依法依规办事。确保容错纠错结果保障到位,维护制度公信力。容错纠错制度是为勇触顽疾、敢破障碍的党员干部在干事创业中撑腰鼓劲、保驾护航的。要彻底消除容错纠错制度中党员干部的心理顾虑,在评优评先、绩效考核中向这些为改革秉公创业、敢闯敢干的党员干部倾斜,在提拔晋升中大胆任用符合容错纠错制度的敢试敢为的党员干部。同时,引导广大人民群众了解并支持容错纠错机制,创造积极探索、宽容试错的社会公共舆论氛围,让党员干部愿干事、敢干事、能干成事。

---

①　习近平.习近平谈治国理政:第二卷[M].北京:外文出版社,2017:51.
②　石学峰.从严治党实践中的领导干部"为官不为"问题及其规制[J].云南社会科学,2015(2):18-22.

第三章

精准扶贫对农村贫困文化的影响

第一节　贫困治理与贫困文化

一、我国的贫困治理历程

当前,农村贫困问题依然是我国乡村治理中最突出的短板,是全面建成小康社会的一大阻碍。《"十三五"脱贫攻坚规划》提出,2016 年至 2020 年我国需要脱贫的建档立卡贫困人口数量为 5 630 万人,这些人口相较于城镇贫困人口,不仅贫困程度更高、自身发展能力更弱,而且减贫成本更高、脱贫难度更大。因此,消除绝对贫困、实现全民小康,是乡村治理中最重要的一环。我国过去针对农村地区的贫困治理实践产生了诸多宝贵的经验,但不足之处在于政策设计和实施过于注重物质层面而轻精神与文化,造成贫困群体的依赖性强和脱贫效果难以持续。精准扶贫作为新的贫困治理实践包含哪些方面的内容? 是否对过去贫困治理的不足进行补充? 这些正是本章要回答的主要问题。

贫困不仅是一种经济现象,还是一种社会文化现象。我国的农村贫困问题表现为城乡二元结构体制下农村地区发展滞后或衰退,限制农村自身的良性发展和城乡一体化建设,导致城乡差距日益扩大。[①]

改革开放以来,我国主导的扶贫政策经过多次调整,有效完成了近 7 亿贫困人口的脱贫任务,为世界减贫事业做出了巨大贡献。1982 年,我国在甘肃的河西、定

[①] 黄承伟,覃志敏.我国农村贫困治理体系演进与精准扶贫[J].开发研究,2015(2):56-59.

西及宁夏的西海固等地方开始实施"三西"农业建设计划,拉开了有计划、有组织、大规模扶贫开发的序幕。1986 年,我国成立了国务院贫困地区经济开发领导小组,以政府为主导的有计划、有组织、大规模的国家专项扶贫政策和扶贫行动开始实施。2002 年,我国统筹城乡发展,在农村扶贫工作方面逐步形成了一个集区域政策、行业政策和社会政策于一身的"大扶贫"局面。

2013 年 11 月,面对扶贫的新形势,习近平总书记对湖南湘西土家族苗族自治州花垣县排碧乡十八洞村进行考察时首次提出,扶贫要实事求是,要因地制宜,要精准扶贫。2013 年底,国务院扶贫办提出了精准扶贫的基本要求,即要精确识别、管理和帮扶贫困对象,要提高扶贫的针对性和扶贫效率。2015 年 10 月,第十八届五中全会通过了将精准扶贫方略纳入国家"十三五"规划,明确到 2020 年确保我国现行标准下的农村贫困人口实现脱贫、贫困县全部摘帽、解决区域性整体贫困的战略目标。至此,我国精准扶贫工作体系全面建立。

精准扶贫是相对于粗放式扶贫的称谓,是指针对不同的贫困区域环境、不同贫困农户状况,运用科学有效的程序对扶贫对象实施精确识别、精确帮扶、精准管理的治贫方式。与过去粗放式扶贫的模式相比,精准扶贫强调六个方面的精准①,提出了"五个一批"②的扶贫规划和"八有一超"③的脱贫指标,为建档立卡贫困户提供了明确的脱贫标准。精准扶贫已经不仅仅是单纯的瞄准机制,还发展成为一项包含项目管理、群众参与、文化脱贫及制度建构的综合性扶贫治理战略,成为国家治理现代化在乡村治理中的重要体现。一方面,精准扶贫在实施过程中提出了"扶贫先扶志""造血式扶贫"等方针,这些内容实质上是针对农村地区存在的贫困文化而开展的移风易俗、教育扶贫等工作,即对贫困文化进行改造,精准扶贫的内涵包括对贫困文化的改变;另一方面,从贫困的多元性视角来看,贫困文化是深度贫困地区的重要致贫原因,精准扶贫要实现贫困人口的长期有效脱贫,必须帮助村民打破贫困文化的束缚。

---

① "六个精准":扶贫对象精准、项目安排精准、资金使用精准、措施到户精准、因村派人精准、脱贫成效精准。

② "五个一批":发展生产脱贫一批、易地搬迁脱贫一批、生态补偿脱贫一批、发展教育脱贫一批、社会保障兜底脱贫一批。

③ "八有一超":有稳固住房、有饮用水、有电用、有路通自然村、有义务教育保障、有医疗保障、有电视看、有收入来源或最低生活保障,家庭年人均纯收入超过国家扶贫标准。

二、贫困文化

通过回顾历次贫困治理的经验教训,笔者发现了几个值得关注的问题。第一,长期以来,我国的反贫困政策默认将贫困等同于收入低下,在贫困治理的实践中将着力点放在提高贫困人口的个人收入上,对长期贫困地区收效不大。第二,政府主导的扶贫模式一般都是通过外力提供经济、政策和技术等方面的支持。2013年至今,精准扶贫政策在实施过程中屡屡暴露出贫困群体参与不足的问题。比如,贫困户消极参与产业发展,直接将国家用于可持续能力培养的援助花费在日常生活消费等方面。这些现象表明,单纯依靠经济帮扶无法从根本上解决贫困问题。

笔者认为,这些贫困治理困境出现的原因不单纯是长期贫困地区薄弱的经济基础,深层次原因在于贫困地区长期以来形成的文化环境,这种文化环境笼罩着生长于此的人们,影响着他们的观念与行为,阻碍他们摆脱贫困。如果不考虑某地区的文化因素而简单粗放地进行扶贫,将难以实现贫困户的有效脱贫,甚至还会对区域扶贫开发产生反作用。因此,有必要将视角转向贫困主体内部,将文化因素作为研究对象,注重贫困人口的异质性,以期分析本轮精准扶贫对长期贫困地区文化致贫因素的影响,并提出完善贫困治理的建议。

最早从贫困文化角度研究贫困治理问题的是美国学者奥斯卡·刘易斯,他在《五个家庭:墨西哥贫困文化个案研究》中首次提出,由于面临特殊的生存问题,贫困人口在人际关系、家庭结构、时间取向、价值观念、消费模式等方面具有明显的特征,将导致与社会主流文化脱节的贫困亚文化的产生,其不良效应主要包括贫困的群体默认与代际传承。[①] 美国社会学家莫伊尼汉论述了贫困文化与贫困之间的关系,提出了贫困文化恶性循环理论。[②] 他认为,贫困群体由于从小受到文化环境的影响,缺乏向上的动力,对教育的渴望值较低,竞争力弱,从而导致他们长大后依旧处于较低的社会阶层,长此以往,周而复始的恶性循环模式使贫困者难以摆脱贫困。

我国学者对贫困文化的成因、影响及消除亦有丰富的研究,这对反贫困的理论研究及贫困治理的实践指导具有重要意义。龚志伟对贫困文化的产生及影响进行了分析,认为贫困文化的产生是长期积累的结果,贫困文化的消极性体现在其对村

---

① 周怡.解读社会:文化与结构的路径[M].北京:社会科学文献出版社,2004:142.
② 郑杭生.社会学概论新修:精编版[M].北京:中国人民大学出版社,2009:28.

民的思想及行为产生不好的影响。① 王洪光、勾学玲指出,贫困文化是贫困地区长期贫困的重要精神原因,是村民内生脱贫动力不足的真正元凶,想要使贫困地区的人民彻底解放出来,关键是要解决农村的贫困文化问题。② 刘龙、李丰春指出,想要实现脱贫致富的目标就无法回避贫困文化,必须有效解决这个难题,我国以往的扶贫实践尽管在短期内见到了成效,但从长期来看并不理想,原因在于历次扶贫未能打破贫困文化长久以来对人们思想观念的束缚。③

上述研究从实证主义立场对我国农村地区的贫困文化做出了界定,并结合个案描述分析了贫困文化对村民脱贫、乡村发展的限制,解释了过去扶贫工作效果不佳的原因。但是,上述研究只从传统文化的视角来理解和界定农村地区的贫困文化,认为贫困文化是传统文化中落后、保守的一部分,对贫困文化表现的研究也着重于描述意识层面的影响,对贫困文化的理论解构不够深入,对贫困文化的表现形式及作用机制的研究也不够丰富。

结合已有的研究成果和乡土调研的实践经验,笔者认为贫困文化是产生于贫困状态之中有别于主流文化的亚文化,是贫困地区的族群在长期贫困的状态中形成的风俗习惯、价值观念和心理定式等非物质形式,以及生产生活等物质行为方式的总和,物质形式的贫困文化与非物质形式的贫困文化之间互为因果、互相强化。笔者将从集体型贫困文化和个体型贫困文化两个层面来论述油麻地村的贫困文化。本章的第二节将论述油麻地村村民在集体生活方面存在的贫困文化表现和成因,以及精准扶贫实施过程对这部分贫困文化的影响情况。本章的第三节将论述以家庭为单位的主体在生产和生活实践两个方面存在的贫困文化表现及成因,通过质性研究分析精准扶贫对贫困文化的影响。

三、调研地简介

在正式开始下一部分的论述之前,有必要对调研地做一个简要介绍。油麻地村(学名)位于桂林市灌阳县西北部,是一个融边(边疆)、穷、少(少数民族)、山(山地为主)为一体的自然村。该村地处喀斯特地貌区域,以林地为主,人均耕地面积 0.48

① 龚志伟.反贫困文化:贫困地区新农村建设的重要战略[J].经济与社会发展,2008,6(11):126-128.
② 王洪光,勾学玲.贫困文化视角下的贫困地区新农村建设研究[J].大庆社会科学,2010(3):46-48.
③ 刘龙,李丰春.论农村贫困文化的表现、成因及其消解[J].农业现代化研究,2007(5):583-585.

亩。全村辖 12 个村小组,共 307 户、1 076 人,其中瑶族人口占比高达 68%,是典型的少数民族聚居村,同时也是桂北瑶族文化传统和民族习俗传承与发扬的代表村。该村自 2002 年被认定为贫困村以来一直处于未脱贫状态,当地贫困文化的亚文化特征表现较为明显。笔者于 2017 年 7 月开始对该村展开调研,前后五次采用驻村调研的方式进行了总计 160 天的实地研究。截止到 2018 年 6 月,笔者结束资料收集工作时,油麻地村的建档立卡贫困户从 87 户减少到 39 户,脱贫成效较好。后续笔者通过与驻村扶贫第一书记进行电话询问了解到,该村已在 2018 年底实现了整村脱贫。

第二节　精准扶贫对集体型贫困文化的影响

集体型贫困文化是该地区集体生活中对区域及个人发展的限制部分,主要来源于当地的风俗习惯,故研究油麻地村的贫困文化就不能绕过当地瑶族的传统文化。瑶族传统文化是在其宗教信仰与传统习俗影响下形成的生活方式和意识形态的总和,历经悠久的岁月洗练和选择,无形地影响着村寨集体和村民个人的世界观,影响着族群生存和个人需要的满足途径,影响着礼序规范和个人价值评判标准。传统文化这一无形的力量无差别地影响着每一位瑶族村民,促使其遵循传统行为模式。本节主要论述油麻地村在宗教信仰和传统规范层面上的贫困文化表现,以及精准扶贫政策对它们的影响。

一、集体型贫困文化的表现

(一)传统习俗对村民发展的制约

资源匮乏的喀斯特地貌区域,再加上相对闭塞的地理位置,油麻地村的瑶族农户长期生活在艰苦、贫困的环境中,这样的生存环境孕育了当地瑶族农户的传统习俗。现在,油麻地村的普通农户大多已说不出具体鬼神的名字,祭祀对象转变为诸如谷神、水鬼、火鬼等直接关乎生产生活的意象,但对鬼神的信仰与敬畏仍然深深地印在他们的脑海中。面对匮乏的资源、贫困的生活,他们更愿意通过祭祀活动祈求获得好年景。传统习俗对油麻地村发展的限制主要体现在以下两个方面。

首先,油麻地村每年用于习俗庆典活动的开支数额巨大。笔者在调研期间亲历了油麻地村一年之中最为盛大的庆典活动——盘王节。每逢这天,瑶族人民便汇聚一起,载歌载舞,纪念盘王,并逐渐发展为盘王节。不同于附近县城举办的盘王节庆典,油麻地村的盘王节庆典保留了传统的风貌,活动持续三天,仪式主要分两大部分进行。第一部分是请圣、排位、上光、招禾、还愿、谢圣。整个仪式中唢呐乐队全程伴奏,师公跳盘王舞,包括铜铃舞、出兵收兵舞、约标舞、祭兵舞等。第二部分是请瑶族的祖先神和全族人前来"流乐"(流乐是瑶语,其意思是玩乐),这是盘王节的主要部分,包括恭请瑶族各路祖先神参加盘王节的各种文艺娱乐活动,吟唱主要表现瑶族神话历史和本村的历史生活等内容。盘王节仪式由4名正师公主持,分别为还愿师、祭兵师、赏兵师、五谷师,每人1名助手,共8人。此外,还有4名歌娘歌师、6名童男童女、1名长鼓艺人和唢呐乐队。这是传统瑶族盘王节所承载和构建的历史,是一种集体记忆和个人记忆的共享传统文化。在举行仪式的过程中,人们通过这种参与强化了自己的情感和认同,明确了自己在社会生活中的位置和责任,这对他们的家庭生活、村落生活和情感生活都是很有利的。头骨和牛尾骨在剔除干净后,由村内传承占卜术的专人依据骨纹来预测新一年的运势。

除了盘王节,油麻地村一年中还要举办四场庆典活动,这些庆典虽不似盘王节那样盛大,但也有不同程度的集体消费,累积下来,每年关于祭祀活动的总花销数额庞大。笔者从村委会获取的财务数据显示,每年习俗庆典支出约占村组集体资金的一半,甚至成为集体资金的首要用途。这会限制村寨的发展,但村民们并不以为然,他们认为这是在向鬼神展示敬意,祈求神明赐福,以帮助他们摆脱自然和疾病所带来的各种灾难。

其次,万物有灵的观念限制了村民的流动与发展。由于信奉万物有灵,油麻地村的村民认为世代居住的允河山有山神守护,祖屋及祖坟有先人庇佑,家中的土灶有火鬼守候。不仅每年有固定的敬神祭祖活动,而且每当家庭成员遭遇疾病、灾祸等不幸事件时,都会及时进行家庭内的祈福活动,到山神庙、先祖坟前祭拜,祈求神灵帮助不幸者驱灾辟邪。这样一来,安土重迁的思想便深深地印在每位村民的心中,影响他们的流动意愿。年长一辈的村民大多终生生活在允河山,只有参与乡间市集或重病求医时才离开村寨,最远也只去过附近的县城;青壮年劳动力受到这种文化环境的影响,大多以在家务农为主,外出打工往往是务农收入无法维持家庭支出的被迫之举,其重要性也低于参与集体祭祀活动。笔者采访了几位曾结伴去桂林市打工的年轻小伙,他们表示清明祭祖与盘王节祈福活动是必须参加的,因此他们通常上半年在家务农，下半年再出去打几个月的散工。与村民们固守乡土的情结相对应的是油麻地村不利于生存发展的地理环境。油麻地村的老村寨位于允河山的半山腰，整个村成阶梯式分布，每户挖平一块方地作为家院，用竹板拼接修建主屋及厨房，用木栏修筑畜棚及院篱。山体坡度虽不大，但当地旱、雨两季气候分明，存在安全隐患，既不适宜居住，又不利于农业生产。尽管村寨生存条件艰苦恶劣，但村民们的精神信仰需求获得了满足，这种满足冲淡了物质条件匮乏带来的艰辛，也限制了人们去到更适宜生存发展的环境中生活的意愿，因而村民甘于在清贫的村寨中代代延续。

（二）传统规范与新发展环境的冲突

油麻地村瑶族的传统规范是村老会制定的道德准则，历史上无论生老病死、婚嫁分家、纠纷处理、禁忌崇拜、祭祀礼仪，都要按照该准则行事，否则就会遭受他人的舆论谴责或集体惩处。该准则一直是油麻地村村民为人处世需要遵循的基本行为规范和道德准则。费孝通先生在《乡土中国》一书里谈到，维持我国传统乡土社会秩序的是"礼"，这个"礼"实质上是各种传统规范的总称。传统规范之所以能长久保留下来，是因为它曾是使一个族群得以存活、延续下来的正确的经验准则，它为这个族群中的个体提供了可行的一般性常识，指导人们处理生产、生活的日常事务，并维系族群的稳定。如果一个族群所面临的生存环境长期不变，那么传统习俗就会一直延续下去。[1] 正是由于油麻地村长期贫困且封闭，村民所面临的自然环境、社会环境和人文环境等变化不大，因此村落规范一直对村民的观念意识、为人处世产生重要影响。然而，自从精准扶贫政策实施以来，面对巨大的外部环境变迁，新的矛盾已超出村落规范的适用范围，传统规范与扶贫实践产生冲突，集中体现在以下两个方面。

首先是集体平均主义与扶贫资源有限性的冲突。作为油麻地村重要的传统规范，其核心的理念在于贯彻集体平均主义，这是一种较为原始的简单公平观，小到一个家庭内部都有细致的分食规范：家中烹煮的牲畜，心脏要分给最年长的老人，其他内脏分给不同长辈，前肢的上半部分同姓亲戚，后肢分给外姓，其余的肉则自由夹取。这种集体平均主义思想是不患寡而患不均的典型规范，它在物质资源相对匮乏的岁月里确保了瑶族人民之间的平等与互助，使得平均主义深入人心。但在市场经

① 费孝通.乡土中国［M］.北京：北京大学出版社，2012：42.

济不断发展的今天,效率与公平往往难以两全,而村民们依然固执地坚守彻底的公平观,这就与扶贫资源的有限性和开展扶贫工作需要兼顾效率与公平的现实性产生了冲突。"不得罪人"的逻辑便在这种冲突的背景下盛行开来,村委会干部在资源分配环节既要保证落实政策的精准性,又要照顾全体村民的平均主义诉求,因此只能采取"不得罪人"的乡土逻辑来办事。最典型的案例是2015年油麻地村开展的贫困户识别工作。一方面,财力、物力和人力等扶贫资源有限,而且贫困户的标准是既定的,只能是村中符合标准的贫困群体;另一方面,出于乡土社会的模糊性,难以真实计算村民的具体财产及收入。当时,油麻地村申请评选贫困户的共有224户,然而村委会通过小组长和村民代表评选出的贫困户只有158户。而对于未能评选上贫困户的家庭,村委会只能通过补偿集体土地中的闲置荒地来弥补他们的损失,但也不能彻底解决由此衍生的诸多矛盾。

其次是社区自治能力与治理新需求之间的冲突。依据瑶族传统规范,村干部应由村中最具威望的老人来担当,过去这一角色被称为"村老""寨老"等,故油麻地村的村主任和小组长都是村里有威望的瑶族老人,这种传统威望主要建立在个人为集体所做的贡献上。过去为集体做贡献通常表现为以个人财物帮助他人,如提供集体餐食、举办祭祀仪式和调解村内纠纷等,看重文化认同,轻个人能力,这对族群的团结稳定起到积极的作用。但在乡村治理的新阶段,传统威望所能产生作用的范围日渐缩小。随着村民纠纷涉及的利益越来越大,村委会干部甚至连纠纷调解工作也难以做好,而且村委会干部在其他方面治理能力的不足也开始显现,只能勉强执行上级分配的任务。除此之外,他们并不知道还能通过哪些途径带领村民发家致富。具体来说,村委会自治能力的短板体现在下列三个方面。

一是文化能力的短板,体现在贫困户的信息管理工作上。从识别阶段的资产评估表、贫困申请表,到扶贫推进阶段的定期调查表,再到脱贫阶段的收入审核表、脱贫申请表,每一户贫困户的档案都伴随着大量的表单,并且这些表单还要按要求汇总到网络终端,传输给县扶贫办。仅表单的填写就让村委会干部忙得焦头烂额,因为他们不懂计算机技术,最后只能靠县级政府部门每周派来的驻村扶贫人员帮助解决。

二是互动能力的短板。精准扶贫的过程可以理解为国家通过授权社区组织,与贫困群体建立关系网络,从而进行资源的二次分配及分享公共物品的过程。农村社区组织与村民之间的互动方式、互动频率和互动质量,对村民个人能力的提升起到至关重要的作用。油麻地村村委会在精准扶贫的实施中与村民建立了一个扶贫关系网络,一方面向村民传达上级政府的政策信息,另一方面协助驻村扶贫工作人员落实扶贫工作。但据笔者观察,村委会与村民的互动方式较为被动,发展性互动频率和质量有待提高,具体表现为:除了执行扶贫工作任务,村委会干部很少主动与村民进行互动,只是被动等待有需求的村民上门求助,同样的问题往往会在不同家庭多次发生。

三是发展能力的短板。传统乡土社会中农村领袖的首要职责是维持村内的秩序,而非带领村民发展进步,这在乡土气息仍较为浓厚的油麻地村持续体现着,"不出事"是村干部追求的首要目标。而从社会资本视角来看,社区发展要求社区具备"桥接型社会资本",即原本关系较为疏远的个人因共同的利益而结成的关系网络。农村社区的扶贫开发尤其需要与社区外组织建立良好的合作关系,从而为社区发展创造更好的条件。本次精准扶贫为油麻地村引进了甘蔗、柑橘、火龙果的种植。在看似完整的产业链中,油麻地村所参与的仍然主要是农业生产部分,对于如何与村外的企业组织建立商业往来知之不多。

二、精准扶贫对集体型贫困文化的影响维度

(一)对传统习俗局限的影响

1.传统习俗活动开支进一步增加

精准扶贫主要针对收入低于绝对贫困线的农户进行物质、经济方面的帮扶,促使其增收脱贫,其政策的涉及面并未对瑶族的传统习俗有直接的干涉,故在传统习俗对村民发展的限制方面有待产生更积极的影响,促进村民减少用于庆典祭祀的开支。随着精准扶贫政策的落地,"四通"(通硬化路、通电、通广播电视、通网络宽带)和"三解决"(解决饮水问题、解决贫困户无房或危房问题、解决贫困户新型农村合作医疗参保问题)帮助油麻地村的基础设施实现了质的提升。因为有了精准扶贫帮扶资金,村里的资金使用变得更加宽裕,原本用于公共性支出的集体资金开始用于每年的庆典活动。笔者从村委会获取的财务数据显示,2017年油麻地村用于祭祀活动的总开支比2016年的多。

究其原因,一是资金的用途规定存在问题。集体资金只能用于村组的集体支出,这种限制性规定本身就具有一定的模糊性。何为集体支出?村委会在使用资金

时没有一个明确标准,召开村民会议也较难形成统一意见。而关于祭祀活动的支出则被全体村民所认同,这不仅仅是因为村民对祭祀的重视与认可,更重要的是这能保证每一个成员都参与其中。因此,庆典祭祀活动的支出理所当然地成为集体资金的首要用途。二是资金的管理模式缺乏约束性。资金没有关于用途分类的额度限制,由村集体自主决定使用。这种粗放式的集体资金管理规定缺乏必要的约束性,放任了村民在祭祀活动方面的支出。在笔者的访谈中,村委会主任表示集体资金的其他使用途径难以形成统一意见,所以就在每年的祭祀活动中做文章,逐渐把其他祭祀活动的规格提升到盘王节的水平,村民们对此也都表示认同,故油麻地村每年关于祭祀活动的支出水涨船高。

从保护民族文化多样性的角度来说,敬畏先祖神明举行庆典本无可厚非,但过度使用集体资金来举行这一仪式,得到的只是浪费、享乐主义的滋生和祭祀活动重心的偏移,这种风气正从集体蔓延到村民个体。笔者从油麻地村 2018 年盘王节庆典观察到,虽然前述跳盘王的传统仪式依然保留,但在年轻一辈心中,盘王节更像是大型聚会。年轻村民尤其是单身青年男女们都会精心打扮再来参加庆典,通过在庆典上展示自己来实现其他社交目的。笔者访谈到的一户已经于 2017 年脱贫的瑶族农户,家庭成员为老刘夫妇、已婚长子三口和未婚女儿。在 2018 年盘王节前夕,已婚的哥哥用 2017 年打零工存下来的 3 000 元买了一辆摩托车,并给自己和媳妇置办了两套皮衣,骑着摩托车风风光光地到村委会大院参加庆典。他们向村里其他人展示他们一家如今过得殷实而幸福。未婚妹妹则用家里 2017 年的种植收入买了一套首饰和化妆品(总价在 2 000 元左右),打扮满意后和未婚且同样精致打扮过的邻居一同出发参加庆典。她俩希望在庆典中展示自己的美貌与时尚,希望能结识同样新潮的年轻异性。对于子女的这番举动,老刘夫妇表示不解和担忧。他们认为家里刚实现了收入脱贫,而且易地搬迁使他们背负了一笔债务,此时家庭经济仍不宽裕,子女却在一个普通的庆典活动上花费这么多钱打扮自己,万一遇到急需用钱的情况,家庭恐将无力承受。

2.异地搬迁的双重影响

在改善生存和发展条件方面,易地搬迁起到了积极的作用。随着油麻地村扶贫工作的开展,2015 年底县扶贫组在考察了油麻地村老寨的房屋后,将居住于允河山上方位的两个村小组共 179 户的住房评为危房,并决定对这两个村组实行整村搬迁。自 2016 年起,历时两年完成了新房修建工作。新房位于允河山山麓,地势较为平坦,每户的空间结构和房屋外观由政府委托的施工方统一设计,保留民族特色的同时实现了人畜分离的健康要求,村民的居住环境有了极大的改善。

但易地搬迁所带来的物理迁移未能对村中老人在精神信仰方面的贫困文化产生实质影响。易地搬迁工程虽然为村民们修建好新房,但在后续搬迁工作中,多数老人却不肯搬离老屋,新房大多由更为注重物质条件的年轻一代入住。截至2018年4月笔者到老村寨调研之际,仍有54户老人坚守老屋,不肯到山下的新房生活。经笔者访谈发现,老人们谈到最多的便是习惯了在老屋的生活方式,在老屋里生活得更自在,以及担心抛弃旧屋会引来鬼神的惩罚。

(二)对传统规范局限的影响

1.集体平均主义在新环境下的变异

与传统习俗方面的情况类似,精准扶贫政策在实施过程中并未对油麻地村的传统规范进行实质性干涉,任由其在新的发展环境中发挥效用,而部分非贫困户所理解和贯彻的平均主义则发生了一定的变异。社会学家韦伯曾考察风俗习惯等传统规范在许多民族社会生活中的作用,认为当人们试图用新的社会规则来取代传统规范时,虽然就总体趋势来看是对传统性规范的打破,但是,若这些民族长期被传统规范所支配,原本应当在社会进步中逐步被克服的风俗习惯,就会被人们结合到新的文化和制度中去,并取得沿袭下去的合法地位。[①] 油麻地村深入人心的集体平均主义正是如此得以在精准扶贫过程中延续,并出现一定程度的变化。

贫困户和非贫困户享受着不同的政策待遇,未能评选为贫困户的村民认为村干部与部分评选上贫困户的村民关系较好,便因此与村委会及评上了贫困户的村民产生矛盾,并且这种矛盾随着时间的推移而加剧。例如,在后续的通村公路硬化工程中,原本规定每个家庭派一名劳动力参与修路,但未能评上贫困户的家庭纷纷消极怠工甚至干脆不派家庭成员参与劳动。笔者走访了5户这样的家庭,他们认为自家在先前的环节吃了亏,理应让得了便宜的贫困户多出一些劳动力,于是便消极怠工或不予理睬。这样的现象还出现在后续的惠民政策实施过程中。村委会主任牵头成立了村民合作生产小组,希望在村内建立一个面向全体成员的互助合作组织,以惠及那些没能评上贫困户的家庭,但部分这样的家庭基于前述的矛盾拒不参加。笔

---

① [美]约翰逊.社会学理论[M].南开大学社会学系,译.北京:国际文化出版公司,1988:277.

者访谈了被村委会评为"最难做工作"的马先生。马先生表示邻居家和自己家原本境况相差无几,但邻居家前年评上了贫困户,如今"白拿了"各类补助款近 8 万元。对此,他始终感到不平衡,因此拒绝所有需要自己出资的项目,只有等争取到与邻居家同等的实惠后才愿意与村委会和解。对集体平均主义的偏执推崇阻碍了油麻地村的发展进程,并在一定程度上破坏了村内原本的团结。

2.村干部治理能力的提升与困境

精准扶贫对油麻地村自治能力与治理新需求之间的冲突有积极的影响,但这种影响较为有限。油麻地村委会的领导是依据威望第一的准则选举产生的。在乡土社会迎来脱贫发展新机遇的阶段,传统威望不再足以处理新的经济利益纠纷,村干部治理能力的短板亟待补齐。这一问题在全国的贫困村中都具有相似性,因此,精准扶贫政策在实施过程中较为注重村干部的能力培养,通过单位结对帮扶派驻第一书记的形式,由一名干部带领扶贫工作队定期驻村参与扶贫工作,并帮助提升村干部的自治能力。油麻地村由所属县公安局局长任扶贫第一书记,其带领 5 名工作人员每周到村内驻扎 3 天,帮助村委会开展相关扶贫工作。每周到村的第一天组织讨论会议,集中解决上周走后发生的新问题,并部署本周工作。每两周开展一次干部能力培训活动,主题涵盖文化知识科普、扶贫政策解读、生产技术革新、发展能力拓展等方面,不定期邀请相关领域的专家到村进行专项知识培训,帮助村委会提升基层自治能力。通过扶贫工作队长期驻村帮扶,油麻地村村干部在新发展阶段的治理能力和权责担当意识有了显著提升。贫困户发展状况的定期评估工作一开始基本依赖扶贫工作队,现在村委会已能完全自主评估收集相关信息并编汇成表放入每户档案;村委会成员及 4 个村组组长逐家逐户推广新引入的甘蔗、柑橘种植业,以及土猪、黑山羊等养殖业,帮助村民完成了革新种植养殖技能的任务。

尽管第一书记带队驻村的形式对村干部的治理能力提升产生了积极影响,但仍然存在转变慢、依赖性强和形式化等问题。转变慢的主要原因在于精神文化的变迁总是滞后于物质文化的变迁。村干部的治理能力属于精神文化,相较于扶贫工作带来的新发展环境(即物质文化)转变较慢,再加上村干部自身学习能力较差等因素,导致村干部的组织协调能力、资源获取能力及市场参与能力提升缓慢,并且依赖扶贫工作人员。

第三节　精准扶贫对生产型贫困文化的影响

与前一部分讨论的集体型贫困文化相对应的是个体型贫困文化。笔者选取了农村社区最基本的构成单位即家庭来作为贫困文化的分析单位,这是因为我国农村个人的行为意图具有高度的家庭一致性,即村民的个人活动在很大程度上是以家庭甚至是家族的稳定与发展为行动依据的。由于个体型贫困文化涵盖的范围过广,笔者进一步将其划分为生产型贫困文化和生活型贫困文化。本节主要论述油麻地村的普通家庭在生产实践方面的贫困文化表现及是否受到精准扶贫的影响。

一、生产型贫困文化的表现

通常,农村家庭的收入主要由两个部分构成:一部分是靠种植业和养殖业获得的农业收入,另一部分是家庭经营所得和成员外出务工构成的非农收入。两种收入相加,一般就能让家庭成员过上吃穿不愁的温饱生活。油麻地村村民的收入也由这两部分构成。过去,农业生产一直是一种粗放式经营,种地养殖在很大程度上仅能实现家庭日常生活所需,满足家庭消耗之余才用于销售。村寨的山坡上虽然长有少量野生茶树,但村民不会管理,到采茶季节时才去山上采摘茶叶,收成完全看运气。村寨的农业仅为弱质性的糊口农业,纯农产品收入低微。而外出打工是村民被逼无奈的选择,如面临家庭成员结婚或生病、建房等家庭开支压力增大,农业收入难以维持家庭支出时,不得已才选择外出打工以缓解临时困境,往往一旦度过困难期,外出务工人员就马上返回村寨。朱战辉提出,这是一种生存偏好型的"半工半耕"式生计模式。在这一模式下,糊口农业和不充分的非农就业构成了双弱结构,造成了农户的经济贫困和结构性贫困。[①] 接下来,笔者将从农业生产和非农生产两个部分详细论述油麻地村生产型贫困文化的具体表现。

---

① 朱战辉.半工半耕:农民家计模式视角下连片特困地区农户贫困状况及治理[J].云南行政学院学报,2017(3):26-32.

（一）农业生产中贫困文化的表现

油麻地村过去的农业生产属于典型的自给自足型农业生产方式。由于长期欠发达且封闭，当地传统的小农经济模式得以保存，在这一模式下农业生产主要是满足家庭生活的糊口农业，农业经营的非市场化使得农业产出的经济效益有限，难以使当地群众摆脱贫困状态。出于种种客观原因，农业产出难以转化为经济收益，更为重要的是，当地生产型贫困文化对村民生产理念和生产方式产生负面影响。

1.生产理念陈旧

生产理念陈旧集中体现在油麻地村过去的农业生产活动主要是为了满足家庭生活的需要而进行的。种植和养殖活动都围绕家庭生活和祭祀需要有序展开，每户的粮食种植只限于满足家庭成员的日常需求，牲畜养殖也优先用于满足家庭的肉食消耗和祭祀活动需要，若有剩余才考虑拿去乡镇的集市上卖。村民在观念上并没有对农业产出有明确的经济诉求，在农业生产中也就没有超越家庭需求和村寨生活的限度去追求农产品的经济效益，这就导致了村民的农业生产方式维持在一个较为原始的状态，通过农业产出获得的经济收入极低。从村委会对贫困户建档资料的查询和整理可知，村内贫困户家庭在2015年及以前每年依靠农产品获得的年收入为3 000元至6 000元不等。

关于生产型贫困文化的表现及变化，笔者主要围绕一户已经实现收入脱贫的家庭展开。赵先生一家六口人生活在搬迁后的新房中，家庭成员为赵先生夫妇、两个儿子，大儿子已结婚并育有一个女儿，小儿子刚高中毕业，还处于单身状态。在笔者的访谈中，赵先生夫妇表示，"过去田里种的全是人的口粮和牲畜的食物，多余的粮食就酿成酒喝，大家种的东西都差不多，拿去集市上也不一定能卖出去，只能指望每年卖出去一两头猪，但猪又容易生病，难以养大，所以就没有对农业产出抱太大期望"。

2.生产方式落后

生产方式落后主要表现为作物种类繁杂。在种植方面，油麻地村村民在自己家口粮田内栽种旱稻、玉米两类粮食作物和各种蔬菜，半荒地里则零星种上几棵橘子树、冬桃树等果树，作物种类能满足家庭日常生活的全部需要。养殖方面，每户也趋于同质化。一两头牛是必需的，牛不仅是劳作的重要帮手，还是宗教庆典和婚丧活动的必需品。然后是几头猪和一群鸡，这些主要用于家庭的日常肉食消耗，很少拿去卖。一方面，由于受到上述生产理念的影响，油麻地村村民的农业生产行为要满足家庭生活的全部需求,村民在安排生产计划时不得不将家庭成员多样化的需求考虑进去;另一方面,交通不便、基础设施落后导致交换成本较高,本村内部交换的话容易形成难以衡量的人情债,到乡镇集市上交易的话货运成本又高,因此村民只好选择自我满足。

这种广泛全包的种植和养殖方式导致两个问题的出现:第一,油麻地村的地理环境和气候条件并不适合种植所有类型的作物,盲目追求多类型种植的后果是部分农作物产出极低。以村民的主要粮食作物旱稻为例,油麻地村的旱稻一年两熟,但当地旱涝两季明显,每年4—6月雨量充足,而7月至次年2月降雨稀少,受此影响,两季旱稻的产出差距较大,六、七月的收成较好,足够充当下半年家庭的口粮,但年末的收成只有年中的一半左右,这时村民只能到集市去买大米以补足口粮。第二,全类型的种植和养殖使得人们难以形成生产重心,养殖业周期长、效率低,影响村民收入。在村民将农业生产计划扩展到生计的方方面面时,生产水平也就维持在一个粗放原始的水平,村民的生产重心无法集中到一两类作物上,无法实现生产的专门化与专业化。以赵先生家为例,全家人的生产劳作围绕诸多农作物展开,那么辛苦也只能实现温饱。关于家中养殖的牲畜,按他们的话来说,"人吃得好,猪就吃得好,人没吃的,猪也跟着饿肚子"。通常,集中养殖的猪一年就可以长到130千克左右,而赵先生家养的猪需要更长的时间,家庭收入也因此受到影响。

(二)非农生产中贫困文化的表现

油麻地村低度分化的村寨社会及弱竞争性的村内生活方式,维护了村寨生活的朴素安逸,对贫困的接纳使得集体未形成对懒惰者的社会排斥,这样的生存环境难以激发村民对物质生活的追求,这种低分化的保护型村寨结构造就了村民安于生活现状和知足常乐的非农生产观念和行为,具体表现在村民的家庭经营和外出务工两方面。

1.家庭经营理念和行为

首先是家庭合作社模式下的局限性。阎云翔在《私人生活的变革》一书中提出,中国农村家庭的经济模式主要是合作社模式,在这一模式下,家庭成员拥有共同财产与收支计划,理性地参与市场并追逐家庭利益。[①] 尽管这一模式也存在忽视家庭

---

① [美]阎云翔.私人生活的变革[M].龚小夏,译.上海:上海人民出版社,2017:15.

成员个人主体性的可能,但仍是研究农村经济模式的理想工具。依照这一模式,家庭是研究农村地区经济模式的基本单位。油麻地村的农户家庭,在分家之前,家庭结构多为父母与2—3名子女共同生活,他们组成一个经营单位,共同劳作来维持这一单位的收支,同享家庭的财富。这一模式有利于巩固家庭团结稳定,保障家族得以延续,但这种模式也相对孤立了每户家庭。虽然村内有许多集体生活,但是各家在经济上始终保持分离。根据村委会主任介绍,在精准扶贫政策实施以前,村内只有血亲之间才有合作养殖的经营行为,大多数村民则在经济上各自发展,相对独立。这就导致了村民的经营行为过于分散,难以形成规模效应,参与市场交易的成本偏高而收入微薄。

其次是小农本位理念下的经营模式落后。由于长期满足于小农经济的自给自足,油麻地村的村民在农产品经营中参与市场竞争的能力弱。小农经济的核心在于小本经营,家庭用于生产经营的成本完全取决于自家的经济积累。长期处于贫困中的农户家庭底子本就薄弱,用于发展生产和经营的钱屈指可数,而对于借贷、合作等较为先进的市场经营方式,村民因为害怕承担相应的风险而拒绝,其结果是进一步维持相对独立的家庭经营方式,家庭参与市场竞争的能力弱,经济收入因此也较低。过去村民的主要经营项目为开设小卖铺和到省道边摆摊卖农产品。村中开有8个小卖铺,卖的主要是日常生活用品;省道边的摊位则需要村民步行5千米左右的山路,由于道路崎岖,村民只能背着货物前往,收入也不稳定。

赵先生家除了基本的农业生产,还因自家房屋靠近村中心小学而开有一个小卖铺,由赵先生的夫人及儿媳经营。县城的商家定期来送货,以各种食品、玩具及生活用品为主。赵先生说,过去能在村里开一家小卖铺可是一件非常了不得的事情,但开小卖铺得花掉他们家大半的积蓄,家人承受了很大的心理压力才最终同意,好在经营起来后没有亏本,近两年村民们收入增长后,村中陆陆续续开起了好几家这样的小卖铺,因而他们家的收入逐渐减少了。虽然他也想另谋经营项目,但能力的缺乏和信心的不足使得他不敢去申请助农小额贷款,家庭成员对此也一致反对,因此只能维持经营现状。

2.外出务工理念和行为

已有研究显示,农村人口外出务工行为对家庭收入有积极影响,是贫困户增加收入、打破恶性循环的重要手段。张必成运用中国家庭动态跟踪调查(CFPS)数据分析认为,外出务工可以显著增加当地的农户家庭收入并对农村劳动力的要素配置起到一定的促进作用。[1] 但油麻地村的村民却表现出较为消极的务工状况,表现在人数少、短时性和救急性等方面。

首先,油麻地村村民外出务工行为具有人数少和短时性的特征。农村人力资本水平较低,导致村民大多只能从事以体力劳动为主的短期性劳务,男性多在各类工程项目工地等流动性大的场所打工,女性则跟随男伴在工地打工,或在城镇餐饮服务业和流水线工厂打工,结果是工程项目一旦结束或产生了厌倦感便停止打工。通过对村委会收集的资料数据进行分析,2016 年全村外出务工的人数有 91 人,其中外出时长超过 6 个月的人数为 14 人;外出时长在 3 个月至 6 个月的人数为 44 人,外出时间段主要集中在 6 月至 11 月;外出打工时长不足 3 个月的人数为 35 人,外出时间段主要集中在 8 月至 10 月。

其次,村民外出务工在动机上具有救急性的特征。在初期观察体验中,笔者发现村民往往在家庭支出压力增大,家庭收支将面临失衡风险或已经失衡时,才选择外出务工。家庭开支增加的原因主要为家庭成员生病、死亡、读书、结婚等,以及因赌博等方式背上债务。外出打工是村民不得已而为之的选择,外出务工的动机主要在于填补家庭支出的空缺,往往一旦度过困难期,村民就失去了继续务工的动力,外出的人员就马上返回村寨。赵先生的大儿子就是在两年前面临结婚的经济压力,才到邻近县城的省级高速公路施工队找了体力活做。通过 8 个月的辛苦劳动和省吃俭用存下了近 1 万元,加上父母拿出家庭存款补足了 2 万元的彩礼,赵先生的大儿子才顺利回家结婚。赵先生回忆说,当时彩礼和婚宴花光了家里的积蓄,但儿子婚后就没再外出打工,家人也不催他,一家人过回了原来的日子。

通过观察与个案访谈,笔者认为上述油麻地村村民独特的外出务工现象,主要根源于村民的外出务工理念受到传统文化和生活环境的双重影响。一方面,在传统文化规范的影响下,村民把道德品行作为对他人的首要评判准则。一户人家如果生活清贫,但乐于帮助亲戚邻里,主动为宗教集体活动贡献劳动,遵守约定俗成的规矩礼仪,那么这户人家在村内就会获得集体的尊敬与认同。相反,如果一户人家年轻成员全都外出务工,缺席村内的集体生活,虽然家庭经济方面得到改善,但是村内成员会对这一家庭做出负面评价,留在村内的老人也会觉得没有面子。这样一来,外出务工在村民的观念里就不是一件必要的事情。另一方面,弱竞争性的乡村生活环

---

① 张必成.外出务工对农户家庭收入的影响研究——以吉林地区为例[J].中国物价,2017(2):65-67.

境使得村民安于村内的生活圈子,对于到陌生的环境中务工并生活则产生了主观恐惧感。外出打工意味着要离开熟悉的生活环境,适应未知的新环境需要付出较大的心理成本,并且还可能会遭遇挫折、歧视等风险,如此一来,外出务工在动机上的充分性就打了折扣。

2017年盘王节期间,笔者访谈了赵先生家的小儿子等15名回村参加庆典的外出务工人员。他们都来自贫困户家庭,外出务工的原因主要是"希望出去闯荡一下,见见世面"和"由于各种原因家里需要用钱,因此出去打工挣钱"。而在笔者进一步追问"是否希望通过务工学会一些实用技能回村创业"及"是否希望通过务工收入来为家庭扩大经营提供本钱"时,仅有赵先生的小儿子希望到县城的汽修店打工学习修车技能,再回村开一个修理店,以及另一位村民希望通过打工存钱来购置一些农用器械,其他人均无进一步打算。

二、精准扶贫对生产型贫困文化的影响维度

(一)对农业生产中贫困文化的影响

精准扶贫政策通过引入特色农产品产业,采取有效的方式转变了村民的种植观念及劳作方式。自油麻地村开展精准扶贫以来,引入产业以实现村民增收是头等问题。县扶贫办工作人员联合广西农业科学院的专家系统考察了村组周围的自然环境及气候条件,结合附近企业分布状况,最终决定为村民引入以甘蔗种植为主,白及、重楼等中草药林下种植为辅助的种植产业。新的甘蔗种植业每年可以为村民带来每亩地近3000元的纯收入,甘蔗种子由政府免费提供,并通过政府牵头与当地县城的糖厂签订购销合同以保障销路,从第一年起便可获得收成,这使得村民原有的粮食种植逐渐减少,家家户户愿意到闲置的农田甚至开垦荒地来种甘蔗。在有了可观的农业收入后,村民也乐于购买农用机械来促进生产和交换。通村公路的硬化也进一步降低了村民参与市场交换的成本,这就使得村民从自给自足的生存型农业生产模式中逐步解放出来。现在,只有极少数村民还保留旱稻的种植,其余村民则接受了到乡镇市集买米的方式。精准扶贫政策的实施彻底改变了油麻地村村民的农业种植理念和方式,村中的生产型贫困文化得到极大改变,这对促进贫困户增收和推动区域发展起到了积极的作用。

在家禽养殖业方面,县扶贫办也采取了针对性措施,这些措施对村民的养殖理

念和技能产生了积极影响。村组搬迁及基础设施提升工作完成后，政府为村民各家搭建了控温畜棚，引入优质猪种和黑山羊，帮助村民发展新型养殖业。优质猪种和科学养殖技术的引入，为贫困户的增收提供了保障。政府为每户贫困家庭提供一头品种优质的母猪及若干头小猪崽，通过专家到村培训的方式为村民革新养殖技能，并提供一批专用饲料，鼓励村民后续购买饲料用以养殖。现在，村民所养的生态猪第一年就可以长到100千克左右，猪的健康状况、猪肉的品质也有了明显提升，每个家庭送到屠宰场销售的猪数量也从过去每年1—2头提高到了每年3—4头。

以赵先生家为例，赵先生的两个儿子都还没有分家，6名家庭成员组成本地代表性的家庭经营单位，共同从事农业生产。在访谈中，赵先生回忆说："在精准扶贫开始以前，小儿子在县城读高中，家里的农活主要是我和孩儿他妈及老大在干。那时候分配了1亩地种旱稻，1亩地种玉米，家门口的两分地种蔬菜，其余的6亩地基本荒着。大儿子那两年正在谈对象，隔三岔五还得去亲家家里帮忙干活。"2016年，油麻地村精准扶贫项目开始实施，扶贫工作人员以提供成品大米为先导条件，鼓励村民改种甘蔗。赵先生家只保留了家门口的菜地，2016年完成了旧屋搬迁，并将2亩原本用于种粮食的耕地改种甘蔗。2017年，在一家人的共同努力下，家里6亩荒地也顺利开垦并种上了甘蔗。2018年初的甘蔗收割季，赵先生一家凭8亩地的甘蔗收入24 000余元。种植业有了稳定改善的同时，家禽养殖也有了质的飞跃。如前所述，2016年政府为赵先生家新修了畜舍，提供了1头优质母猪、10头猪崽，以及一年的饲料。家庭成员更新养殖理念和技能饲养了一年，年底时10头小猪都健康长到90千克以上，他们留了2头用作配种再生产，自家食用消耗4头，卖出4头，收入4 800元。

当笔者问起"在政府发放的饲料用尽后，是否购买同种饲料继续喂养"时，赵先生表示2017年依然购买该种饲料搭配日常剩饭来喂养，一年下来花了800元左右，但是猪长得快、长得壮，还不容易生病，更为重要的是省去了上山割猪草（一种原本用于喂食的植物）的工夫，家人可以花更多的精力来开垦荒地种甘蔗。在笔者调研期间，除极个别懒惰的家庭外，村内大部分家庭的农业生产均实现了这样的转变。

（二）对非农生产中贫困文化的影响

与农业生产方面的转变相脱节的是，精准扶贫对村民在非农生产中的贫困文化产生的有效影响不够，村民的家庭经营模式和外出务工情况没有发生实质性转变。

在家庭经营模式方面，虽然在优质农产品种植、养殖业的帮助下，村民的农业生产模式产生了巨大变化，但在农产品的销售环节，即自主参与市场交换的经营环节，村民仍然沿用过去的老观念、老路子，合同订立仍然依靠口头承诺的形式，经营主体未能超出家庭这一基本单位，依然在需要用钱时才零散卖出农产品。因此，精准扶贫只是帮助村民转变了农产品的种类与品质，农户实质上仍是沿用市场竞争力较弱的小农经营方式。究其原因，笔者认为主要在于精准扶贫政策实施过程中村民的参与程度不够。精准扶贫虽然为村民引入了现代化的农业产业，但村民主要的任务仍然只是劳作，没有充分参与到与企业签订合同销售农产品等重要的经营活动，契约精神、风险意识等有待加强。

在外出务工方面，精准扶贫在一定程度上提高了年轻村民外出务工的比例，但对村民外出务工的理念和形式产生的积极影响不足。扶贫政策中有一项是促进贫困户家庭的年轻成员外出务工，对耕地少而家庭劳动力相对过剩的家庭进行劝说和引导，予以成员报销往返路费的实惠，促进这样的家庭提高非农生产收入，以实现脱贫。此外，随着全村家庭农业收入的提高，部分非贫困户的劳动力也陆续结伴外出寻找务工机会。笔者从村委会统计的数据了解到，近年来外出务工的人数呈逐年增加的趋势，2015 年村内外出务工的人数为 75 人，2016 年增加到 91 人（贫困户 69 人，非贫困户 22 人），2017 年有 146 人（贫困户 84 人，非贫困户 62 人）。

虽然村内外出务工的人数增加了，但笔者发现，村民的务工理念和行为结果仍然没有实质性的变化。笔者通过访谈 2017 年新加入外出务工行列的 10 名贫困户成员，发现其外出原因在于扶贫人员和村委会的劝导，这部分村民架不住劝说，又出于乡土人情方面的考虑，便答应外出务工。在笔者问及"若今年（2018 年）务工收入实现了家庭脱贫后是否愿意继续务工"时，10 名村民都表示不愿意再继续外出务工。动机的非发展性导致贫困人员外出务工仍然是一种被动的、完成任务式的行为，以前是为了填补家庭支出的空缺，如今是完成扶贫人员交代的任务。笔者还注意到，近年来村中诞生了一种认为外出务工是有能力的表现的观念，年轻村民将在外生活当作一种提升面子的做法，在没有明确的目标指向的情况下就带着部分家庭收入结伴出去打工。这种盲目的打工行为导致他们在城市生活了一段时间后，花光随身携带的积蓄就返回村内，务工效果较差。2018 年春节期间，笔者再次访谈了前述的 15 名村民，在外出务工的原因方面，5 名仍未脱贫的村民表示外出的原因为家中老人的慢性病需要大量医药费，以及家里因修建新房还差政府数万元的贷款要还。另外,10名已经脱贫的成员表示,外出单纯是为了好玩、见见世面及增加面子。赵先生的小儿子也在此列,当笔者问他是否还继续为开一个自己的修理店而在汽修厂打工时,他表示之前只在汽修厂干了两个月,觉得修理店不赚钱就放弃了,现在他在一家酒吧打工,希望未来能开一间酒吧。

第四节　精准扶贫对生活型贫困文化的影响

本节将对油麻地村的家庭单位在生活实践中表现出的贫困文化进行归纳。笔者这里所谈的生活实践是村民在复杂的村内关系网络中展开的日常生活实践行为,是在特定乡土逻辑指导下的有意识的生活实践行为,主要包括祖荫限制和家庭消费两个方面。

一、生活型贫困文化的表现

(一)亲属关系与祖荫限制

人类学家许烺光在研究中国家庭结构、亲属关系时首次提出"祖荫"这一概念,祖荫正是建立在血缘基础之上的家族亲属关系。他认为传统中国农村家庭中的每一名成员都是在祖荫之下生活的,蒙受祖荫庇护的同时也受到祖荫的限制,这一观点得到其他学者的普遍赞同。油麻地村的乡土社会主要是成员间基于血缘关系结成的场域,每一名成员从出生起就获得了进入特定家庭场域的资格,享受家族所拥有的经济、文化和社会资本,但家族内部也需要为此付出维持亲属关系网络的成本。这种包含了人情、财物、劳动等方面的成本落到了处在祖荫下的每一名家庭成员的头上,这便是个人所受的祖荫限制。

过去油麻地村村民的结婚生育年龄偏小,一个人不到50岁便当上了爷爷奶奶是很常见的事。因此,村内成员的亲属关系网络可以追溯到四代人甚至更多,再算上这四代人中的姻亲关系,每个人所处的亲缘关系网络便异常庞大。例如,油麻地村赵主任告诉笔者,他所在的村小组共有117户人家,其中的70多户都和自己有着千丝万缕的亲属关系,而这些亲属关系都需要频繁的往来进行维持与巩固。村中流传着一句话"半年不登门,亲戚也变陌生人",说的就是村民对关系网络的重视。

维持亲属关系需要付出人情、财物、劳动等成本,尽管村民在人情往来中对这些成本不会进行精确的量化计算,但当往来双方的付出表现出严重不对等时,还是会引起一方的反感。此时,如果处于亏欠的一方不积极弥补,两者间的关系将进一步恶化。在日常生活中,最常见的人情往来是不同形式的劳动帮工。当某个家庭出现临时性劳动力不足时,往往会向亲属关系网中的成员求助,这种劳动一般是无明确报酬的,这种短时劳动往往以主人家请施助者吃一顿饭作答谢。这一过程中,若某人收到求助而不愿前往则会被认为是不友善,若主人家在答谢餐饭上没有将家畜类肉食的前肢分与施助者则会被认为是不尊重。而一旦某位成员具备了"乐于助人"的名声,家族中的其他成员便认为这名成员理所应当在自己有需要的时候提供帮助,因此更倾向于向该名成员求助。若该成员拒绝了,对亲属间关系的破坏要比一般情况更严重。

至于婚、丧、生育这三件重要的人生大事,主人家在举办喜宴和丧宴时若没有邀请全部的亲属,或准备的食物不够亲属分食的话,则会被视为对受邀亲属的不尊重,而被邀请人也必须出席到场,否则也是对邀请者的不尊重,都会破坏和谐的亲属关系。庞大的亲属关系网导致每个人每年需参加 7—8 场宴席,这也正是前述村民外出务工具有短期性的原因之一。笔者访谈到一位曾缺席了亲戚婚礼的村民吴先生,他前年因外出务工而错过了堂弟的婚礼,后来堂弟孩子的满月酒便没有再邀请他。他向伯父求助,结果也没能解决,最后只好请爷爷出来说情,他公开向堂弟道歉后才获得了堂弟的原谅。

(二)家庭消费观念与行为

油麻地村的村民一直奉行的是一种非积累性的消费观念和行为,这种消费模式既不利于家庭再生产的扩大以实现财富积累,又不利于家庭抵御各类风险。村民过去认为贫穷富贵主要看命,穷苦也没关系,规矩过好自己的清贫日子就好;若是富贵则应为集体祭祀庆典多贡献力量,为贫困群体带去实惠。可见,无论是贫困还是相对富足,都不用在消费的同时注重财富的积累,这反映在村民生活的很多方面。

首先表现在村民对摩托车的购买上。过去,拥有一辆摩托车在村内是富有的象征。虽然摩托车方便了村民的出行,但是在生产中它所能起到的作用不大,运载能力方面严重逊色于农用三轮。然而,许多家庭的年轻成员依然优先购买摩托车,有的贫困户成员甚至花光家里的积蓄也要买摩托车。笔者通过查阅村委会贫困户评选的财产审核表发现,很多贫困户的家庭存款低于 1 000 元,却在"其他资产"一栏中拥有一辆摩托车。

其次是各类宴席的开销。油麻地村的每一户人家在一年中要固定举办宴席,主要邀请具有亲属关系的家族成员和非亲邻居。村民们会商量好各家请客的日子。家宴通常从中午开始,持续到晚上。主人在自家院子摆 10 桌左右的流水席,以供客人享用。参宴人员通常只需要带一箱啤酒或饮料即可。婚丧生育特殊事件的宴席更为隆重,往往持续 2—3 天。主人在自家院子或特定场所摆 20 桌到 30 桌的流水席,邀请的是整个村小组的人和其他小组的亲属。客人需要带一定的礼金出席,亲戚则要提前一天就来问候及帮忙筹备宴席。

二、精准扶贫对生活型贫困文化的影响维度

(一)对祖荫限制的突破与维持

精准扶贫对油麻地村这一场域内的"理所当然"式的亲属互助理念产生了积极影响。关于原本存在于亲属关系网络中的"理所当然"互助理念的存在合理性,笔者认为主要是村内成员经济资本的低廉。原本普遍贫困的状态使得人们只能从人情和道德的角度来衡量他人的劳动,而不是通过经济指标量化,这种带有模糊性的标准导致了人们思维观念中的理所当然。精准扶贫通过引入种植、养殖产业,为每一位村民带来了经济收入上的巨大提升,实质是个人单位时间的劳动所产出的价值相较过去有了巨大提升。这样一来,村民的时间和劳动都与经济收入密切相关,占用他人的时间与劳动意味着减少他人的收入,而帮助他人也意味着要付出一定的机会成本。原本从道德角度出发,认为亲属间的所有互助行为都是理所当然的理念便被打破。

一个典型的例子就是过去农忙季节如果哪家人手不足,麻烦亲戚来帮忙被认为是理所应当的,主人家的答谢一般就是杀鸡请客,再送上一瓶自家酿的玉米酒就够了。如今,随着精准扶贫引入了甘蔗种植业,到了每年 12 月至次年 2 月的收割季节,如果甘蔗不能被及时砍下运走,留在地里就会逐渐变干,重量减轻,影响最终的收入。而劳动力不足的家庭也不再像过去那样轻易就能从亲戚那请到帮工,大家都明白帮忙砍甘蔗意味着现实的经济利益,于是出钱请亲戚便成为新的求助形式,村内甚至形成了 100 元一天的明确帮工费标准。

但是,对于无法量化的其他人情方面,精准扶贫的影响就没有那么明显,这主要

是针对村内的婚丧生育等纯人情场合。在这些场合中，村民还是以道德和情义作为评价标准，更为看中人情，故对于不邀请或邀而不到的情况，还是认为是一种不尊重自己的表现。但笔者注意到，年轻一代的村民开始接受通过金钱挂礼弥补自己不能到场的参与方式，这是随着外出务工的人数增加而产生的改变。但村中的老人对此不太认同，尤其是在长辈过世时，所有晚辈亲属无论何种缘由都必须参加灵堂的轮流守孝，否则就是对逝者的严重不孝顺、不尊敬，会受到全部亲戚的责怪。

（二）对消费行为的影响

精准扶贫对村民的消费观念和消费行为产生的积极影响不足，在促进村民消除收入提高后消费方面的贫困文化上有待发挥更大的作用。如前文所述，精准扶贫通过对村民的农业生产实践产生积极影响，切实有效地提高了村民的收入。但是，精准扶贫系列政策中并没有对村民消费行为和消费理念予以引导的内容，毕竟消费作为个人的权利是一种极具主观性和私密性的行为，政策不方便加以干涉。这就导致了原本非积累性的消费理念朝着更加不理智的奢侈主义和浪费主义发展，突出表现在下列现象中。

家庭固定宴席和结婚宴席过去就受到村民们的重视，而今在规模和开支上日益增大。并且，随着物质生活水平的提升，人们开始增设新的宴席。首先，每个家庭固定的腊月年猪宴越办越丰盛，原本每次只消耗主人家饲养的一头猪，但进入 2018 年以来，村民普遍将这一标准提高到了两头，造成了大量的浪费。其次，近年来村内适婚年龄的男女人口比例失衡日益明显，结婚难的问题摆在每一名单身男青年面前，故婚宴的规模也成为谈婚论嫁时的条件。笔者访谈了一对于 2018 年 3 月结婚的夫妻（双方都是非贫困户），他们不仅在村内举办了婚宴，还到县城的酒楼办了 10 桌婚宴，总共花费了近 3 万元。最后，除了这些原有的宴席项目，陆续脱贫的村民开始以个人的名义举办小型家宴，这样的名义主要有孩子考上大学、家庭购置了时下新潮的五菱面包车等。这类家宴一般摆 3—5 桌，邀请的只是关系密切的亲戚，目的在于向亲戚们宣布自己家的喜事。

娱乐活动方面，村民有共同的民族文化，也有集体的娱乐活动。最受瑶族人民喜爱的当属本地的"打歌"活动。这一活动过去只在每年的固定庆典活动中正式举行，由 10 名左右会乐器的村民演奏传统乐器，其余村民则围绕庆典中央的吉祥物边唱边舞，人群逐渐形成一层又一层的圆圈，热闹非凡。而在日常生活中，村民时不时会邀请三五家亲戚或邻居一起练习"打歌"的舞蹈。过去这样的小范围娱乐只能靠邀请演奏师傅前来或自己清唱，但近两年来，搬迁工作的完成、电网的稳定，加上村内逐渐普及的音响设备，为村民的日常"打歌"活动提供了便利的条件。尤其是在村民意识到"谁家的音响声音更大、音效更好，愿意去该家跳舞的人就越多"之后，新村舍区域内出现了家庭音响设备方面的"竞赛"。如张三家在县城买了 8 000 元的国产音响，李四家就到地级市订购上万元的进口音响，王五家后来居上，不仅音响系统好，还在院子内装上五颜六色的走马灯。

在最后一次到油麻地村调研时，借住在村委会的笔者每天晚上都能听到此起彼伏的音乐声。村委会赵主任打趣地告诉笔者，他如今光凭不同的音效声就能分辨出谁家在举行"打歌"活动。笔者从村委会的资料得知，与村民这些消费行为相对应的是，村民在易地搬迁过程中欠下的 7 万元无息贷款，两年过去了竟没有一户家庭还款超过 1 万元。笔者访谈了 20 户购买了汽车、音响或其他设备的家庭，在这件事情上他们的态度较为一致："反正这笔钱不计利息，所以打算拖着慢慢还。"部分家庭第一年拿出部分收入还款，结果反被其他村民嘲笑为"不聪明"，在这样的环境中，村民们便愈发肆无忌惮地提高消费水平。

第五节　精准扶贫消除贫困文化的工作着力点

如前所述，贫困文化因其多元化的成因和长期性的存在而具有顽强的生命力，并且这种生命力在精准扶贫政策的实施过程中依然表现出两种抵抗良性转变的力量：一种是保持现有形式来正面抵抗发展进步，如油麻地村宗教信仰与传统习俗方面的贫困文化；另一种则是转变为新的形式，悄悄渗透到村民脱贫后的新的生产生活实践中去，对村民的脱贫成果产生潜在影响，如不理智的务工观念和消费观念等。在即将到来的全面小康时代，对于精准扶贫政策实施过程中未能消除的农村贫困文化，乡村治理实践应当注重以下几个方面的工作，以有效削减贫困文化对乡域发展的负面影响。

一、增强村组自治能力，引导良性传统习俗

针对精准扶贫未能影响转变的集体型贫困文化，最首要的是继续培养村委会干部的综合素质，提升村干部的治理能力，使村委会能够更好地发挥社区组织的自治作用，树立村委会的实质权威。当前，我国农村社区所面临的新矛盾对村干部的治理能力提出了新的要求。现有的依靠县乡两级领导开会培训的模式，对于村组自治能力的提升收效甚微。因此，笔者建议改变现有单一培训模式，增加基层干部间的交流机会，组织自治效果较好的村组干部在当地分享交流经验，通过建立基层村落互相交流学习的机制，增强村组的治理能力。除了对现任老干部进行培训，政府还可以完善鼓励当地优秀大学生毕业后回村的人才培养制度，为未来的基层自治储备优秀的新生代干部。此外，完善村干部能力考核机制，缩减现有的应试考核方式所占比例，增加更为灵活、更贴近乡村现实的考核内容，如任期内公共设施修建项目数量、新产业项目引入和发展数量等，增强对考核结果的激励性，以提升村干部的内生积极性。

在村委会提升治理能力的同时，树立村委会的实质权威，充分发挥其基层影响力，依靠和引导村委会改革陈旧落后的传统规范，重新制定村规民约来实现移风易俗，以此克服集体型贫困文化的残留影响。村委会宣传法律思想和文明观念，在村庄里形成有利于村民移风易俗的舆论，从而削弱旧有的习俗规范对村民思想和行为的束缚。

二、建立社区互动网络，树立发展性务工观

村民的市场参与程度低，在一定程度上限制了对家庭经营模式方面的贫困文化产生积极影响。笔者建议通过建设社区互动网络，加强社区组织与各主体之间的合作，通过地方政府、社区组织与居民之间的互动而影响社区居民，增加村民参与市场交易的机会，进而激发个体脱贫发展的主动性和积极性。因此，在油麻地村后续扶贫实践中，可调整政策导向来引导村委会建立同村民和村外组织的合作关系网络，

并采取一定的量化指标来考察村干部与不同主体之间互动的频率、方式及质量,进而改变村民落后的经营模式。

对于精准扶贫未能改变的村民外出务工的短期性和非发展性,笔者建议村委会可以通过长期在外务工的人员来宣传高质量的外出务工可以带来相对富裕的生活,增长见识,开阔视野,以此来转变人们对外出务工的认识及动机,逐渐瓦解传统贫困文化带给人们的"安土重迁"思想和安逸乡土环境带来的"生于斯,老于斯"的理念。另外,可以通过建立社区互助网络来实现对老年群体的照料,消除年轻家庭成员外出务工的后顾之忧,以此促进村民转变外出务工的理念,实现向发展性务工行为的转变。

三、培育理性消费观念,建立风险防控机制

精准扶贫在实施中的侧重点在于增加贫困群体的收入,对村民在消费方面的理念及行为则鲜有干涉。但是,光注重村民的收入而无视村民的消费问题,无论是对贫困群体的实质脱贫还是非贫群体的贫困预防工作都有不容忽视的影响。考虑到消费观念和行为的主体性,笔者建议通过村委会进行价值观和发展观方面的宣传,使村民树立更为理性的消费观念,逐渐引导村民建立基于未来发展需要的消费行为,提高在家庭教育、健康护理等方面的消费比例。

改变上述观念是一个漫长的过程,在此过程中,针对村民一系列非理性消费行为可能导致的返贫风险,扶贫工作人员应当帮助村委会建立社区风险防控机制。村委会是农村社区的直接管理者,通过村委会来收集信息能较为准确地识别预期风险,并及时对村民还未做出的消费行为进行劝诫,树立反面典型案例,巩固来之不易的扶贫成果,防止返贫现象的发生。

本章通过对油麻地村贫困文化在微观层面的聚焦,根据学理分类及该村的实际情况做出了集体型贫困文化、生产型贫困文化和生活型贫困文化的划分,详细分析了三类贫困文化在村中的具体表现及特征,并通过观察该村精准扶贫的实践过程对三类贫困文化的影响情况得出以下结论。

首先,精准扶贫对该村集体型贫困文化中的传统习俗致贫因素产生的积极影响

不足。随着物质生活水平的提升,村民用于祭祀庆典的开支逐年增加,这对脱贫后的乡村发展十分不利。村中老年群体安土重迁的思想没有转变,部分老人仍然坚守环境恶劣的危房老宅,致使扶贫成果没能让这部分老人享受,不利于老年人的身体健康和家庭发展。传统规范中深入人心的集体平均主义有待得到更科学的引导。随着有限的扶贫资源的涌入,部分村民因主观上的不满而与集体产生了大量矛盾,村内出现一些不团结现象。精准扶贫对村干部治理能力的积极影响有待加强,存在转变慢、形式化和依赖性强等问题。对于这些问题,笔者建议培养村委会自治能力,提升村委会的实质性权威,发挥舆论引导作用,形成有利于村民移风易俗的新文化环境,以帮助村民突破集体型贫困文化的限制,实现良性发展。

其次,精准扶贫对该村生产型贫困文化有明显的积极影响,但也存在一些不足。精准扶贫改变了村民的农业生产观念与方式,帮助村民从原始的小农经济中解放出来,培育了一批收入稳定的特色农产品产业,有效增加了村民的农业收入并使村民接受了现代化的农业生产模式。但是,对于村民的经营活动和外出务工方面的贫困文化表现则有待产生更加有效的影响。村民的经营活动仍然以家庭为单位,不愿采用合作或贷款等方式来扩大生产规模,害怕承担市场风险。外出务工依然以好玩为前提,打工周期短,遇到困难便回到家里享受相对安逸的生活。这两点使得村民难以提升自己在市场中的竞争力,只能待在政府的保护伞下,参与简单的市场活动,导致脱贫成果具有较强的政策依赖性。对此,笔者建议加强培养村委会工作人员的社区能力,建设社区互动网络,由村委会牵头发展村内生产合作小组,通过合作网络帮助农户实现经营模式现代化的转变,使村民树立更为积极的外出务工观念,走上发展性的外出务工道路。

最后,精准扶贫对该村生活型贫困文化产生了双重的影响。一方面,精准扶贫带来的发展新环境使得人们可以量化一部分亲戚间互助往来的成本,打破了过去建立在纯道德评价之上的"理所当然"观念,减轻了村民在维持亲属关系网络方面的成本和心理负担。但是,村民长期形成的非积累性消费观并没有得到科学引导。随着物质条件的改善,村民的消费观念和行为受到奢靡之风的影响,原有的各种请客宴席向着愈发铺张的不健康方向发展,娱乐方面的非理性消费则不利于村民家庭经济的良性稳健发展。对此,笔者建议村委会通过集体教育的方式来影响村民的价值观,引导他们培养有利于家庭再生产的理性消费观,从而实现家庭财富的积累。同时,建立社区的风险防控机制,村委会做到及时发现、及时劝导,防止返贫风险的发生。

　　虽然只是以一个村作为调研对象,但笔者归纳的贫困文化分类和表现在深度贫困地区的少数民族村落具有一定的共性,至少在岭南瑶族地区具有较强的代表性,这主要是我国传统文化中较强的共性所导致的。同时,笔者在对精准扶贫相关文献进行梳理和综述时发现,全国范围内的精准扶贫制度设计、扶助模式和工作着力点具有一定的同质性,只在扶贫内容方面因地而异,故本章的研究结论在其他贫困村也有一定的适用性,可为同类型研究提供参考。

第四章

社会工作视角下广西乡村困境儿童的社会救助

第一节 困境儿童

一、困境儿童的概念界定

儿童是家庭的希望和民族的未来,是社会得以欣欣向荣的重要资源,是国家经济社会和人类文明得以发展和进步的重要元素。保护儿童是政府与社会的共同责任,政府与社会需要尽最大努力在最大范围内营造儿童友好型社会环境,使儿童安全、健康成长。然而,我国乡村困境儿童的救助问题在实务中常常被人们忽视,成为乡村治理体系中缺失的重要一环。

近年来,我国经济高速发展,但与此同时,各种显性或隐性的风险也在不知不觉中影响着社会大众。儿童由于其自身特殊的成长阶段和发展特点,更容易受到各种风险因素的伤害而成为困境儿童。当前,学界对于"困境儿童"的定义与分类标准有不同的意见。2001年第一届中国儿童论坛就将困境儿童作为论坛六大专题报告之一,认为"困境儿童主要包括贫困孩子、受性别歧视的孩子、孤儿、残障儿童、被廉价利用的童工及有精神障碍的儿童"[①]。2013年6月民政部印发的《民政部关于开展适度普惠型儿童福利制度建设试点工作的通知》提出了"困境儿童"概念,并对困境儿童进行了分类。该通知界定儿童群体分为孤儿、困境儿童、困境家庭儿童、普通儿童四个层次。其中,困境儿童被分为残疾儿童、重病儿童和流浪儿童等,困境家庭儿

---

① 中国妇联儿童部.倾听儿童的心声——首届中国儿童论坛综述[J].中国妇运,2001(6):24-25.

童被分为父母重度残疾或重病的儿童、父母长期服刑在押或强制戒毒的儿童、父母一方死亡另一方因其他情况无法履行抚养义务和监护职责的儿童、贫困家庭的儿童。① 在这里,更为权威的要数 2016 年国务院印发的《关于加强困境儿童保障工作的意见》定义的困境儿童,即"因家庭贫困导致生活、就医、就学等困难的儿童,因自身残疾导致康复、照料、护理和社会融入等困难的儿童,以及因家庭监护缺失或监护不当遭受虐待、遗弃、意外伤害、不法侵害等导致人身安全受到威胁或侵害的儿童"②,主要包括孤儿、自身困境儿童、家庭困境儿童、监护困境儿童、安全困境儿童、临时困境儿童六种类型。

　　现实境遇中,关于困境儿童的恶性事件不断发生,社会对困境儿童的关注度越来越高。这反映出通过社会政策及法律制度等多种手段来保护儿童的合法权益的迫切性。2011 年国务院颁布《中国儿童发展纲要(2011—2020 年)》③;2012 年民政部在全国民政会议上强调探索困境儿童分类保障机制,健全儿童福利制度④;2013年党的十八届三中全会提出健全困境儿童分类保障制度⑤;民政部先后于 2013 年和 2014 年在江苏省昆山市、浙江省海宁市、河南省洛宁县、广东省深圳市等地开展适度普惠型儿童福利制度建设试点工作,明确将困境儿童作为重点保障对象并开展相关服务⑥;2016 年国务院印发的《关于加强困境儿童保障工作的意见》强调要以促进儿童全面发展为出发点和落脚点,为困境儿童健康成长营造良好环境等⑦。这些政策的出台使困境儿童得到了更多的福利保障,能改善他们的生存状况,但依旧面临很多困难,不少悲剧事件时有发生。⑧

　　① 民政部关于开展适度普惠型儿童福利制度建设试点工作的通知(民函〔2013〕206 号)〔EB/OL〕.http://www.law-lib.com/law/law_view.asp? id=423219.
　　② 中华人民共和国中央人民政府网.国务院关于加强困境儿童保障工作的意见(国发〔2016〕36 号)〔EB/OL〕.http://www.gov.cn/zhengce/content/2016-06/16/content_5082800.htm.
　　③ 中国儿童发展纲要(2011—2020 年)〔N〕.人民日报,2011-08-09(14).
　　④ 窦玉沛.深入学习领会第十三次全国民政会议精神〔J〕.中国民政,2012(4):46-52.
　　⑤ 中共中央关于全面深化改革若干重大问题的决定——二○一三年十一月十二日中国共产党第十八届中央委员会第三次全体会议通过〔N〕.人民日报,2013-11-16(01).
　　⑥ 高丽茹,彭华民.中国困境儿童研究轨迹:概念、政策和主题〔J〕.江海学刊,2015(4):111-117.
　　⑦ 中华人民共和国中央人民政府网.国务院关于加强困境儿童保障工作的意见(国发〔2016〕36 号)〔EB/OL〕.http://www.gov.cn/zhengce/content/2016-06/16/content_5082800.htm.
　　⑧ 周汉杰,李幼斌.欠发达地区困境儿童生存现状及解困路径探析〔J〕.改革与开放,2018(16):93-97.

二、困境儿童救助路径的讨论

关于困境儿童的救助理念与模式，有不少学者从不同角度进行了分析。王琪曾对困境儿童的救助模式和路径探索进行了系统的分析，认为困境儿童救助首先要实现从家庭责任到家国共同责任的理念转变。我国长期以来具有家本位的传统思想和观念，认为儿童的成长和抚养就是家庭的责任。家庭成员，无论是中青年成员，还是儿童、老人，当其遇到困难时，只能依靠家庭来获得支持，而家庭以外的社会支持渠道几乎不存在，政府和社会仅是在家庭出现危机或遇到通过自身努力无法克服的困难时才会干预。[①] 但是，现在的家庭结构不同以往，当出现任何可能导致家庭或儿童陷入困境的因素时，就会使儿童在身体、心灵等各方面产生不可逆转的影响。所以，面对社会变迁所带来的巨大改变，应实现从"传统儿童福利"到"积极儿童福利"的转变。[②] 而陈静也提出要强调"家庭监护责任的重申"，认为在我国困境儿童救助和保护制度模式的演进历程中，政府是困境儿童救助责任主体，家庭是儿童养育主体。在社会变迁和家庭结构变化的格局中，困境儿童问题成因复杂化，重申家庭监护责任夯实了儿童社会保护体系最坚实的基础，明确了儿童救助与保护的政策指向。[③] 两位学者从不同角度分析了"家庭—国家—社会"这一儿童福利供给框架中家庭和国家这两种要素的重要性，但社会因素长期以来被忽视。在农村地区发生一系列恶性伤害儿童事件后[④]，政府逐步认识到社会力量参与困境儿童救助的重要性，通过新政策的颁布表明政府的重视，以及进一步规范、促进社会力量向困境儿童提供服务的决心和态度。

近年来有不少学者针对困境儿童的救助路径提出了自己的解困思路，以期能呼吁更多的社会力量帮助困境儿童走出困境，也鼓励各种社会组织资助和关注困境儿童，以各种方式帮助困境儿童脱困。周汉杰在研究欠发达地区困境儿童生存现状

[①] 张秀兰，徐月宾.建构中国的发展型家庭政策[J].中国社会科学院院报，2003(6)：84-96.

[②] 满小欧，王作宝.从"传统福利"到"积极福利"：我国困境儿童家庭支持福利体系构建研究[J].东北大学学报(社会科学版)，2016(2)：173-178.

[③] 陈静，董才生.我国困境儿童救助与保护的模式演变和路径创新——基于多元共治的视角[J].兰州学刊，2017(4)：178-186.

[④] 伤害儿童事件案例：2012年，贵州毕节市七星关区5名流浪儿童为避寒，躲入垃圾箱烤火被闷死；2013年，毕节市七星关区一农用车失控撞死5名小学生；2014年，毕节市七星关区12名留守女童遭教师强暴；2015年发生多起惨案，毕节市纳雍县勺窝乡水沟村2名留守儿童在家中身中数刀身亡；毕节市七星关区4名留守儿童在家中喝农药，经抢救无效死亡，年龄最小的5岁，最大的13岁；毕节市大方县瓢井镇中寨村小学学前班多名幼女被猥亵，至少确定有7名女童被韦某平猥亵。

后,提出自己的七点建议:第一,要建立和完善困境儿童的预防体系,从源头上尽量减少困境儿童的产生,体现问题预防意识,突出源头治理;第二,要建立困境儿童的问题触发机制,及时发现、追踪困境儿童的现状和需要,强调建立困境儿童防治安全网,及时发现,及时解困;第三,要建立并完善困境儿童的分层救助和福利体系,体现常态、长效的救助机制;第四,要鼓励非政府组织、民间团体和个人参与困境儿童救助工作,体现多元主体协作救助;第五,各级政府应想方设法搞活经济,提高困境儿童家庭成员的就业和创业能力,降低困境儿童的返困概率并提高困境儿童家庭的生活质量;第六,学校应营造关爱困境儿童的氛围,让困境儿童体验到尊严和人心的热度,为其创建良好的成长环境;第七,要争取以"儿童福利主任"等项目为依托和突破口,形成定性救助、定向救助、定点救助,将困境儿童社会救助精细化。① 这七点建议不论从宏观角度还是微观角度,都提出了救助困境儿童的可行路径。

王琪还提出了困境儿童社会救助的三个多样性。首先是解困行动的多样化,包括社会助养、志愿助医、社会助学及社会助教等;其次是救助资金的多元化,除了以政府为主的按量拨款,企业、个人多方筹资,还可以从福利彩票中设立困境儿童专项资金,鼓励个人、企业和社会捐赠;最后是"困境儿童"各种基金的多样化发展,包括公募和私募基金,鼓励各种社会组织和企业帮助困境儿童,建立医疗和教育专项基金,探索儿童城乡医疗保险一体化的普适性和广覆盖。② 而对于困境儿童的救助路径,则认为应该依托社区建立困境儿童福利干预和保障机制,从而及时、高效地为困境儿童提供社会支持与干预。具体则从"困境儿童"的排查工作开始,然后抓紧建立困境儿童信息中心,根据不同的困境儿童情况,设计解困方案,帮助困境家庭解困,最后建立针对困境儿童监护者和监护机构的评估机制,保证解困行动的效果。③这样一套纵向的救助步骤将困境儿童由面集中到点,采取个别化精确救助,再通过对困境儿童监护者或监护机构的评估形成系统的救助网络,形成预防—救助—巩固的三级保护机制,可缓解困境儿童的恶劣生存现况。

---

① 周汉杰,李幼斌.欠发达地区困境儿童生存现状及解困路径探析[J].改革与开放,2018(16):93-97.
②③ 王琪."困境儿童"的救助模式与路径研究[J].青少年学刊,2018(6):51-54.

第二节　社会工作参与社会治理的分析视角

中国特色社会主义进入新时代，我国社会主要矛盾已经发生了根本性的变化，实际上，这也对社会治理提出了新的要求。社会治理是当前中国社会学、公共管理等领域的重要议题。钱宁认为，社会治理是政府、社会组织、企事业单位、社区及个人等行为者，通过平等的合作型伙伴关系，依法对社会事务、社会组织和社会生活进行规范和管理，最终实现公共利益最大化的过程。[①] 王思斌也指出社会治理有四种含义，即对整个社会的治理、对社会领域的治理、对社会组织系统的治理和由社会参与的治理。[②] 本卷所说的治理既是对整个社会的治理，又是全社会参与的治理。

一、国家治理体系的演进

党的十八届三中全会指出了社会治理的基本内涵。社会治理体制创新的目标是构建政府、市场、社会和公众合作参与的多元社会治理主体格局，社会治理的四个关键点是坚持系统治理、源头治理、综合治理与依法治理。治理是一个过程，而非仅仅是一套制度或具体活动；是一种协调与合作，而非管理或控制；是一种持续互动与共治，而非静态关联；是涵盖公私不同领域，而非局限于某一领域。[③] 此后，党的十八届五中全会指出要"加强和创新社会治理，推进社会治理精细化，构建全民共建共享的社会治理格局"。党的十九大报告也提出"推动社会治理重心向基层下移"，"提高社会治理社会化、法治化、智能化、专业化水平"。由此可见，治理理论越来越多地注意到了包括政府在内的基层社会力量的作用，推动社会治理向基层嵌入是新时代的客观要求。中国社会体制改革正在经历从社会管理到社会治理的转向，治理主体多元化既是社会治理的内在要求，又是其重要的实现形式。社会工作作为国家和市场之外的社会力量，是社会治理的多元主体之一。[④] 很多学者都赞成社会工作是社会治理的操作化手段，可以将"政策"转化为"现实"，社会工作以其独特的专业定位

---

① 钱宁.多方参与的社会治理创新：发展社会福利的新路径[J].山东社会科学,2014(9)：73-77.
② 王思斌.社会工作机构在社会治理创新中的网络型服务治理[J].学海,2015(3)：47-52.
③ 冯元.新时期社会工作参与社会治理：理论依据、动力来源与路径选择[J].社会建设,2017,4(6)：29-38.
④ 叶淑静,戴利有.社会工作介入社会治理何以可能？[J].江西师范大学学报(哲学社会科学版),2016,49(6)：103-110.

和社会功能,可以在创新社会治理中发挥重要作用。社会工作可视为一种宏观层面关注社会正义、中观层面注重社区发展、微观层面重视个体心理和家庭和谐的服务架构体系。① 顾东辉将社会工作与社会治理的对象细化、目标深化、方法诠释进行梳理与对比,认为社会工作使社会治理的各要素更加细化和可操作化,从而提高了社会治理与现实结合的紧密度,更好地达成了促进民众幸福的共同目标。② 王思斌也认为社会工作参与社会治理创新反映在倡导新的治理理念、形成新的治理机制、形成可发展的治理结构和实现社会治理的功能创新等方面。③ 同时,他也提出社会工作参与社会治理可以在"通过服务解决社会问题,促进社会秩序""通过服务促进社会治理创新""通过政策倡导促进善治"及"社会工作领域内部的良好治理"这四个方面发挥协同作用。④⑤

二、社会工作参与社会治理的有效路径

社会工作参与构建多元社会治理主体格局。社会治理概念的提出,首先就是将传统的政府主导、强制型的社会管理逐渐转变成包括政府在内的多方力量、多元主体平等参与和协作治理的现代治理。其中,多元主体中的社会组织就是一支具有凝聚力的社会治理力量,社会工作就是其中不可或缺的治理角色,不论是宏观的政策倡导、制度献策,还是微观的"以人为本"地为民服务,或者是中观层面的深入基层社区治理,社会工作都能与政府、企事业单位等治理主体合作参与社会治理,实现公共利益的最大化。不难看出,社会工作的理念、价值、目标与功能等方面,都与社会治理的内涵有着高度的融通性与互构性。因此,党的十八届三中全会将激发社会组织活力作为推进社会治理创新的重要着力点,并将志愿服务类、公益慈善类、城乡社区服务类社会组织的培育与发展列为重点工作议程,曾多次发文强调构建一支专业的社会工作人才队伍的重要性。

社会工作参与四维社会治理机制。党的十八届三中全会提出社会治理的四个

① 卫小将.压制、矫正与赋权:社会工作与农民工治理术的理路[J].中国农业大学学报(社会科学版),2017,34(3):110-118.
② 顾东辉.社会治理及社会工作的同构演绎[J].社会工作与管理,2014(3):11-13.
③ 王思斌.社会工作参与社会治理创新研究[J].社会建设,2014(1):8-15.
④ 王思斌.社会治理结构的进化与社会工作的服务型治理[J].北京大学学报(哲学社会科学版),2014,51(6):30-37.
⑤ 王思斌.社会工作机构在社会治理创新中的网络型服务治理[J].学海,2015(3):47-52.

关键点是坚持系统治理、源头治理、综合治理与依法治理。实际上，社会工作本身的理论方法和技巧就与这一四维社会治理机制具有极大的契合性。关于系统治理，社会工作领域中广泛运用的系统理论和生态系统理论为此提供了很好的理论基础和实践经验。不论是从宏观、中观、微观来分析人类行为与社会环境，还是关注个人与家庭、朋辈、组织、社区之间的互动关系，都是在系统中分析问题，也是在系统地治理。关于源头治理，我们知道社会的基本单位是家庭，将治理重点放到个人、家庭和社区，能更好地从根源上抓住问题，也便于预防问题的发生，实现源头治理。而社会工作的服务对象正是个人、家庭、组织、社区等，开展"以人为本"的专业服务，使之与所处社会环境达到一种适应性平衡。这也为社会治理实现"标本兼治"提供了实践路径。关于综合治理，可以与"整合式社会工作"联系起来。社会工作者在服务中往往会发现服务对象的问题不是单一的，而是多重问题综合在一起，使之陷入多重困境。"整合式社会工作"理念通过各种社会工作的专业手法，针对不同问题"对症下药"，实现服务的整合，并注重资源整合，以提升服务对象的各种社会功能，使其恢复正常水平。社会问题往往是多因素相互影响的，根据"整合式社会工作"的视角和策略，整合各方资源、技术和手段进行综合治理，为社会治理的操作化提供了经验支持。依法治理的目标是弱化社会控制而增进社会沟通，减少社会矛盾与社会冲突，实现社会秩序和社会团结。[①] 作为社会组织中的重要内容，社会工作也是在法制化、规范化的前提下为服务对象提供专业服务，通过签订服务协议的方式确保服务过程的秩序与规范，与服务对象建立友好的专业关系。通过以上分析不难看出，社会工作在参与四维社会治理机制上有着非常贴合的理论基础和现实经验，构建复合的社会治理机制需要社会工作的参与。

社会工作参与推进社会治理精细化。党的十八届五中全会提出，要加强和创新社会治理，推进社会治理精细化。近几年来，党中央对社会救助、扶贫开发等方面提出了精细化、精准化的要求。这既是对我国民生事业现状及改革任务的深刻认识，又是中央对改善民生、社会保障、扶贫开发等社会事业发展的新要求。[②] 社会治理从某方面讲也是治理社会问题，过去那种大操大办、强势维稳、勿视权利的方式已不适应当今社会的发展，我们必须找出问题的真正原因，化解矛盾，具体问题具体分析，以精准化、精细化、精致化的手法促进社会和谐稳定。社会工作解决的是"人"的问

---

① 冯元.新时期社会工作参与社会治理:理论依据、动力来源与路径选择[J].社会建设,2017,4(6):29-38.
② 杨琳,谢舒,于萍.社会政策精准"托底"[J].瞭望,2013(37):36-37.

题,个人问题汇集到一起就成为社会问题,而社会工作这样一种"生命影响生命"、关注"人在情境中"的工作方式,可以参与推动社会治理精细化的具体过程。卫小将认为社会工作的服务逻辑就是一种由小见大的精细化治理模式,是一种由人心治理导向社会治理的重要举措。① 在他看来,社会工作参与社会治理的理想路径应该是沿着个体周遭系统由里到外,逐级治理,呈现出人心治理—情感治理—关系治理—社区治理—社会治理的一个理想型的治理行动套环。

社会工作参与构建全民共建共享的社会治理格局。党的十八届五中全会不光提出要加强和创新社会治理,推进社会治理精细化,还提出要构建全民共建共享的社会治理格局。王思斌曾提到,共建共享社会治理的基本前提是相关各方共建,而不同利益各方能够共建的前提是协商,因为相关各方不能走到一起协商就不可能开启共建进程。② 这说明协调和协商是多方治理主体能够实现共建的基础条件,"共建"的进程开启之后才可能实现共享。社会工作在服务中强调"与案主在一起",即与服务对象共同直面困境,共同寻找造成服务对象"人环失衡"的原因,并一同探讨解决服务对象与环境关系失调的办法。这一系列过程实际上就是社会工作者、服务对象及多方环境协调协商的过程。同样,共建共享的社会治理就是多元治理主体充分参与、充分协商、相互配合、平等对话,进而开展协同互动的治理行动。社会工作与共建共享社会治理的契合性可以通过社会工作的精细化服务来体现,进而促进共建共享社会治理格局的呈现,最终达到促进社会和谐、实现社会公平的目的。

社会工作参与推动社会治理重心向基层下移。党的十九大报告提出要推动社会治理重心向基层下移。实际上,基层社会治理也是国家社会治理体系的基础。2014年,习近平总书记在参加第十二届全国人民代表大会二次会议上海代表团审议时强调,基层是一切工作的落脚点,社会治理的重心必须落实到城乡社区,社区服务和管理能力强了,社会治理的基础就实了。所谓"基础不牢,地动山摇",因此,在新时代,社区治理必然是社会治理重心下移的所到之处。社会治理重心下移并不代表"任务下移",但要实现资源下移,使社会组织、公众和各种形式的自组织,与政府、市场以协同合作的方式共同参与社会治理。在这里,社会工作是一种服务型治理手段,社区往往是社会工作发挥专业功能的重要场所,对于实现调适个体心理、发展社

---

① 卫小将.社会工作创新社会治理路径研究[J].中国特色社会主义研究,2018(6):81-85.

② 王思斌.社会工作在构建共建共享社会治理格局中的作用[J].国家行政学院学报,2016(1):43-47.

会关系、建构照顾性社区、增进社会资本、促进人与社会的双向提升都具有重要意义。[1] 因此,代表社会组织鲜活力量的社会工作对于推动社会治理重心向基层下移具有积极的社会意义。

社会工作参与推动社会治理专业化。党的十九大报告也提出要加快提高社会治理专业化水平。在新时代,我国社会主要矛盾已经发生了根本性的变化,主要矛盾的变化必然会带来复杂的社会问题,这也对社会治理提出新的要求。如何提升社会治理的专业化水平以化解矛盾、解决社会问题,是新时期需要思考的问题。"以利他主义为指导,以科学的知识为基础,以科学的方法进行助人服务活动"的社会工作便可以发挥其专业作用。[2] 社会工作被誉为是社会问题的"安全阀"与"稳压器",对社会问题的处理有着一整套系统的、科学的、专业的技术与方法,这种专业方法与技术对于推动社会治理专业化具有十分重要的实践意义与现实价值。但社会工作毕竟属于"舶来品",社会工作的理论与方法在中国的运用与实践还有本土化的难题需要克服,这样一种具有科学性和专业性的治理手段还需要嵌入中国本土脉络中发展,以实现社会工作专业性的充分发挥,也使得专业知识与本土知识充分融合。

总的来说,社会工作不论是在价值观、理念、目标取向,还是在专业理论、工作模式与方法技巧等方面,都增强了问题的可治理性,也与创新社会治理有着极大的契合性。因此,面对国家治理体系和治理能力现代化的要求,加强社会治理创新必须不断发展社会工作,以更好地发挥它的服务功能和社会治理功能。但社会工作更好地发挥作用还需要一个友好接纳的制度环境,社会治理体制机制创新与社会工作需要共同探索、相互补充,在互补的关系下化解社会矛盾,稳定社会秩序,实现社会整合,走向善治。

第三节　社会工作参与困境儿童社会救助的行动实践

近年来,社会对困境儿童的关注度越来越高,建立困境儿童社会保护制度、切实保障困境儿童合法权益的呼声也越来越高,以困难人群为主要服务对象的社会工作自然是保护困境儿童的重要社会力量。社会工作早就面向留守儿童、流浪儿童、残

---

[1]　卫小将.社会工作创新社会治理路径研究[J].中国特色社会主义研究,2018(6):81-85.
[2]　王思斌.社会工作概论[M].北京:高等教育出版社,2014:9.

障儿童等困境儿童群体开展了各种个性化的服务,帮助各类困境儿童脱离困境,并协助困境儿童及其家庭提升发展潜力,以免返困。随着未成年人社会保护试点工作在全国的推广,社会工作介入困境儿童的服务也逐渐进入人们的视野,作为社会治理手段的社会工作自然也在解决困境儿童问题上发挥着重要作用。在广西桂林,一家名为广西厚生社会工作服务中心(以下简称厚生)的社工机构在保护困境儿童方面有着丰富的经验和成熟的实践模式,为当地的困境儿童带来了脱困的希望。

一、行动背景

近年来,国家出台了一系列保护未成年人的法律法规和政策措施,未成年人权益保护工作取得了积极成效,形成了全社会关爱未成年人的良好氛围。但受经济贫困、监护缺失、家庭暴力、教育失当等影响,一些未成年人遇到了生存困难、监护困境和成长障碍,迫切需要建立新型社会保护制度。为探索建立未成年人社会保护制度,切实保障未成年人的合法权益,2013 年 5 月民政部下发了《民政部关于开展未成年人社会保护试点工作的通知》,提出"困境儿童"的概念,并在北京市、河北省石家庄市、山东省泰安市、湖北省荆州市、广西壮族自治区桂林市、贵州省凯里市、新疆维吾尔自治区阿克苏地区等 20 个地区开展未成年人社会保护试点工作。[①] 在这次试点工作中,强调积极拓展流浪未成年人救助保护内容,帮助困境儿童及其家庭解决生活、监护、教育和发展等问题,强化源头预防和综合治理。在民政部的号召下,全国各地纷纷开始探索建立未成年人社会保护制度,探索切实保障未成年人合法权益的有效路径。桂林市作为开展未成年人社会保护工作的试点城市之一,全面加强了困境儿童的社会保护和支持力度,开启了与当地困境儿童社会保护环境相适应的路径探索。

2013 年 6 月,桂林市承办了全国未成年人社会保护试点工作会议,标志着桂林市正式开始了加强困境儿童社会保护的试点工作。[②] 启动会议召开后不久,桂林市民政局、救助管理站等多个部门联合签发了《桂林市未成年人社会保护试点工作实施方案》,将七星、秀峰、叠彩、象山、雁山、临桂六个城区,以及永福、全州两个县作为

---

① 民政部关于开展未成年人社会保护试点工作的通知[EB/OL].http://www.gov.cn/zwgk/2013-05/14/content_2401998.htm.

② 全国未成年人社会保护试点工作会议在桂召开[N].桂林日报,2013-06-27(01).

开展困境儿童社会保护工作的试点区,并把"建立专职保护机构,引导社会力量参与,建立困境儿童干预帮扶的社会支持网络,形成未成年人社会保护工作机制"作为此次试点工作的核心内容和重点任务。[1] 为进一步落实困境儿童的社会保护试点工作,为困境儿童构建有效的社会保护制度,桂林市民政局决定通过招标购买社会服务的方式来引进社会工作力量参与保护困境儿童工作。桂林市民政局与桂林市的六家社会工作机构签订了合作协议,并在试点区域建立了由专职社工开展困境儿童社会保护服务的社工服务站,帮助困境儿童构建及完善社会支持网络、社会保护制度,提供专业的服务与支持。

雁山区是桂林市开展困境儿童社会保护试点工作的六大城区之一。雁山区位于桂林市南部,辖雁山、柘木 2 个镇和大埠、草坪回族乡 2 个乡,下设 3 个社区,37 个建制村。截至 2017 年年末,其户籍常住人口为 6.93 万人。[2] 雁山区城区范围较大,是桂林市六城区中面积最大的城区。除汉族外,还散居着壮、回、瑶、苗、侗、黎、仫佬、毛南等少数民族,其中回族人口 1 600 人,集中居住在草坪回族乡。同时,雁山区聚集了桂林市的多所高校,社会工作专业人才资源丰富,志愿服务发展相对成熟。[3]在经济方面,雁山区的发展相对滞后,除了近些年新建的大学城及周边新建的小区,大部分仍以农村村落的形态呈现,医疗、教育等基础设施比较落后,经济以农业、旅游业为主,居民就业主要有三种方式:在家务农、在附近景点或学校等区域就业、外出务工。在居住条件方面,因雁山区主要公路、大学城、旅游景点开发等大项目的修建,一部分居民被安排住在安居房、公租房或廉租房,大部分居民还是居住在自建房,经济条件好一些的家庭多以楼房为主,经济条件差的家庭仍居住在老式瓦房。在交通方面,除了镇上交通方便一些,各个村落,尤其是远离主要公路段的村落,因极少有公交车通行,交通极其不便。在教育方面,2008 年雁山区共有 13 所全日制完全小学、9 个分校教学点、4 所初级中学、1 所九年一贯制学校、4 所乡(镇)成人文化技术学校、38 所村级农民文化技术学校及 3 所高等院校。雁山区有 1 万多名未成年人,其中留守儿童占了大部分,在册困境儿童有 80 名。[4]

---

① 桂林市未成年人社会保护试点工作实施方案(市民发〔2014〕7 号)。

② 桂林市雁山区 2017 年概况[EB/OL].http://www.glyszf.gov.cn/zjys/ysnj/201809/t20180905_986282.html.

③ 李碧仙.优化困境儿童社会支持网络的小组工作介入研究——以桂林市雁山区社会服务站为例[D].桂林:广西师范大学,2015.

④ 彭飞燕.小组工作在困境女童自我效能感建构中的运用研究——以 Y 区困境女童自我效能感提升小组为例[D].桂林:广西师范大学,2017.

二、行动主体

为了进一步完善桂林市未成年人保护体系，桂林市民政局联合共青团桂林市委员会，共同打造桂林市未成年人心理危机干预 12355 服务专线，通过政府购买服务引入社工机构。社工运用心理、社会工作等专业技术方法为困境儿童提供心理支持服务，强化社区未成年人保护专干职责，建立街道、社区未成年人"预防、发现、报告、转介、帮扶"保护机制。

2014 年，通过政府购买服务的方式，厚生成功竞标雁山区困境儿童保护项目"雁山区社会救济服务"，成为雁山区救助困境儿童的主要社会行动者。厚生于 2013 年 7 月开始筹办，2014 年 8 月正式在广西民政厅注册，是一家依托于广西师范大学法学院、政治与公共管理学院社会工作、社会学、法学等专业师资力量开办的民办非企业、非营利性公益机构。"厚生"一词出自《尚书·大禹谟》一书，意为"使人民的生活富足充裕"，寓意着该机构将秉持以人为本、助人自助等理念开展服务。该机构的愿景是人人怀有希望、家家生活幸福、社会健康和谐，以推动中国社会工作与公益慈善事业健康发展为使命，遵循以人为本、跨界合作、助人自助、正德厚生的服务理念。这里的"以人为本"是指尊重生命，以人为工作重心和根本；"跨界合作"即公益慈善事业的多元化参与；"助人自助"则是指以"授渔"理念开展专精化服务；"正德厚生"则可以理解为培育善念，实现善治，使人民幸福。

三、雁山区困境儿童状况

桂林市在开展困境儿童保护试点工作中，总结了几类困境类型，主要有监护缺失、服刑人员子女、教育失当（如过度溺爱或放纵）、失学辍学、流浪乞讨、留守流动、家庭暴力、病残、受社会不良影响等。[①]

2014 年，雁山区民政局向厚生提供困境儿童名单。厚生在 2014 年至 2016 年对雁山区困境儿童名单进行核实并更新。从 2016 年底更新的在册名单来看，这些困境儿童大多来自低保家庭或者建档立卡贫困户，得到政府最基本的保障或者政策支持。主要有几种情况：一是事实孤儿。事实孤儿指父母双方或其中一方虽然没有死

---

① 资料来源于广西厚生社会工作服务中心项目资料。

亡或失踪,但是事实上不能提供经济支持和照料的儿童。二是单亲家庭儿童。这些单亲孩子通常居住在亲戚家。三是本身存在精神或身体残障的儿童。四是家庭遭遇特殊困难的儿童。这一类困境儿童的父母健在,且具有一定的劳动能力,但因家中儿女过多且年龄尚小、房屋面临坍塌危险、家中有人患疾病等导致家庭收入入不敷出。从困境儿童主要地域分布来看,主要集中在三合中心校(12 个)、大埠乡中心小学(16 个)、良丰农场小学(8 个),其余困境儿童则分散在其他小学或中学。

厚生入户摸底排查发现,雁山区 80 名困境儿童中受经济贫困、监护缺失、家庭暴力、教育失当等方面影响的较多。他们的生存与发展状况令人担忧。根据桂林市对困境儿童的界定,我们分别对这些困境儿童进行归类,在 80 名困境儿童中有 35 名处于监护缺失状态,23 名患病或残疾,9 名属于留守或流动儿童,3 名是服刑人员子女,11 名处于多种困境之中。这些困境儿童存在的问题主要有以下几个方面:

家庭经济困难的现象普遍存在。在这些困境儿童当中,有 90% 以上面临家庭经济困难的生存困境,他们的家庭收入极其微薄,有的依靠政府的接济,每月靠领取 200—300 元的救济金生活,生活没有保障;有的则依靠亲戚朋友的救济,仅能维持基本的温饱,没有多余的钱来改善生活条件,精神文化生活相对贫瘠,生活质量相对较低。由于家庭经济比较困难,这些困境儿童在营养状况、身体健康等方面跟不上同龄的其他孩子,身体素质较差,不少出现了营养不良的情况。在厚生的调查中,有 35.3% 的困境儿童表示家庭经济困难对其没有影响,16.2% 的困境儿童表示家庭经济困难对其生活产生了轻度的影响,17.6% 的困境儿童表示当前家庭条件对其产生了中度的影响,30.9% 的困境儿童表示家庭经济困难对其产生了重度影响。

造成这些家庭经济困难的原因是多方面的,这些家庭往往体现出劳动力弱、劳动力不足、家庭经济收入低的特点。入户调查的结果显示,这些困境儿童家庭经济困难有因为家庭成员突遭不幸而去世的,也有不少因为家庭成员生大病或残疾导致家庭医疗费用支出大、家庭收入入不敷出的,当然也有因家庭成员多、子女多,家庭劳动力缺乏,家庭经济来源少而陷入贫困的。

通过入户摸底排查,我们发现在这些困境儿童中监护缺失的现象比较严重。在这 80 名困境儿童中有 34 名处于监护缺失状态,占总人数的42.5%。未成年人正处于成长发育的关键时期,若在这个关键时期他们无法得到父母在思想认识及价值观念上的引导和帮助,成长过程中缺少了父母情感上的关注和呵护,容易产生认识、价值上的偏离和个性、心理发展的异常。这些监护缺失的困境儿童具有以下两个特点：

其一，父母一方死亡的困境儿童占比较大。在这 34 名监护缺失的困境儿童当中，有 20 名失去父亲或母亲，他们的父母一方或因为车祸或因为工伤或因为患病而离世。值得关注的是，这部分困境儿童所占的比例较高，约占监护缺失的困境儿童的 59%，其中男孩有 11 名、女孩有 9 名。他们的监护缺失主要体现在四个方面：第一，由于父母一方死亡，另一方迫于贫困而外出打工，未成年人只能由实际无监护能力的人员照顾；第二，父母一方再婚后，不愿意继续履行监护职责，有些甚至下落不明；第三，仍在监护的一方对未成年人的监护能力不足；第四，离婚家庭中有抚养权的一方死亡，另一方无力抚养或无法联系。

其二，离异家庭困境儿童监护"主动"缺失。父母离婚后，实际监护的一方不主动履行监护义务，而不直接抚养子女的一方多是再婚或下落不明，逃避抚养监护的责任。相当一部分生活在离异家庭中的未成年人面临多重困境。现实中存在这样的情况，如某困境儿童小刘的父母已离异多年，她原本跟着母亲生活，但她母亲自从改嫁后就对小刘不闻不问，把她留给她的外公外婆来抚养，而她的父亲也不愿意主动履行抚养义务，生活的重担全部落在两个年迈的老人身上，年老的外公外婆靠种地来维持基本的生活，没有任何社会保障及救助，生活特别艰难。为此，小刘对自己的父母一直都怀有怨恨。对于小刘而言，她原本生活在一个破碎的家庭，从小缺乏父母的情感支持，后面又被母亲抛弃，如果唯一可以依靠的外公外婆身体稍有不适，小刘难免会陷入无人看管的境地，甚至陷入生存困境。

遭遇病残困境的未成年人失学辍学率高。厚生的调查结果显示，80 名困境儿童中，有 7 名失学辍学，约占总人数的 8.75%，说明大部分困境儿童都得到了接受教育的机会，但这并不能说明失学辍学问题在困境儿童中不存在。80 名困境儿童中，有 23 名是受大病或残疾影响的，而这 7 名失学辍学的儿童同时也受大病或残疾困境影响，约占病残类型困境儿童的 30%。患病或残疾的适学儿童得不到应有的教育，让他们陷入更大的困境。

我国残疾儿童的入学情况始终不甚理想，在普通儿童义务教育基本普及的情况下，仍有相当数量的残疾儿童没有接受义务教育，残疾儿童入学率远远低于健全儿童。截至 2010 年底，全国未入学适龄残疾儿童达 14.5 万人，其中视力残疾儿童 1.7 万人，听力残疾儿童 1.5 万人，言语残疾儿童 1.1 万人，智力残疾儿童 3.7 万人，肢体残疾儿童 3.7 万人，精神残疾儿童 0.8 万人，多重残疾儿童 2 万人，仅 63.19% 的适龄残疾儿童正在普通教育或特殊教育学校接受义务教育,未入学者达 36.81%。而 2006 年全国小学学龄儿童净入学率达 99.27%,初中阶段教育毛入学率达 97%,与残疾儿童的义务教育状况形成鲜明对比,普及残疾儿童义务教育任重道远。①

残疾儿童入学率低的原因主要有两个方面:一是残疾儿童及其家庭成员认知水平的局限性;二是国家对残疾儿童就学的保障机制不健全,使得残疾儿童在经济条件的制约下难以入学或不得不辍学。对于身体有残疾的儿童来说,作为社会的弱势群体,要想改变自己的命运,最好的办法和途径就是通过学习掌握知识,学会一技之长,将来进入社会后,能够依靠所掌握的技能找到合适的工作,从而实现自己的人生目标。如果这些残疾孩子得不到应有的教育,受教育层次偏低,掌握不了生存技能,再加上身体的障碍,结果就是他们成为"三低人员"。因此,如何保证残疾的适学儿童接受教育是我国当前亟须解决的重要问题。

服刑人员子女缺乏社会支持,生活难以保障。摸底排查中发现有 3 名服刑人员子女,与他们沟通交流后了解到他们面临的困境不仅有监护缺失的困境,还有一些生存、教育方面的困境。如住在雁山区的小葛,自从她的父亲入狱服刑后,母亲便外出打工,留下他和爷爷奶奶一起生活。一家人没有什么生活来源,为了补贴家用,66 岁的爷爷还要到工地去干体力活。小葛的母亲自从去打工后便很少回家,对小葛的生活、学习情况更是不闻不问。由于小葛的父亲是一名服刑人员,周围的人都对小葛一家指指点点,在生活上极少给他们提供帮助。

从这三名服刑人员子女来看,他们的社会支持网络都较为单一,大多局限在爷爷奶奶、叔叔伯伯这些近亲属,缺乏由邻居、社区成员、朋友等群体所提供的社会支持。与一般的监护缺失的困境儿童不同的是,这些服刑人员子女在人际交往的过程中往往会存在被"贴标签"的现象。他们往往备受邻居甚至亲属的歧视,只要他们稍微出现不良的行为习惯,人们就会在潜意识当中把对其父母的印象投射在他们身上。人际交往过程中的标签化,使得他们难以获得邻居、亲属、朋友的社会支持,社会支持网络单一。这三名服刑人员子女的社会保障水平也很低,只有 1 名获得低保救助,其余 2 名尚未获得救助。

我国民政、公安等相关部门曾于 2006 年 1 月发布《关于开展为了明天——全国服刑人员未成年子女关爱行动的通知》。该通知强调各级民政部门根据不同情况对

---

① 褚益平.残疾儿童教育发展成就及困境分析(2001~2010 年)[J].残疾人研究,2013(2):61-65.

服刑人员未成年子女,采取提供最低生活保障、纳入特困户救助等方式提供相关福利。然而,目前各地基本都是采取由基金会、公安机关、司法机关和社会组织提供支持或志愿服务来保障这个群体的生存和发展,并没有形成全国范围内政府部门规定的统一的福利政策,我国关于救助服刑人员未成年子女在法律上尚无明确规定。《中华人民共和国监狱法》规定,罪犯不得携带子女在监狱内服刑。但没有法律明确规定父母服刑期间,谁负责监护未成年子女,这在某种程度上使得服刑人员未成年子女的合法权益难以落实。法律上的空白也对建设服刑人员未成年子女救助体系造成了巨大的障碍。

四、社工机构参与困境儿童社会救助的行动框架

(一)政社联动路径

一是建立 12355 未成年人服务站。设立未成年人心理危机干预 12355 服务专线,在桂林市未成年人保护中心设立专业未成年人心理辅导室,安排专业人员定岗入驻桂林市未成年人保护中心,并施行 24 小时热线接听制度,及时、有效地为有需要的未成年人提供心理危机解决及困惑疏导服务,承接由桂林市未成年人保护中心转介的因经济贫困、监护缺失、家庭暴力、教育失当等因素而面临生存困难、监护困境和成长障碍的未成年人的心理辅导工作。

二是开展未成年人心理健康知识巡回讲座。首先,加大宣传力度,联动相关部门、学校,在全市各县(区)开展未成年人心理健康教育校园巡讲活动,以政府牵头、学校支持、家庭参与的形式深入学校开展未成年人心理健康教育知识讲座,让未成年人了解疏导不良情绪的方法,提升未成年人的抗挫力,培养素质全面的青少年。其次,线上线下紧密连接,为未成年人提供及时有效的帮助,在校园挂出心理疏导信箱,并安排专人定期收取信件,及时回复和帮扶求助群体。另外,提高未成年人心理危机干预 12355 服务专线知名度,深入校园开展 12355 未成年人服务站宣传活动,发放宣传单。

三是开展家校联动活动。家长是孩子的第一任老师,也是影响孩子健康成长最重要的人。家长正确教育和关注孩子是促进孩子身心健康成长的重要工作,联合学校推动家长活动,在各城区开展关注未成年人心理健康系列家长讲座活动。

四是开展"心灵成长"小组活动。联动社区学校开展"心灵成长"小组活动,运

用有效的活动模式,融入互动、体验、影响等专业技术提升未成年人的心理素质,疏导未成年人的不良情绪和心理障碍,使其形成良好的品格。

五是建立未成年人专干志愿队伍。各城区未成年人保护服务站做好未成年人心理健康服务工作,定期安排未成年人心理辅导专业人员为城区未成年人保护服务站联络员、社工、社区志愿者提供专业的心理辅导技能训练,使其能够有效观察未成年人的发展状况,掌握协调工作程序、个案实用技巧、会谈技巧及家访技巧等,将困境儿童本身、家庭及社区联合成为一个整体的支持系统,完善家庭、社区、学校"监测预防、发现报告、转介帮扶"未成年人保护体系。

六是建立心理救助应急机制。通过 12355 线上求助,安排专业社工和心理咨询师为全市遭遇重大变故或危机的未成年人及其家庭,提供心理辅导、情绪疏导的专业服务。对求助人员开展个人及家庭跟进回访服务,为每个危机家庭提供不少于半年的心理疏导服务。

七是建立及时汇报总结机制。对于正在接受救助的未成年人及其家庭,按月形成详细的工作报告,并递交给未成年人心理危机干预 12355 服务专线项目总部,以便熟悉服务对象的动态情况。工作完毕后,向市民政局人事教育科、未成年人保护中心提供结案报告。

(二)社工行动逻辑

一是对城区的困境儿童基本情况进行调研、建档,建立动态困境儿童信息档案库。深入街道办、社区居委会和相关学校,掌握城区困境儿童基本状况和基础数据;定期走访辖区困境儿童家庭,动态更新包括困境儿童家庭的基本信息、主要需求、社会支持状况、家庭权力结构等在内的档案,并根据需要新增入户和建档;每季度对困境儿童家庭进行一次回访,并做好回访记录,依托民政部系统更新动态,为服务提供参考依据。

二是依托社工理念和技术,以某个社区为主,开展困境儿童救助帮扶服务并辐射其他社区。针对辖区困境儿童的实际状况,调动各类社会资源进行帮扶;依托社工站、学校、社区、村委等为困境儿童提供生存救助、自我保护、心理救助、医疗救助、学业辅导和成长发展等服务,如四点半课堂、暑期大型主题活动,以个案工作、小组工作等方法为困境儿童提供个别化服务;积极联系、发动和引入爱心企业、慈善机构等社会力量帮扶困境儿童;开展支教活动,在草坪乡和大埠乡等地的小学有计划地开展书画类、文艺表演类、健身特长类的训练及辅导等支教活动。个案跟进，重点跟进辖区极度困境个案；协助民政局开展未成年人保护联络专员的培训；吸收雁山区未成年人保护公益联盟新成员，并开展相关公益社团的培训；在社区、村委会所在地开展家长学校的培训。

三是建立城区困境儿童"发现—报告—响应"机制。积极主动协同社区、村委会及民政部门，及时发现困境儿童的困难情况，及时采取应对措施；对漠视、虐待、遗弃未成年人等事件进行调查核实，为困境儿童提供及时服务转介、心理危机干预和法律援助等服务，组建紧急干预团队，对特殊事件进行核实，出具核实报告，提供及时援助；建设雁山区未成年人社会服务公益联盟和专题网站。

四是开展困境儿童家庭监护评估与支持服务。定期探访困境儿童家庭，开展家庭监护评估及家庭辅导活动；以讲座、展板、社区活动等形式开展各类宣传活动，进行政策、法律、法规及未成年人合法权益保护等方面知识的宣传，因地制宜实现宣传到位，提高居民对困境儿童群体及相关知识、政策法规的了解度；开展各类亲子教育、生命教育、道德法律教育的专业化小组活动；组建若干支城区志愿服务队，组织志愿者积极参与各类活动；根据服务辖区内的地域范围及社区（村委）数量提供相应的支持服务。

五是制定和执行服务报备制度。实施服务前，向桂林市救助管理站、城区民政局报备申请，各项内容实施完成后向桂林市救助管理站提供相应的报告。每季度制作一期项目简报；定期更新机构自媒体即微信公众号，做到重大活动向社会公开宣传与汇报；向社区、学校等发放未成年人保护宣传资料和海报；每月向雁山区民政局、市未成年人保护中心等部门书面汇报一次工作，互通有无。

六是招募组建城区未成年服务团队，为服务提供各种后勤保障。招募全职专业社工为城区未成年人提供专精化服务；安排督导指导和支持项目工作，并培育雁山区本土的青少年社会工作队伍；购置适宜的设备设施，为服务提供后勤保障；及时支付竞标及服务采购的相关费用和税金，保证服务如期进行。

七是总结提炼辖区服务经验模式。开展关于未成年人保护或者留守儿童保护的研讨会，形成和提炼雁山区未成年人保护经验；在民政系统、相关媒体、《中国社会工作》等发表经验文章；协助高校社工学生完成专业实习与论文研究。

五、社会工作介入困境儿童社会救助的实践路径

（一）深入本土，多方协作共建困境儿童保护和谐环境

社会工作者在工作中经常需要与各种组织打交道，以获得支持和援助。因此，社会工作者需要与不同组织建立与发展关系，求同存异，加强沟通，以实现共同目标，共享利益最大化。因此，厚生积极与利益相关方联络沟通，构建和谐友好的协作环境。

利益相关方联络沟通是项目运营团队与利益相关方之间，以增进相互理解和解决问题为目标而进行的双向互动。主要意义在于：一是可以有效地向不同群体宣传社工的服务；二是通过协商与沟通及时了解各利益相关方的需求和期望，加强与各利益相关方的合作；三是提升社工的服务质量，扩大服务的社会效应。

为了更加有效地开展困境儿童保护项目，厚生将保护项目的利益相关方分为六类，即服务对象及家庭、社区居民、有关政府部门、社会组织、企事业单位及其他相关的利益单位，如图4-1所示。

图4-1 困境儿童保护项目利益相关方群体图示

（1）社工站与服务对象建立稳定的专业关系。厚生社工站通过学校家长会、社区宣传活动、社区项目宣讲会、社区活动、学校课余活动等建立与学校学生和社区青少年的专业关系，通过节日慰问走访、电话联系等跟进服务对象。厚生的两个社工站已经与将近300个青少年建立专业关系，与大约40个家庭建立专业关系，其中5

个家庭是厚生重点关注的家庭。厚生已经在三合中心校所有的班级开展了多次主题班会,学校的270名青少年都已经了解了社工站。社工站的服务受到学校师生及家长的欢迎,社工站通过开展定期的针对重点服务对象的家访,与服务对象家庭建立了稳定的专业关系。

(2)社工站与社区居民构建和谐友好关系。厚生的社区工作站通过开展青少年服务联系家长,达到与社区居民建立和谐友好关系的目标,并且在法定节假日开展大型的社区宣传活动,在活动中向居民介绍社工站,介绍青少年保护知识,丰富社区居民的业余生活。另外,社工站通过社区敬老爱老、感恩教育等活动,将社区青少年与社区老年人连接在一起,组织社区青少年开展敬老爱老行动等;社工站工作人员与社区居民互动,在盛大的节日社区活动中与社区居民面对面进行交流,扩大困境儿童保护项目的影响。

(3)社工站与政府建立平等协作关系。厚生困境儿童保护社会试点项目招标成功,开始与桂林市民政局、桂林市救助管理站、雁山区民政局及雁山区未成年人保护工作的各个成员单位建立关系,以上各单位部门向厚生提供政策支持,根据部门职能对厚生开展困境儿童保护项目进行管理和指导。同时,厚生也与桂林市救助管理站、雁山区民政局及雁山区未成年人保护工作的各个成员单位保持良好的沟通汇报关系。厚生按时向桂林市救助管理站、雁山区民政局汇报工作,汇报工作的机制是每月一报,大事随时汇报,定期邀请领导监督社工站的工作。除按时汇报工作,厚生还按时总结阶段性的工作,在桂林市救助管理站及雁山区民政局的指导下积极改进工作方法,提高工作效率,紧密联系各个相关工作的部门和单位。另外,厚生还充分运用有关部门的相关职能协助开展未成年人保护工作。在雁山区民政局的指导下,厚生在雁山区设立两个未成年人保护社会工作站点,深入学校、社区开展未成年人保护工作。厚生以点带面的工作方法将学校与社区的未成年人保护工作连接起来,更有效地保护雁山区的未成年人。厚生在相关部门的领导下,由村支书、学校领导等带领,深入未成年人的家庭进行摸底排查,形成有效的数据,建立了雁山区困境儿童保护档案,有利于开展雁山区困境儿童的监护和保护工作。

(4)厚生与社会组织建立互学互惠关系。厚生通过参加相关论坛会议、参加交流活动、合作开展活动等多种形式与各类社会组织建立关系。一方面,机构依靠高校背景和资源,联系高校公益社团,合作开展服务;另一方面,机构还主动对外联系,与桂林市心灵阳光青少年服务中心等社会组织共同开展活动。目前,厚生已与多家社会企业建立了合作关系,共同开展未成年人保护工作。另外,与广西师范大学的多个公益社团建立了公益联盟,集中力量共同为雁山区的未成年人保护工作贡献力量。高校志愿者团队与厚生通过志愿者服务、宣传活动等建立联系。截至目前,广西师范大学的志愿者团队为厚生输送了 50 个以上的志愿者,参与活动 10 场以上,服务未成年人约 400 人次,参与厚生组织的志愿者培训及交流会 2 次。2015 年,厚生联合广西师范大学国学吟诵学会,开展了国学七彩课堂之雁山区儿童师大游学体验营;联系广西师范大学教育发展基金会,向桂林市三合中心校捐赠了《学庸论语》,总数量为 400 本。此外,厚生还走进良丰农场学校开展一堂别开生面的卫生课,联系桂林市心灵阳光青少年服务中心的亲子专家为家长们传授教育经验等。

(5)厚生与企事业单位构建合作共赢关系。厚生通过电话沟通、不定期走访、参与会议、网络沟通等形式,积极与企事业单位建立联系。除了从服务对象的需求出发,还了解企事业单位的期望和目标,以找到合作的契合点,集合更多的力量为困境儿童提供服务。厚生与桂林市雁山区三合中心校、良丰农场学校、大埠乡中心校、大埠乡七联小学、何家中心校、柘木中学、伏羲小学等都有联系,由雁山区民政局、雁山区教育局等相关部门引荐,与学校建立关系。厚生进校园对雁山区的困境儿童进行摸底排查,校方均非常配合工作。厚生除了进入学校对困境儿童进行摸底排查,还与各个学校取得不同层次的联系。比如,厚生在桂林市三合中心校设立了社工站,对该校的学生开展进一步的服务。

(二)扎实服务,依据需求整合资源,服务困境儿童

1.对雁山区困境儿童情况进行调研和动态建档

为更好地了解雁山区困境儿童情况,厚生深入街道办、社区居委会和相关学校,收集城区困境儿童的基本状况和基础数据。在走访过程中,一方面,为困境儿童建立了包含基本信息、家庭社会支持状况、家庭权力结构等信息在内的档案;另一方面,在前期入户时,还创新性地新增了未成年人社会支持状况访谈问卷,设计 54 道问题,分别从个人基本情况、个人社会支持系统、家庭支持系统、组织支持系统、社区支持系统、政府支持系统等层面全面了解雁山区困境儿童的总体情况,最终形成一份图文并茂的调研报告。

承接项目以来,厚生根据雁山区民政局所提供的困境儿童名单,分别对草坪回族乡、三合小学、良丰村、大埠乡、旦家小学、拓木镇等地方进行摸底排查,开展各类

走访 88 次,摸底排查 88 名困境儿童,并最终确立建档 80 户,完成台账 80 户。其中,高风险等级 35 人,约占总数的 43.8%,主要表现为处于监护缺失状态,23 名患病或残疾,9 名处于留守流动状态,3 名是服刑人员子女,11 名处在多种困境之中。通过调研和需求调查,厚生对他们进行了分类和需求归类,为服务提供了基础依据。

除了对 80 个困境儿童进行了分类,厚生还为其中的 54 人制定了帮扶方案,针对监护缺失、病残、留守或流动、服刑人员子女、失学辍学及单亲家庭这六类困境儿童制定了帮扶方案和资源链接计划,其中有 3 人成为社工深入跟进的个案。

2.依托社区建立社工站,以专业社工手法开展帮扶工作

其一,建立"学校+社区"双站点服务模式,推动"家—校—社"联动机制建立。为了拓宽服务面,提高服务覆盖率,增强服务的便捷性,厚生积极联系资源,与社区居委会、学校等建立关系,争取支持,成功建立了三合中心校社工站、良丰农场社区社工站,两个社工站分别关注雁山区困境儿童在学校及回到社区的受保护情况。学校和社区站点的建立,有效地促成和推动"家—校—社"联动机制的建立。困境儿童保护离不开各方力量的协力合作,只有家庭、学校、社区、政府乃至社会各界联合起来,才能为困境儿童撑起"安全"的保护网。

其二,聚焦贫困弱势儿童,改善其困境生活状态。厚生以社工站为依托,尽量践行社工+义工的"双工联动"机制,开展服务工作,改善贫困弱势儿童的困境生活状态。首先,给雁山区的 43 个困境儿童发放了 43 个温暖包,让困境儿童感受到来自社会的温暖。其次,以个案社会工作手法,对 6 个特殊的困境儿童开展服务工作。例如,对三合中心校服刑人员子女莫某开展个案介入,其间对其回归家庭的父母在广西师范大学北门开办炒粉摊进行支持。莫某在父亲服刑、母亲在外打工期间受到父母的关怀比较少,比较抗拒与父母沟通。后来,在社工的帮助下,莫某慢慢地敞开心扉,愿意与父母沟通了。但是,由于父母三年多不在家,莫某的教育存在缺失,学习成绩一直上不来,成为令其父母头疼的大问题。社工一直引导她参与社工站的活动,跟进她的学习情况,后来她的成绩有了一些进步。又如,对孤儿莫某的情况和需求进行了解,安排发放温暖包,协调妇联"周末爱心妈妈"进行现金帮扶。此外,对再婚家庭的李某、有轻度智障的秦某、受暴家庭的唐某、遭受校园暴力的莫某等进行了个案工作的介入。

对于上述个案,厚生花了大量的时间去促进案主的改变。这些案主的问题涉及家庭、学校及社会各个层面,社工从案主的心理层面、行为矫正层面进行了介入,进

一步改善了他们的生活状况。

其三，构建"三社联动"机制，为留守儿童搭建安全保护伞。留守儿童大部分处于监护缺失或不足的状态，由于缺乏安全意识和自我保护能力，容易发生安全事故。因此，厚生积极构建"社工+社区+社会组织"的"三社联动"机制，为留守儿童搭建起安全保护伞。主要工作包括：第一，针对留守儿童等监护缺失的儿童，联合社区的社会组织及志愿者开展主题班会，如安全教育、未成年人自我保护法律知识普及教育、心理健康教育、女童自护教育、感恩教育等主题班会，提升了留守儿童自我保护、防范安全隐患的意识，拓宽了他们的知识面。第二，依托学校社工站、社区社工站开展各类安全小组工作。例如：开展了团体心理辅导小组活动4节，受益58人；自我保护小组5节，受益50人；安全小组5节，受益55人次；女生青春期健康卫生教育小组8节，受益14人。第三，以社区工作手法开展以未成年人为主题的宣传活动。通过开展社区的宣传活动，既宣传了项目，又为社区居民普及了未成年人保护知识，提升了社区居民保护未成年人的意识，向创建一个保护未成年人的和谐社区迈进了一大步。

其四，探索"三课堂"服务模式，改善雁山区未成年人的成长环境。四点半课堂："四点半课堂"项目持续一个学期，后期依托高校社团持续开展，成为社区传统项目。每周五天，周一至周四采用"社工+义工"的模式开展课业辅导，周五为社区青少年开展以素质拓展为主要目的的各类活动。四点半课堂累计服务时数、服务人次，以及参与课业辅导与素质拓展服务的志愿者人次现已无以计数。经历过四点半课堂的课业辅导和素质拓展活动的未成年人中，不少人已实现了较大的转变。如小文、小王和小月的家长反映，孩子自从来到四点半课堂以后，能很好地完成作业，学习成绩也稳步地上升。其中，小文自从来到四点半课堂以后，能够按时做作业，回家以后妈妈没有操心过他的作业，他也得到了老师的表扬；小王在没来四点半课堂的时候回家都是先看电视再写作业，很难完成作业，作业的质量很差，妈妈说的话也不听，但是来四点半课堂以后有了比较明显的变化，写作业变得比较自觉了。总而言之，四点半课堂成为社区青少年学习和娱乐的乐园、家长放心的地方。

卫生课堂：厚生针对雁山区三合中心校和良丰农场社区的青少年开展了三节别开生面的卫生课，教会72个小朋友刷牙、洗手、剪指甲等一系列卫生健康的方法，他们的卫生健康意识得到了提高。

国学七彩课堂：创新性地尝试推进国学七彩课堂。厚生携手广西师范大学教育发展基金会、团市委等部门在雁山镇三合中心校设置了国学七彩课堂,联络广西师范大学基金会向三合中心校捐赠《大学论语》20本,价值500多元的经典诵读机1台,孔子画像1套,《论语》300本,并在游园活动中安排国学诵读的游戏;厚生携手三合中心校招募到约40个孩子参加暑期论语诵读比赛活动,有效激发了学生诵读国学经典的主动性和积极性,陶冶了学生的情操和心灵。另外,厚生社工为暑期参加国学七彩课堂获奖的11名困境儿童举行了颁奖仪式,并组织他们开展了"快乐国学,走近未来"——雁山区儿童大学生活体验营活动。游学体验营传承了传统的国学文化,使困境儿童增长了见识,激励他们努力学习,立志为国家做出更好的贡献,回馈社会。

其五,建立家长学校,提升家长的科学教育意识和能力。家长是孩子的第一任教师,对孩子培养正确的人生观和良好的品德起到重要作用。家长是未成年人保护项目中服务的关键对象之一,要提升未成年人保护的成效,就必须改变家长的教育意识和能力。因此,项目联合资源,建立了家长学校,从家长这一层面切入,开展相关服务。首先,厚生在良丰农场游园活动中设计亲子互动的游戏,增进孩子与父母的关系、默契感。其次,厚生在良丰农场社区社工站专门策划和开展了一期亲子主题的小组活动,增进了家长和孩子的沟通,提升了家长对家庭教育和亲子关系的认识和重视度。再次,厚生与桂林市心灵阳光青少年服务中心合作筹备并开展了4场家长学校讲座,指导和训练雁山区的家长进行家庭教育,受到了广大家长的欢迎。厚生通过开展这些培训,提升了家长对教育孩子的方法的重视度,让家长了解了孩子在各个阶段的特点,为家长解决了在教育孩子方面遇到的一些困难。在培训和咨询现场,培训老师给家长传授教育孩子的具体方法,比如如何引导孩子正确使用电子产品、如何预防孩子沉迷网络、如何处理孩子沉迷网络的问题等,参加培训的家长反映良好。

3.多元共建困境儿童保护的"发现—报告—响应"机制

良丰农场社区社工站以困境儿童为工作中心,发现监测层面主要由周边学校转介、社区工会转介、社区居委会转介、其他部门转介、家长亲属求助、案主求助等组成;响应服务层面主要采用站内常规服务、个案辅导、小组工作、社区活动、国学课堂等形式和方法,针对困境儿童开展安全教育、生命教育、不良行为预防、课业辅导、自我认知成长、亲子关系等活动,最终联合各方力量建立了困境儿童发现监测、响应服务、联动预防机制,如图4-2所示。

同样的,三合中心校依托学校,以困境儿童为工作中心,发现监测层面主要由班主任转介、校领导转介、教育局转介、团委转介、其他部门转介、家长亲属求助及案主求助等组成;响应服务层面主要采用站内常规服务、个案辅导、小组工作、主题班会、社区活动、国学课堂等形式和方法,针对困境儿童开展安全教育、生命教育、不良行为预防、课业辅导、自我认知成长、亲子关系等活动,最终联合各方力量建立了困境儿童发现监测、响应服务、联动预防机制,如图4-3所示。

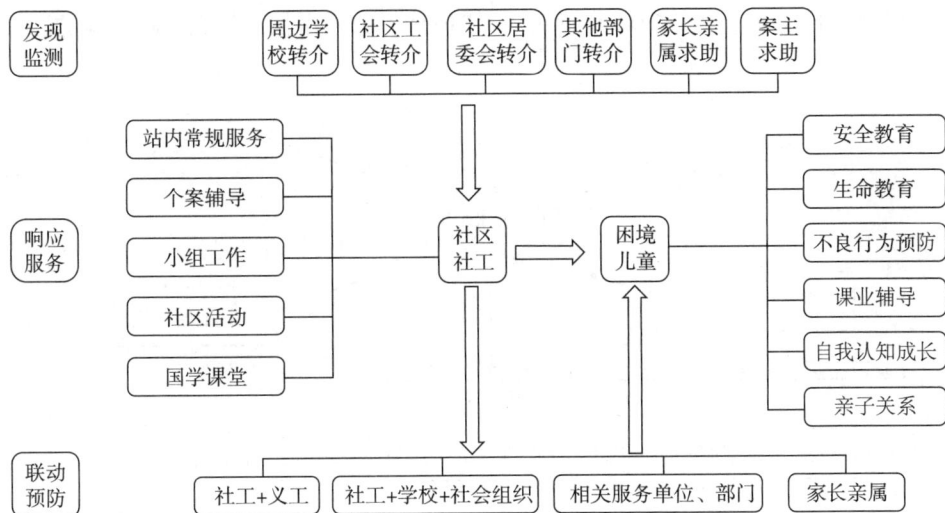

图4-2　雁山区良丰农场社区困境儿童保护"发现—报告—响应"机制

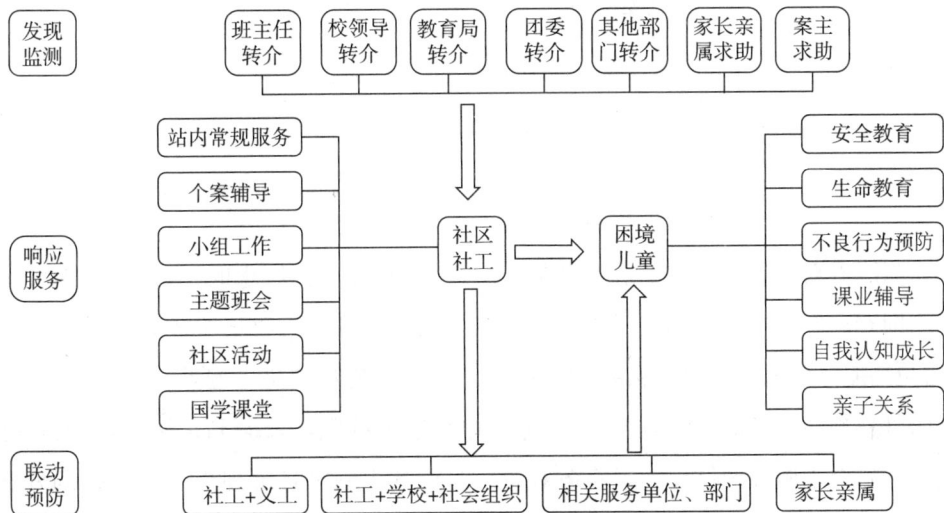

图4-3　雁山区三合中心校困境儿童保护"发现—报告—响应"机制

其一,建立困境儿童安全联络员联络及培训机制。厚生积极与雁山区民政局沟通,确定了雁山区各社区居委会、村委会和学校的困境儿童保护信息联络员名单。另外,厚生制作了针对社区联络员及学校教师的培训指导手册,并印发给各个社区联络员及三合中心校教师。

其二,构建困境儿童救助帮扶机制。厚生通过对雁山区困境儿童基本情况进行调研、建档,建立动态困境儿童信息档案库,对雁山区困境儿童的情况了然于心,针对未能及时预防而新增的困境儿童建立了"申请—救助帮扶"的规范流程,如图4-4所示。

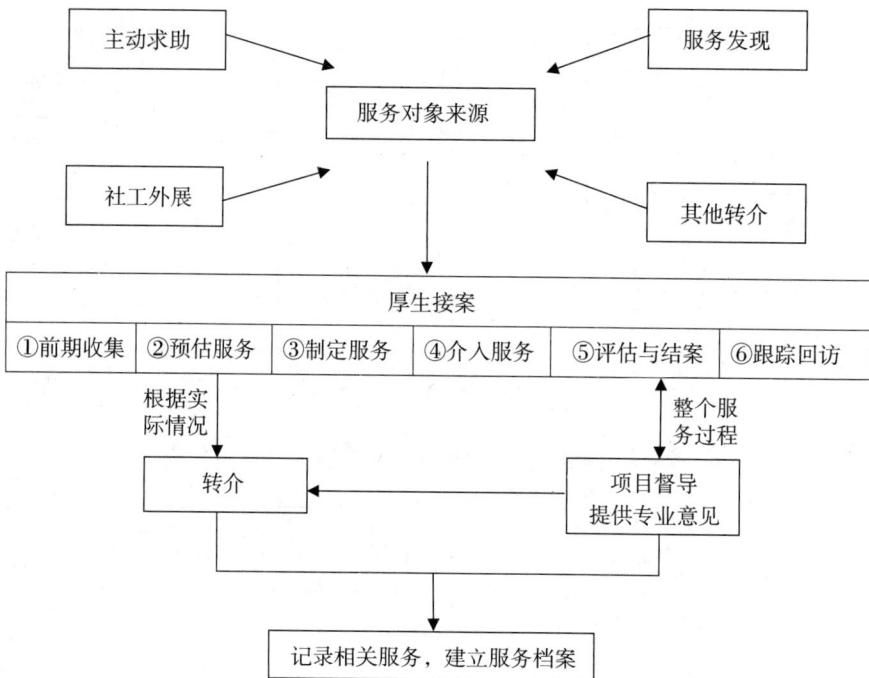

图4-4 "申请—救助帮扶"流程

当服务对象通过不同渠道寻求帮助或被发现、转介到厚生时,厚生的专职社工会立即开启"申请—救助帮扶"的流程。首先是社工接案,收集服务对象的相关资料,包括服务对象个人及其家庭、所在学校、社区等资料信息。接着,社工根据收集到的资料预估服务对象的需求,与服务对象接触后确定需求并制定服务计划,然后正式开始介入服务的过程。当服务对象的需求基本满足且表现出具有一定的发展能力后,社工就开始着手评估与结案。最后是定期跟踪回访,了解服务对象的适应情况,根据服务对象恢复的程度评估是否需要再次介入帮扶。通过以上的帮扶流程,基本可以帮助困境儿童脱困或缓解困境。

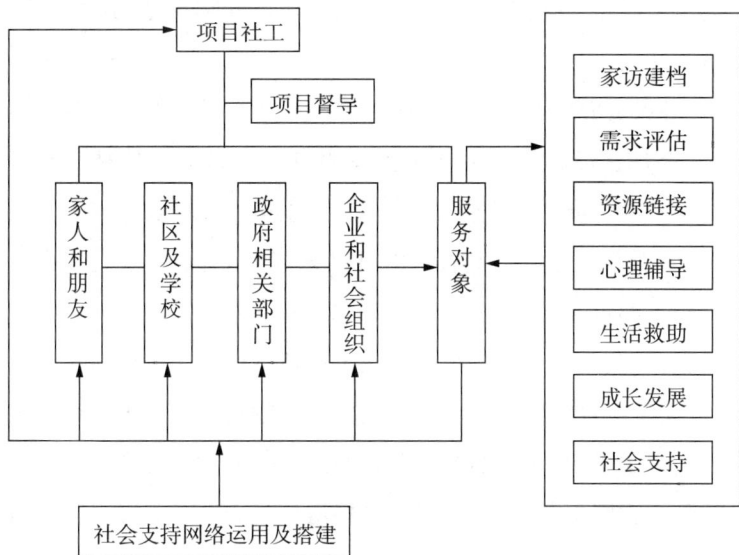

图 4-5 救助帮扶服务

具体的救助帮扶手段可参看图 4-5 所示的程序布置。当厚生确定服务对象以后,会有社工为服务对象带来一对一的帮扶。项目社工在帮扶过程中全程会有督导协助,以克服社工在帮助服务对象脱困过程中遇到的各种问题或阻碍。社工会联系服务对象的家人、朋友、社区、学校,以及政府相关部门、企业和社会组织为其搭建一个完善、安全的社会支持网络。同时,社工积极开展各项活动,包含家访建档、需求评估、资源链接、心理辅导、生活救助、成长发展、社会支持等,帮助服务对象恢复社会功能、提升个人能力,使其顺利脱困并获得成长。

4.积极引入社会资源开展未成年人帮扶工作

其一,积极筹建未成年人保护公益联盟,举办未成年人保护主题公益沙龙。为了扩大未成年人保护的资源力量,厚生积极筹建未成年人保护公益联盟,以集中更多的力量为未成年人开展服务。主要开展以下工作:一是整合和吸引群团组织、高校社团、爱心个人、爱心企业等加入公益联盟,一起为未成年人打造安全、健康的成长环境。目前吸收的成员有桂林市三合中心校、雁山区良丰农场社区居委会、雁山区良丰农场工会、广西师范大学法学院分团委、广西师范大学社会工作协会、广西师范大学小雨滴义教社、广西师范大学万众爱心学校、桂林理工大学社会工作协会、桂林旅游学院青年志愿者协会、雁山区妇联、雁山区团委、雁山区教育局、雁山区司法局、雁山区关工委、雁山区文明办、桂林银行、雁山区残联爱心超市等25家单位。二是举办了桂林市未成年人保护主题公益沙龙，广州及桂林本地约35家公益组织、80多人参加了活动并交流了经验。

其二，整合各界资源，为困境儿童提供支持。为了解决困境儿童的资源匮乏问题，厚生积极整合各界资源为困境儿童提供服务。一是联系桂林市好善助残联合会，给辖区3—9岁的困境儿童送去温暖。二是通过互联网众筹方式为辖区募集到500个健康杯。三是调动了辖区高校资源开展未成年人保护工作，如广西师范大学法学院本科生党支部对雁山镇的一名智障加贫困的未成年人及三合中心校的一名困境儿童开展服务；广西师范大学小雨滴义教社负责设计了8张未成年人保护宣传海报；广西师范大学体育学院为三合中心校捐赠了物资；广西师范大学2013级会计班向三合中心校捐赠了50册图书等。四是通过互联网发动爱心个人对良丰农场社区社工站进行爱心物资捐赠，如某公司徐某捐赠价值500多元的儿童书、画笔等；广西师范大学某教师捐赠一批彩笔、画笔等。另外，在网上发起众筹投影仪等教学设备。

5.积极做好项目的宣传材料制作与社区宣传工作

为加大项目的宣传力度，提升未成年人保护项目的影响力，厚生从网络平台、媒体宣传、常规宣传、常规报送等各个方面开展形式多样的宣传工作。

其一，建立未成年人保护的专题博客和微信专题。一是建立了雁山区未成年人保护的专题博客并定期更新活动内容；二是在厚生的微信公众号上开辟未成年人保护专题，定期发布活动进展情况；三是建立了未成年人保护志愿者QQ群、雁山项目交流群等。

其二，设计并发放项目宣传三折页等宣传材料。首先，制作三折页，对雁山区未成年人保护项目进行介绍，并对煤气泄漏、遇到火灾、意外落水、遭遇车祸、遇到人贩、独自在家等方面的安全知识进行图文并茂的宣传。其次，专门做了未成年人保护政策法规的三折页，对防性侵、家长监护权干预情形、未成年用工保护等知识进行宣传；携手广西师范大学小雨滴义教社设计了8张未成年人保护宣传海报。再次，厚生参加在桂林市中心举办的未成年人保护大型宣传活动，发放自闭症知识读本，接收到爱心人士给项目的捐款。最后，厚生借中秋佳节游园活动之机，在社区进行未成年人保护知识的展板宣传，发放宣传知识三折页。

其三，积极联系媒体，进行媒体报道。首先，三合中心校社工站的揭牌仪式在

《桂林晚报》、桂林电视台身边栏目得到报道,并在桂林市人民政府门户网站等转播。其次,良丰农场社区社工站揭牌仪式和夏令营活动得到了桂林电视台身边栏目及《广西农垦报》的报道,并得到第一推网网站的转载和报道。另外,厚生携手桂林市救助管理站举办的桂林市首期未成年人保护经验交流沙龙活动得到了《桂林日报》的报道,并得到中国文明网、广西青少年网的转载。

其四,每月编印简报,定期汇报项目成果。自2015年初开始,厚生每月都会编制一期项目简报,公开项目进度及宣传未成年人保护的政策法规、安全知识、省外经验、项目信息等。目前已经有了十分丰富的服务简报资料,同时也向政府相关部门报送。

其五,形成汇报机制,完成项目进度的常态报备工作。首先,设立信息联络员,每月按要求进行报送,增强了沟通的有效性和及时性。其次,通过电话、面谈、提交材料、会议等方式积极向雁山区民政局及相关部门报送项目的进展情况,互相沟通,查缺补漏,还会依托简报进行项目进展动态的报送。

6.完善团队结构,依托社工、义工和督导实现工作专业化

其一,积极物色项目社工与督导,完善团队结构。为了项目的顺利开展,厚生特聘了几位有经验的年轻专职社工,并调动广西师范大学大量的师生志愿者参与进来。同时,聘请了桂林高校相关专业的教授和副教授等专业人才担任项目督导,给予项目和一线社工、志愿者、实习生等专业支持。

其二,积极招募项目实习生和调动志愿者参与项目活动。在保护未成年人、救助困境儿童的项目中,招募社会工作与社会学本科生、社会工作硕士实习生参与三合中心校社工站、良丰农场社区社工站等站点开展的社工活动。新鲜力量的注入对项目的进展起到了很好的推动作用。另外,也招募了不少固定志愿者,加上其他临时志愿者,累计150人次以上。同时,也有长期合作的志愿者社团,如广西师范大学的社工系会、小雨滴义教社、万众爱心学校、体育学院分团委、音乐学院分团委、法学院分团委等志愿者团队。

其三,组建科研团队,创新性地开展项目科研。近几年来,2013级社会工作硕士研究生李碧仙依托项目前期调查完成硕士毕业论文,2013级社会保障专业本科毕业生吴思思依托项目以病残儿童社会保障为主题开展毕业论文研究,2014级社会工作硕士研究生黄思静依托三合中心校社工站开展驻校社工介入未成年人保护的行动研究,2014级社会工作硕士研究生左纯源依托良丰农场社区社工站开展社

会工作方法在社区学龄儿童生命教育中的运用研究。项目组还针对此次政府通过购买社会工作机构服务介入未成年人社会保护试点项目的过程进行跟踪研究,预计2016年将编辑出版一部相应的著作或手册。

依托项目开展研究是雁山区困境儿童保护项目的意外收获和创新之举。为总结提升困境儿童保护服务项目实践经验,进一步提升项目服务的专业性及质素,自2014年起厚生依托高校背景,积极与高校、科研机构等学术研究团体建立交流、合作,开展培训、实习等活动,在开拓学术资源方面取得了较好的成绩。

首先,引入外部资源开展学术论坛。2014年,由中央人民政府驻香港特别行政区联络办公室牵线,广西师范大学法学院、内地留港社会工作者发展协会、广西师范大学教育发展基金会联合主办,广西厚生社会工作服务中心、桂林市善德公益发展中心(筹)协办的2014年桂港两地社会福利与社会工作交流会暨桂林市社会工作发展论坛第一期在广西师范大学顺利举办。内地留港社会工作者发展协会广西考察交流团、桂林本地公益慈善组织与社会工作机构的代表,以及来自广西师范大学、桂林理工大学社会工作专业的师生共聚一堂,另外还有桂林市救助管理站、桂林博仁社会工作服务中心、桂林市和为桂社会工作服务中心、桂林市宏源社会工作服务中心、桂林市社会福利院、桂林市快乐小站、桂林市一通居家养老服务中心、桂林市感恩励志协会、桂林市安置帮教协会、桂林市爱之舟自闭症学校等桂林本地的22家机构的代表分享了各自的经验和专业思考,互相交流、学习与提升。

2015年,由广西厚生社会工作服务中心、桂林市救助管理站、广州粤穗社会工作事务所主办,广西师范大学教育发展基金会、广西师范大学法学院、桂林市青少年社会服务中心协办的桂林市未成年人保护经验交流沙龙第一期暨桂林市社会工作论坛第二期在广西师范大学举办。此次活动以"政府购买服务背景下的困境儿童保护与社会工作"为主题,广西桂林市、贺州市、柳州市、河池市大化县及广东广州市的相关政府部门、社会组织等24个单位参与了该活动,各单位都围绕政府购买服务的政策、社工机构承接政府购买服务流程、桂林民政系统购买社工机构服务情况、桂林市社工机构介入困境儿童保护工作的经验等进行了分享和讨论,对进一步开展困境儿童保护工作有着极大的借鉴意义。

其次,依托高校资源,扎根一线深入开展困境儿童保护工作。首先,厚生依托广西师范大学法学院招募社会工作、社会学、社会保障等专业的研究生来实习,鼓励研究生在困境儿童保护项目实施的基础上开展相关的研究工作。其中,有不少实习生依托项目前期调查及实践完成了关于困境儿童社会支持网络、留守儿童安全教育、留守儿童社会工作、困境儿童福利保障等领域的研究论文。该举措,一方面为研究生提供了一线实践和研究的平台,为培养社会工作专业人才做出了贡献;另一方面,通过研究生研究工作的开展,有效促进了困境儿童保护工作经验的提炼。

再次,厚生成立了公益慈善研究院,从宏观层面出发,研究政府购买社会工作服务的政策。机构的主要工作人员就项目实践发表关于民政系统购买社工服务的相关文章,从宏观的角度为桂林市民政局在政府购买服务政策制定方面提供了有用的建议。

最后,项目团队积极提炼项目服务经验,形成《未成年人保护社区联络员 TOT 操作手册》,旨在提升未成年人保护社区联络员的意识和能力,共同为未成年人撑起一把结实的"安全伞"。

经过多年的项目运营,厚生依托高校背景的优势,在项目实施的基础上,注重借鉴外部优秀经验,吸取前沿的专业知识,与相关的学术研究团体建立交流合作机制,不断扩大学术资源,提高服务能力,以期通过自我实践与反思,扎扎实实提升服务质量,为未成年人提供更加优质的服务,为困境儿童带来更个性化的帮扶。

7.共同监督,实现服务质量最大化

为确保向服务对象提供专业持续有效的服务,实现服务管理规范化、标准化和持续化,厚生定期开展项目服务质量评估工作。评估手法包括过程评估和成效评估。

其一,过程评估。服务的主要实施人员针对项目各服务计划,制定项目各子服务计划专项评估指标及项目整体评估指标,根据项目计划书中设计的内容、目标及时间表,定期对项目的完成情况、进度和质量进行评估,以完善项目实施模式。

其二,成效评估。即服务成效评估,采用定性和定量相结合、过程和总结评估相结合的方法,对参加项目的困境儿童及其家长、志愿者、家庭、社区等进行访谈和问卷调查,通过服务计划与服务执行匹配度、服务目标的达成情况、服务对象的前后测对比,对服务对象改变情况、服务需求的满足程度、经费使用情况、风险应对情况、服务对象的评价及满意度、服务项目的知名度、社会资源整合情况、服务模式复制情况等内容进行客观的评估。

其三,评估手段主要有自我监督、政府监督、第三方评估三种。自我监督就是厚生结合项目运作经验,制定内部监察机制,以此检查项目服务、管理、财务、成效、社会影响等方面的成绩和不足,及时发现和解决项目运作过程中的问题,以不断完善项目及服务管理。政府层面的监督主要就是厚生每月向政府汇报工作,便于相关用人单位了解服务工作,对各服务岗位、项目实施进行定期和不定期的监测并提出建议和意见。服务机构获得多方意见,从不同角度分析,以更好开展后续服务。第三方评估则是由政府组织第三方评估中心,根据岗位、项目需求和特点,制定评估制度和方案,对岗位、项目开展评估工作,从各层面考核项目管理和服务的各方面情况。

其四,建立服务对象及社区居民评议机制。为了优化服务质量,提升工作效率,使服务更人性化,厚生特别制定了服务对象及社区居民评议机制,以更好地为社区居民及家庭提供服务。

服务对象的主要评议形式就是服务对象填写活动评价表,即每一次活动结束后,服务对象填写活动评价表,社工根据服务对象的评价意见及建议,及时修正服务方案,提升服务质量,满足服务对象的需求。社区居民的评议形式则是通过在社工站门口设置意见信箱、定期给服务对象和社区居民填写评价表、年终评价这三种方式进行。服务对象、社区居民等可以把自己对社工或机构的意见和建议投递到意见信箱中,社工定期收取信件,及时回复社区居民,为社区居民和社工提供一个良好的互动机会。厚生也会定期公布活动成果,按季度向服务对象、社区居民总结汇报工作,让他们了解厚生所做的工作,从而更关注厚生的活动,提升活动效率和影响力。定期给服务对象和社区居民填写评价表,然后每半年进行一次总结,让居民对厚生半年的工作进行评价。厚生从居民评价中看到优缺点,从而在下半年改进后续的服务工作。年终评价对下一次更好地为服务对象提供服务、满足服务对象的需求及提升社工的工作技能和服务质量起到关键作用。服务对象评议机制的运行流程如图4-6所示。

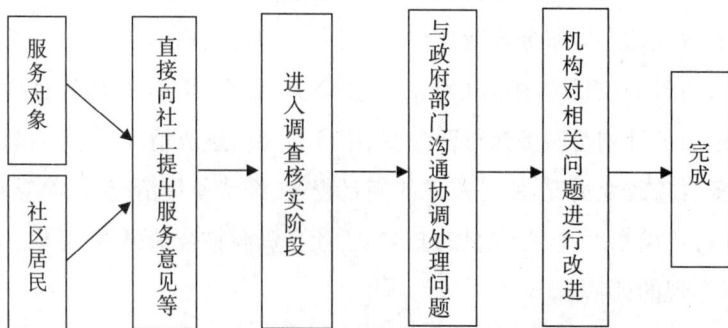

图4-6 评议程序

除了社工与服务对象的互动系统之间的评价,志愿者评价也是不容忽视的一环。只要是与志愿者一起搭档的活动,当活动结束时,社工可与志愿者一起交流,互相评价工作,有则改进,无则加勉。这样,社工更容易看到自己的优缺点,从而不断改进。

第四节　多元共治的困境儿童解困路径探析

新型儿童福利供给中的"官民合作"模式主要从四个方面来开展:政府把民间困境儿童社会救助的实践经验和成功模式上升为政策或制度,形成困境儿童社会慈善救助的长久机制;坚持"自觉自愿、注重引导""明确主体、公平开放""统筹安排、科学调配"的基本原则,努力吸收各种社会力量,为困境儿童提供个性化、差异化、有针对性的服务;在儿童医疗救助方面,各级民政部门在引导社会捐赠、配置慈善资源时,向为困境儿童提供服务的慈善组织和慈善项目倾斜;加大向社会组织购买服务的力度,规范购买标准和流程,引导社会力量按需及时提供专业化的儿童福利服务。[①] 在这样的"官民合作"机制下,强调多方责任主体之间的互动关系,实现救助与保护困境的目标,提升困境儿童福祉。因此,在社会治理视角下应注重作为救助困境儿童多元主体的国家、市场、社区及社会组织的作用。

一、强调家庭—政府责任的共担

在过去,我国传统的"家本位"思想将困境儿童的解困责任划到了家庭内部,同时,在我国儿童救助和保护制度模式演进历程中,政府也是救助困境儿童的责任主体,但是家庭与政府对困境儿童的责任天秤一直都处在不断此上彼下的境况中。家庭是困境儿童的养育主体,国家是困境儿童的救助责任主体,彼此并不矛盾。因此,在困境儿童的解困道路上,两者都应充分发挥自身的作用。政府、国家是提供困境儿童福利资源最基本的责任主体,需要将手中掌握的各种资源充分整合流通,填补看得见的及潜在的困境儿童福利缺口。另外,也要加快完善困境儿童社会保障、政

---

① 民政部关于建立儿童福利领域慈善行为导向机制的意见[EB/OL].http://www.gov.cn/gongbao/content/2014/content_2697088.htm.

策法规的步伐,建立起专门的权威保护机构,进一步明确责任主体。家庭的监护和保护处于最关键的责任主体地位,应利用家庭内外的社会资本与资源,为困境儿童构建完善的支持网络,营造一个适合他们成长的家庭环境。所以说,为了更好地帮助困境儿童走出困境,保护困境儿童的基本权益,保护他们不受伤害,家国双方都应明晰各自的主体责任,有了家庭—政府责任的共担,才能使困境儿童走上解困之路。

二、组建困境儿童社会救助专业人才队伍

做好困境儿童社会救助专业人才队伍建设是实现困境儿童走向解困之路的必要条件。社会工作者应该是首先需要纳入人才建设体系当中的。社会工作从宏观到微观、从个人到社区甚至社会都有极其广泛且细致的领域划分,在儿童社会工作领域,社会工作者就是专业的儿童保护工作者,困境儿童自然也是儿童社会工作者需要关注的重点服务对象。在保护困境儿童的"发现—报告—响应"机制中,社会工作在每一个环节都能发挥关键性作用。专业的儿童社会工作者可以通过科学的技术与方法来评估困境儿童的问题与需求,根据不同的需求相应地提供个性化服务,为困境儿童建立社会支持网络,增强困境儿童的抗逆力,协助困境儿童健康成长。

就厚生来说,社会工作团队比较稚嫩,多为刚大学毕业的年轻社工,工作经验不算特别丰富,理论联系实际的能力也有待提高。因此,社工在执行项目的过程中容易迷茫,无动力,难以体现专业水平,仍需提高自身的理论素养与执行能力。这要求社工多研习专业书籍,在实践中多思考,着重总结经验与教训。机构也可多安排社工出去培训与交流。

社会工作者深入基层开展服务,理论上应该遵循一个完善且科学的社工服务过程,即理念—理论—模式—方法—技巧—微技巧的逻辑过程,从上至下扎实根基,但我们现在的社工服务往往弄反了逻辑,总想着在某地针对某类人群办一个活动,久而久之忘记了自己的目的。这种目的可能是本着某种理念或精神帮助服务对象走出困境,但好像变成了开展活动或某项服务的机器,这不是社会工作者自己造成的,而是环境和体制的渲染,当然也有"自暴自弃和破罐破摔"的情况,双方的异常成长导致了井口下的理所当然,跳不出这口井,也不愿以身试险,因此能够坚持工作在一线岗位的社工实属不易。不论开展何种社工服务,因地制宜、实践检验真知的重要性都显而易见,因为不同地区拥有不同的风土人情及居民素质水平,我们只有将其

解析透彻,才有可能开展适宜的社工服务,才有可能真正达到适应于服务对象本身的目标,真正体现出社工服务的价值。

机构自身的管理制度需要不断完善,机构管理人员的项目管理能力也需要不断提升。同时,政府应提高对社工服务的重视。虽然民政部曾多次提出要加强社会工作专业人才队伍的建设,但广西对社会工作的重视程度还不够。社会工作机构与社会工作者需要不断地磨炼并积极探索专业社工本土化的路径,也需要一个可持续发展的制度环境,在实践操作化的道路上实现社会治理现代化。

三、提升社区及社会组织的帮扶作用

社区是困境儿童解困的重要场所,社会组织是协助困境儿童脱困的关键社会力量。过去对于困境儿童的救助形式仅限于救助站,更多的是对流浪儿童的收容和遣送,而且救助站帮助的不光是困境儿童,还有其他各种陷入困境的人员,导致人员构成复杂,救助站只能提供短期救助,无法从根本上解决问题。因此,对于困境儿童的保护,需要社区和社会组织合力构建困境儿童保护网络。

社区的资源整合与资源流通能够为困境儿童提供有力的支持和保障,社会组织可以将来自社区、社会的各方资源与资本输送给有相应需求的困境儿童。社会组织与社区共同协作,为社会资本注入困境儿童社会救助和保护行动开启明晰、通畅的流通渠道。从广西厚生社会工作服务中心开展困境儿童社会救助与保护的经验来看,社会工作的介入有效弥补了社区资源在专业性方面的不足,救助工作得以及时、高效进行。社会工作者在专业的理论模式、工作方法、技巧手段的指导下,采取多种形式提供专业服务,最大限度实现资源整合与救助目标,相比原有的救助保护模式,社会工作者开展服务的针对性更强,服务对象满意度更高,使困境儿童的问题成为"可治理"的问题。

四、关注政府—社区—社会组织—家庭的多元互动

多元主体参与困境儿童社会救助与保护的服务是指在社会治理视角下,构建一个多方主体共同参与困境儿童社会救助与保护的服务机制,强调多元主体之间相互协商、协调、协同参与困境儿童社会救助与保护的福利服务,使困境儿童在最大可能

的情况下脱离困境。2010年,"中国儿童福利示范项目(2010—2015)"①启动,我国民政部与联合国儿童福利基金会联合探讨出"村级儿童福利主任"模式②。在"村级儿童福利主任"项目实施的具体过程中,"儿童福利主任"已经应用到多种困境儿童群体当中。为困境儿童提供救助与服务,成为困境儿童与家庭、社会组织、社区及政府之间的沟通桥梁,更好地为困境儿童带去服务。困境儿童问题不光需要政府制定相关政策法规与保障体系,提升困境儿童福祉,也需要社会、社区、学校及家庭的支持与帮扶,只有政府、社区、社会组织和家庭形成长久良好的互动模式,困境儿童才有可能获得来自各方的积极能量,才能健康成长。

近年来,困境儿童的社会救助与保护受到媒体、社会和政府的广泛关注,社会工作介入困境儿童社会救助与保护的实践模式和实践经验得到推广。建立各个辖区内困境儿童的筛查机制,将其数据化以便网络化管理,及时发现、识别潜在困境儿童,对潜在困境儿童服务对象家庭监护人的监护情况进行监督,建立困境儿童"发现—报告—响应"的社会网络和服务机制。这些救助、保护困境儿童的手段将会是未来中国困境儿童社会救助体系中不可或缺的一环。

在探索和建立困境儿童解困路径与保护制度的过程中,学习和借鉴他山之石,吸收国外先进理念与措施,不断优化困境儿童社会救助与保护机制,是健全困境儿童相关福利保障制度、法律法规等制度体系的必然要求。注重家国责任共担,组建专业困境儿童保护人才队伍、提升社区及社会组织的有效补充作用、注重政府—社区—社会组织—家庭的多元互动等,都是为困境儿童社会救助与保护工作提供支持的重要手段。将基础服务落实好,使困境儿童能够真正享受到政府、社会等多元主体提供的福利服务,营造一个全社会友好关爱、协同保护困境儿童的氛围与环境,使困境儿童的解困行动成为基础社区治理的标杆,实现儿童领域的基本"善治"。

---

① 2010年,民政部开始与联合国儿童基金会、北京师范大学中国公益研究院及当地的大学合作,启动实施"中国儿童福利示范项目(2010—2015)"。此项目从全国所有的省(自治区)中选择河南省、山西省、云南省、四川省和新疆维吾尔自治区,再从每个选出来的省(自治区)中选择12个县,每个县选择10个村,最后一共选出120个村参加项目实践。"中国儿童福利示范项目(2010—2015)"主要目的是探索有效的儿童福利服务机制,建立困境儿童福利保障制度。2015年,"村级儿童福利主任"项目在全国进行推广。

② 黄君.农村留守儿童社会保护体系建构:福利治理视角[J].社会工作,2017(1):54-61.

第五章

广西乡村治理的习惯法经验考察

乡村治理是国家乡村振兴战略的重要内容,也是国家治理体系和治理能力法治化建设的重大课题,对于实现中华民族的伟大复兴具有重要意义。广西作为多民族聚居的自治区,形成了别具一格的地方文化和社会秩序,其社会治理有着浓厚的地方特色和民族特色。本章通过梳理广西恭城瑶族自治县的瑶族习惯法,分析当地在婚姻家庭治理、社会组织治理、环境治理等乡村治理方面的具体规则,总结经验,以期对广西的乡村治理提出合理的改进建议。

第一节 家族同构:恭城瑶族婚姻家庭习惯法概览

在当代中国,习惯法对于社会治理具有重要作用,民间自发构建的社会秩序是基层社会稳定的一个重要基础。在恭城瑶族自治县的行政区域内,聚居、杂居、散居着汉、壮、瑶、侗、苗等多个民族,形成了具有地方特色和民族特色的治理机制和社会秩序。广西恭城瑶族自治县的习惯法在婚姻家庭制度上极具特色,镶嵌家先思想的结婚程序、建立在男女平等基础上的招郎入赘、作为平衡家族内外关系的舅权与叔权等,构建了瑶族习惯法对婚姻家庭的有效规范,为瑶族的繁衍发展、秩序稳定起到了重要作用。广西恭城瑶族的婚姻家庭习惯法延续至今,在当下推行法治、崇尚现代文明的时代,这些习惯法依然得到沿用,可见其活力及独到之处,对于今日的婚姻家庭关系乃至社会关系具有积极的启发意义,值得我们深入思考,为整个社会治理的法治化提供有益经验。以下主要以恭城瑶族自治县的习惯法为样本展开分析。

一、广西恭城瑶族婚姻家庭习惯法的产生与演变

人类的繁衍以后代的延续为基础,而这个基础又建立在婚姻缔结和家庭的组成之上,所以婚姻和家庭是人类自身生产的条件和保障。每个民族都十分重视婚姻家庭问题,瑶族习惯法将其纳入调整范畴是保证本民族持续发展的重要手段。广西恭城瑶族习惯法也对婚姻家庭进行了较为全面的规定,追溯恭城瑶族婚姻家庭习惯法的渊源,梳理其发展脉络,有助于深入了解该制度的历史变迁。

(一)广西恭城瑶族婚姻家庭习惯法的渊源

有学者指出,由于生产和婚姻与人类的生活最密切相关,因此瑶族习惯法应该最先在婚姻、生产领域内出现、产生。[①] 广西恭城瑶族习惯法中的婚姻家庭制度也是该县瑶族社会规则和生活秩序的基础。广西恭城瑶族存在多个支系,其民族习惯法源于整个瑶族的习惯法自不待言,至于恭城瑶族别具特色的习惯法规范则是在不断发展过程中形成的。瑶族特殊的生存环境、生计条件,孕育了婚姻、家庭与继承方面的特有规则,形成了瑶族的婚姻、家庭和继承习惯法。[②] 恭城位于广西桂林市东南部,地处都庞岭余脉,是中原地区进入两广的交通要道,属于半封闭的丘陵型山区,比较适合居住,瑶族人民在这里繁衍生息,创造了独特的民族文化和地域文化。

历史上,许多由中原往南方迁徙的汉族和其他民族群众在这里定居下来,中原文化和岭南文化在这里互相交融,造就了独特的瑶乡地域文化,也形成了兼收并蓄的习惯法制度,在婚姻家庭方面保留了瑶族习惯法的原有内涵,比较典型的就是姑舅表优先婚。历史上瑶族的姑娘出嫁时,媒人要先到舅父家去说亲,舅父的儿子可以优先娶姑表姐妹,甚至还有指腹订婚的现象。[③] 这正是瑶族习惯法中娘亲舅大的直接历史渊源。从家族建构的层面来解释,有学者认为瑶族社会姑舅表婚这种原始婚姻遗风,体现了在生产力十分低下的状态下,人们通过婚姻的缔结来加强家族之间的联系。[④] 另外,恭城瑶族习惯法在漫长的历史发展过程中吸收了不同民族的文化,如汉族的宗法制度和家族形态等,逐渐形成了今日的婚姻家庭习惯法。

---

① 高其才.瑶族习惯法[M].北京:清华大学出版社,2008:18.
② 朱继胜.瑶族习惯法研究[M].北京:中国法制出版社,2015:302.
③ 《瑶族简史》编写组.瑶族简史[M].北京:民族出版社,2008:263.
④ 陈伟明.明清时期岭南少数民族的婚俗文化[J].中国史研究,2000(4):149-160.

(二)广西恭城瑶族婚姻家庭习惯法的变迁

广西恭城的地域特点决定了其社会习惯法的发展具有兼收并蓄的内在因素,对外来文化的包容和融合造就了今天的恭城瑶族习惯法。在婚姻家庭制度方面,恭城的瑶族习惯法以自身发展需求为基础,以开放的姿态接纳外来的制度,逐渐形成今日的婚姻家庭习惯法。所以,有学者认为恭城瑶族的家庭习惯法具有传承性、差异性、引进性。[①] 传承性是所有习惯法的内在属性,瑶族习惯法很少有文字记载,多是靠瑶民在日常生活中口口相传,融入本民族的生活方式和群体延续之中,这也是瑶族习惯法得以不断传承的深厚社会基础。由于瑶族的支系较多,受到的外来影响也不尽一致,因此其习惯法体现出明显的差异性,最为典型的就是县内不同乡镇、村寨在婚姻家庭制度方面具有一些细节上的差异。瑶族习惯法除了保持本民族的特点,还学习其他民族的文化,将一些规则引入习惯法,比如瑶族的婚恋最初是自由的、少有限制的,而当汉族儒家思想进入(这可以从清末各地兴建的劝学所得到证明)以后,婚恋必须听从"父母之命、媒妁之言"。[②] 但是,这种影响是非主流的,婚恋自由才是基本的形式。还有就是家族香火的祭祀会建立祠堂,过去瑶族并无这样的生活规则,祠堂的引进则是学习汉族文化的产物。在瑶族婚姻家庭习惯法中,又对祠堂这一外来物做了制度革新,允许两姓祠堂的存在。有学者指出,杨家女性嫁入蒋家为媳妇,为保证两姓间的团结而共同修建一个宗祠,共同祭祀两家先祖。[③] 恭城瑶族在经历了漫长的生活洗礼后,确立了男女平等的男方入赘婚(即招郎入赘),并且发展形成了全招(也称为"买断""从妻居")、半招(也称为明招暗娶或招郎转婚)。全招是男方入赘女方后,改从女方的姓氏,所生子女也都随母姓(新中国成立后,瑶族家庭观念更新,所生子女第一个随母姓,第二个随父姓,依次类推)。半招即表面上是男娶女嫁,女方户口迁入男方家,实际上男方还负有入赘婚的部分义务。还有一种形式称为两边走,即男女双方结婚后互不落户,各居本家,兼顾两家的生产和生活事务。招郎入赘婚的形式为瑶族内部的发展和男女平等观念的深入提供了重要的保障,有的瑶族村寨自开村立寨以来,实行招郎入赘的婚姻形式,覆盖率50%以上。在恭城瑶族中,习惯法还允许两种特殊的再婚形式:一种叫作留招,是指儿子因故死

---

① 莫纪德,赵元海.恭城瑶族家庭习惯法初探[J].广西民族研究,1997(2):61-64.

② 张文显.我们需要怎样的习惯法研究?——评高其才著《瑶族习惯法》[J].法制与社会发展,2011,17(3):155-160.

③ 黄青仟.恭城瑶族自治县宗族形态小议[J].安徽文学(下半月),2008(1):235,238.

亡后,儿媳可以继续留在亡夫家中招赘,为的是赡养公婆、抚养儿女,即所谓的招夫养子;另一种称为留娶,即女儿身故后,上门入赘的女婿可以留在岳父母家娶妻再婚,但是仍然要随亡妻的姓,承担赡养岳父母的家庭义务。在习惯法中,无论是留招还是留娶,都要赡养原家老人,并享有原家的权利和承担原家的义务。同时,寡妇可再嫁,但婚礼简单,聘金由家翁收受。① 这是恭城瑶族习惯法在历史长河中不断演化变迁的结果,形成了独具本民族特色的制度形式。

二、广西恭城瑶族婚姻家庭习惯法的主要内容

在广西恭城瑶族的习惯法中,婚姻家庭制度具有核心地位,因为这是民族得以延续的重要保证。所以,恭城瑶族习惯法有大量内容都是婚姻家庭方面的规则,其内容十分丰富,涉及婚姻的缔结(包括招郎入赘)、家庭关系(夫妻地位、赡养、接养/收养、财产继承等)、家族结构及离婚程序。由于篇幅有限,以下仅围绕上述所列的几个方面的内容对恭城瑶族婚姻家庭习惯法进行分析。

(一)广西恭城瑶族婚姻家庭习惯法中的婚姻缔结

恭城瑶族一般奉行婚恋自由的原则,在通婚范围上有一定限制,在婚姻缔结时需要举行一定的仪式,对一些婚庆用品和相关行为有具体要求。由于历史变迁及恭城各乡镇村寨的习惯法存在差异,本章除了概括其中的共性,对于不同之处也会说明。

1.结婚仪式

恭城瑶族过去的生活比较艰辛,结婚仪式往往比较简单。新中国成立后,少数民族群众的地位和生活有了翻天覆地的变化,恭城瑶族民众的生活水平不断得到提高,在结婚这一人生大事的仪式方面也就逐渐有了较多细节上的要求。对于婚礼,有着不同的人事安排、行为要求、物质分配。

送嫁。首先是婚礼当天,女方家会安排好伴娘,男方家将聘金(礼金)准备好,将聘金包成一个红包。关于聘金,日本的滋贺秀三教授在其所著的《中国家族法原理》

① 莫纪德.恭城民族来源与民俗概况[M]//恭城瑶族研究会.恭城瑶学研究:第5辑.香港:紫荆出版社,2009:67-68.

一书中指出,聘金具有作为巩固婚约的经济价值的转移即付款的意义。① 该解释有一定道理,过去重视聘金及推行姑舅表婚优先就蕴含了对劳动力这一内在经济价值的认可,即女儿出嫁,家里就少了一个劳动力,对家庭的生产活动具有极大影响。所以,聘金及姑舅表婚就成为填补这一损失的可行方法。但是,对于现代的瑶族家庭,聘金已多是象征性的,新娘的父母也会通过其他途径返还聘金给女儿女婿作为生活之用,聘金数额也没有固定要求,一般数千元到上万元均有,会根据家庭条件确定。姑舅表婚则因为违反优生优育的原则而被摒弃,退出了瑶族婚姻家庭习惯法的范畴。在恭城县的部分乡镇,新郎还需要给健在的新娘双亲各一个红包,称为乳金,这是对父母哺育女儿所付出辛劳的回馈,乳金数额一般也是根据新郎家庭条件确定。目前,大多数瑶族家庭的婚礼都不再使用乳金,而只有聘金。如果新娘祖父母还健在,则需要敬祖父母,具体就是给祖父母各一个红包,金额一般超过百元即可。若新娘家中还有未婚的兄弟姐妹,则要给每人各发一个红包,其中给同胞兄长的红包金额最高,因为新娘的亲哥哥是大舅哥,也是未来孩子的舅舅,地位尊崇,属于舅权的拥有者。

另外,婚礼上还有开盒仪式,即由新娘舅舅打开装有嫁妆的盒子。新娘舅舅开盒时收取一个红包,红包金额较高,一般是 200—400 元。婚礼当天需要宴请宾客,这就需要一定的厨师负责宴席的菜肴制作,一般会安排数名司厨,给每名司厨发四个红包,数十元或百元,并发一条香烟。婚礼上要准备三牲作为祭祀先祖的祭品,还需要准备两只鸡,两尾鲤鱼,两斤猪肉,两瓶酒。过去瑶族群众的生活水平不高,经济能力有限,婚礼上只需要准备两封礼炮(鞭炮)。如今,随着经济发展,瑶族群众的经济收入也得到了很大提高,鞭炮的数量已经超过两封,多是两封大的鞭炮及若干较小的鞭炮。同时要准备一副燃烛(两个),为红色,现在的红烛上多镌写金色的喜字,以增添婚礼的喜庆。婚礼之前,新郎应当将过礼皮箱送至新娘家,皮箱内放置红包一个,新衣服一套。还要准备一个旺宅的红包,寓意居住之家永远兴旺发达。新娘出发前往新郎家之前,新娘父母会带领新人在香火堂焚香烧纸,向逝去的先人通禀女儿出嫁的喜事。因为在瑶族的思想体系中,祖先的灵魂会常驻在家,成为家先,护佑后人,而后人需要通过设置香火堂、张贴香火纸来承载祖先灵魂,作为家先的福祉。香火堂是逢年过节祭祀先祖的重要场所。在瑶家,有新娘嫁入或者男丁出赘为

---

① [日]滋贺秀三.中国家族法原理[M].张建国,李力,译.北京:商务印书馆,2013:481.

婿,都要通禀先祖,这是瑶族习惯法所厘定的祭祀程序中的重要内容。

接亲与送亲。婚礼宴席结束后,新郎就会去接亲,将新娘接到新郎家。此时,新娘家需要安排大客、送游客及送亲客,将新娘送至新郎家。新郎家会安排一场酒席,主要是款待新郎的亲朋好友及新娘送亲的大客、送游客和送亲客。在瑶族婚姻习惯法中,对于大客、送游客及送亲客的人事安排是有要求的。大客一般是新娘的叔叔或哥哥(亲兄弟或堂兄弟),叔叔健在就由叔叔担任大客,如果没有叔叔就由哥哥担任,这样的人事安排彰显了对叔权和舅权(尽管舅权在未来外甥出生后才真正体现,但是担任大客已经突显了这一地位)的尊崇。过去新娘嫁妆里会有一床新蚊帐、新被子和新枕头,专门给大客参加完新郎准备的酒席后在新郎家住宿使用。不过,现在交通方便,交通工具也多种多样,大客一般不会在新郎家住宿了。大客送新娘到达新郎家后,新郎会派专人陪大客入席吃饭,要让大客对新郎待人接物的礼仪满意。如果大客对新郎的各项安排不满意,可以直接发难,给新郎难堪,过去甚至可以直接反对这场婚姻,其权力之大可见一斑。

婚后回礼。婚礼结束后,还必须完成一系列的礼仪程序,如回门、撩节、会亲等。回门也称为回十召、归宁,过去是婚礼次日新郎新娘一同回女方家[1],现在一般是在婚礼之后的第四天,新娘家安排人(新娘弟弟或侄子)把新娘接回家住上六天,六天后再亲自把新娘送回新郎家。就目前来看,瑶族社会的青年男女结婚后回门时一般不会再根据过去的习惯在外家[2]住上六天,具体视情况而定,如果遇上农忙时节或者外家需要人手时,就会多住几天,给外家搭把手。撩节则是夫妻在婚后一年内的端午节、中秋节回外家,给同一个堂屋的每一家亲戚送礼。端午节的必备礼品是黄茅粽子和猪肉,中秋节则是鸭子和月饼。会亲就是在结婚第二年的元月初四、初六、初八这三个日子中任选一天邀请新娘父母的亲人(伯叔、舅舅、姨父母等)到新郎家摆宴吃饭。比如一对夫妻是在2018年12月结婚的,那么会亲酒就应该定在2019年的元月初四、初六、初八这三天中的一天会亲酒的主要功能就是让新郎和新娘双方的主要亲戚互相认识,构建以后的家族和亲族关系。

2.招郎入赘

招郎入赘是恭城瑶族婚姻制度中的重要内容,建立在平等思想基础上的招郎入

---

① 恭城瑶族自治县地方志编纂委员会.恭城县志[M].南宁:广西人民出版社,1992:435.

② 恭城的瑶族社会把娘家称为外家,即外公外婆家,这是女方婚后的称呼,是建立在子女辈分基础上的代称。女方婚后生育子女,女方的父母便有了外公外婆的辈分和地位,所以用外家指代汉语中的娘家。

144 | 广西乡村振兴战略与实践·社会卷

赘是瑶族习惯法的一大特色。招郎入赘婚姻也有特定的仪式,并通过契约的形式加以巩固。瑶族的招郎入赘婚与汉族及其他民族的招郎入赘不同,其他民族尤其是汉族的传统家族规则对入赘的新郎持有一种歧视的态度。入赘的男子一般是因为家庭困难、生活不济,才会入赘女方家成为赘婿,所以其家庭地位较低,受到社会的歧视。但是,恭城瑶族社会对入赘的女婿一视同仁,招郎入赘是建立在平等思想基础之上的,除了家中只有女儿的会招赘,家中有儿子的也允许女儿招赘,儿子也可以外出上门入赘,入赘的男子也可以是其他民族,对此都是一视同仁,毫无半点歧视。招赘的形式如前文所述,包括全招、半招、两边走及再婚形式中的留招。招郎入赘的婚姻形式在全国各地的瑶族生活中都是婚姻家庭制度的重要内容。在湖南江华瑶族自治县,当地瑶族就流行招郎入赘婚,形成了男从女姓、上门女婿、两边走的具体形式,并形成了符合现代观念的生育观念和生育文化。① 国外的瑶族也存在招郎入赘的婚姻形式,比如东南亚的泰国。瑶族从中国迁入泰国后,也将招郎入赘的婚俗带入泰国,招郎入赘成为缔结婚姻的主要方式,包括上门改姓、上门顶两头、上门养老送终、上门还礼金、上门还酒礼。② 入赘婚在瑶族中沿袭不衰,这种婚姻模式源于母系氏族社会,经过父系氏族的过渡后发展成今日的具体形式,并通过瑶族习惯法的确认加以巩固。

在恭城县的瑶族社会,入赘婚和一般的婚姻一样,都会举办婚礼、办酒席。中华人民共和国成立前,瑶族入赘婚的合法性,首先要得到双方亲戚的认可,还要请媒人作证,男女双方的家族代表(父母、伯叔、舅舅等)到场商议,协商好相关事宜和具体的入赘形式后签订入赘合同,确定当事人的权利、义务,经到场人签字画押后生效,之后通过置办婚宴酒席向社会公示。入赘的男子,一般都改从女方的姓氏,并按女方家的家谱排行定字,按辈分另取新名,在同辈中以兄弟姐妹相称,享有同等的财产权和继承权,不受任何歧视。以此方式入赘的男子对亲生父母不再负有赡养义务。婚后生育的子女多从女姓,也可以跟随男方的姓氏,但是成年后必须回原籍,或者规定不得享有财产权和继承权。新中国成立后,立契、改姓等内容逐渐被消除了。③ 随着经济社会的发展,瑶族的婚姻观念逐步更新,入赘的男子可沿袭原姓,也允许随女姓,子女可各随一姓,对双方父母都负有赡养和照料的义务。此种入赘方式不影响

① 陈扬乐.江华高山瑶"招郎入赘"婚俗调查[J].民族论坛,2003(5):24-25.
② 玉时阶.泰国瑶族的"招郎入赘"[J].世界民族,1998(4):76-79.
③ 《恭城瑶族自治县概况》修订本编写组.恭城瑶族自治县概况:修订本[M].北京:民族出版社,2009:21.

双方"香火"延承,因此在瑶族家庭的香火堂中供奉多姓祖先的现象十分普遍,这是一种铭记先人、传承香火的方式。当前比较普遍的入赘婚是半招和两边走,入赘的男性会在若干年后带着妻子儿女返回亲生父母家生活,或者对双方父母尽赡养和照料的义务。他们的儿女会出现两姓,比如瑶族有盆郑两姓、蒋梁两姓、邓林两姓等,这样的姓氏就是将入赘后的岳父姓氏纳入自己的姓氏。两姓之后又会分姓,比如盆郑两姓的家庭有儿女后,一个会姓盆,另一个会姓郑,如此分姓保证两姓的传承,这是瑶族社会家族传承的重要方式。

瑶族习惯法中的招郎入赘婚与其他婚姻形式一样,都会举行婚礼仪式,通过仪式向社会公示。这样的仪式和其他婚姻形式类似,但是没有接亲这个环节。婚宴是由女方主办的,因为男方入赘,女方需要通过婚礼仪式来彰显婚姻的合法性和取得民族认同。所以,有学者认为招郎仪式具有建构族内、族际文化认同的双重功能。[1]入赘婚在聘礼上也不像女子出嫁婚,不需要聘礼或者只要很少聘礼,这和汉族社会的入赘婚大同小异。在瑶族习惯法中,男方入赘意味着劳动力的转换,女方家庭得到了劳动力的补充,增强了女性的个人价值和劳动效用(招郎也就意味着家中多了男性劳动力),同时保障了女方的传后功能,可以延续家族宗嗣,并为家庭和社会的养老提供了一条有效的途径。

(二)广西恭城瑶族婚姻家庭习惯法中的家庭关系

恭城瑶族社会的家庭关系比较和谐,夫妻、父母子女、婶母妯娌等,大都能和睦相处,也一直具有尊老爱幼、平等团结的传统。接下来主要从夫妻地位、赡养、抚养与接养(收养)、财产继承这几个方面进行分析。

1.夫妻地位

夫妻的家庭地位和相关关系是恭城瑶族习惯法的一个重要内容,这也需要从一般婚姻和招郎入赘婚两种不同婚姻形式来考察。在一般婚姻形式的家庭中,夫妻地位是平等的,都享有对家庭事务的决定权。丈夫(父亲)是家中的主要劳动力,自然是家中的家长,但是妻子在家中也有话语权,遇到重大事项时,丈夫也会和妻子商量之后才决定。在贵州省荔波县瑶麓乡的瑶族家庭中,妇女是家庭生活的主导者、决

---

① 韦浩明.瑶族招郎仪式中族群文化认同的建构——以南岭走廊中段西岭山 FMP 瑶族村为例[J].广西民族研究,2012(1):50-54.

策者,妇女有很高的家庭威信,瑶麓家庭的显著特点就是妇女在家庭中的核心地位。[①] 这样的夫妻地位与汉族家庭中丈夫享有夫权的情形不同,夫权在瑶族习惯法中并非传统权力,而是在受到儒家文化中的三纲五常思想影响之后,才在一些瑶族家庭中有所体现,但是并没有成为影响夫妻地位的主流观念,男尊女卑、三从四德观念对瑶族社会的渗透很小,瑶族家庭的大小事项都会由夫妻商量决定。在入赘婚的家庭中,妻子地位会高于丈夫,一些重大事项都是妻子决定。新中国成立后,提倡并保障夫妻平等,瑶族家庭中的夫妻关系更为和谐。

2.赡养

瑶族习惯法有尊敬老人的具体制度要求。在瑶族社会的权力结构中,族中的老人地位尊崇,对于家族和家庭事务具有绝对权威,过去的瑶老、寨老都是由生活经验丰富的长者担任,充分体现了瑶族敬老的传统。正因如此,瑶族家庭一直流传着"家有一老,如有一宝"的俗语,子女、女婿儿媳对家中老人都会尊敬有加,尽赡养义务。而且,习惯法还对家族中的孤寡伯叔等长辈的赡养做了规定,即子侄应对孤寡伯叔尽赡养的义务。正是这样的习惯法规则,形成了具有积极意义的养老模式,瑶族社会一直秉承着敬老爱老的民族传统。

3.抚养与接养(收养)

恭城瑶族的重男轻女思想不严重,生男生女都会尽心抚养,悉心教育,培养其成人成才。在瑶族家庭中,子女是家族延续的基础,对家庭的存续发展具有重要意义,所以父母对子女的抚养和教育十分重视。瑶族虽然长期生活在恶劣的自然环境中,条件艰苦,但是仍然将抚育子女作为家庭头等大事,尽量满足儿女的生活需要和教育需求,这是保证本民族延续与进步的基础。瑶族家庭即便生活再困难,也会想方设法将子女抚养成人,并让子女接受更多教育。

没有生育儿女的瑶族家庭则会通过接养的方式来承继宗嗣,延续香火。接养即收养,无子嗣的家庭会通过接养其他人家的小孩来承继宗祧,一般会优先考虑本家族的小孩,比如哥哥会优先选择弟弟的子女作为接养的对象,这类似于汉族家庭制度中的过继;如果没有本家族的人选可以选择,就会选择本民族其他子女较多的家庭,通过协商将其小孩接养过来。一起吃一顿饭,燃放鞭炮,焚香烧纸通禀先人,以实现家庭承继的大事。这一接养的仪式其实是向社会公示,取得社会认可,也是符

[①] 覃主元,刘晓聪.瑶族习惯法与社区控制和法治秩序构建[M].北京:民族出版社,2014:137.

合习惯法一般要求的做法。在当今实行《中华人民共和国收养法》的环境下,许多瑶族家庭仍然会通过这种方式来完成接养,并不会遵循《中华人民共和国收养法》的规定办理法定手续及登记,就这一点来看,其对于国家的收养制度是不利的,破坏了国家收养制度的完整性。

4.财产继承

继承是家庭制度的重要组成部分,在家庭财产的继承问题上,过去瑶族社会的习惯法一般遵循儿子继承的规则,入赘的权利义务等同,已经出嫁的女儿不继承遗产,继承人负责父母的丧葬事宜。随着历史变迁,尤其是新中国成立后,恭城瑶族在继承方面的习惯法已经有了很大改变,遗产由父母决定由谁继承,外嫁的女儿也有了继承的权利,但是女儿有选择的权利:如果女儿享有继承的权利,就必须与兄弟一起负责父母丧葬事宜;如果女儿选择不继承遗产,则无须负责丧葬事宜。这样的区分其实也是根据外嫁女儿已经获得嫁资即嫁妆,相当于取得了一份家庭财产,同时由于外嫁的女儿在一定程度上无须再尽赡养义务,因此习惯法基于平衡的立场,逐渐形成了现在的继承制度。在实行家庭联产承包责任制后,许多家庭会在女儿出嫁后通过退田的方式换取外嫁女在男方家庭的土地权益,正因如此,外嫁女一般不再享有娘家的继承权。

(三)广西恭城瑶族婚姻家庭习惯法中的亲属关系

人类通过夫妻关系和父母子女关系组建家庭,又以家庭为单位构筑成家族,同时以血亲为纽带形成亲属关系。在汉族的宗法制度中,由于大多数时候汉族处于构架国家的上层,因此其宗法制度往往以家国同构来实现具体表征。在瑶族社会,从未达到家国同构的程度,其典型表征便是家族同构,恭城瑶族习惯法亦是如此。恭城瑶族社会的习惯法遵循的是"家庭—亲房—宗族"这一建构模式,家、房、族合一便是瑶族的构成,在这种家族同构的亲属关系中,习惯法奉行娘亲舅大和爷亲叔大的规则,舅权与叔权在亲族关系中并驾齐驱。

1.家庭—亲房—宗族

家庭是构建亲属关系的基本单位,在汉族的宗法制度里,"家法族规是传统法律的重要组成部分"①。汉族宗法制度实行的是家国同构,而在恭城瑶族的亲属关系

---

① 张晋藩.中国法律的传统与近代转型:第3版[M].北京:法律出版社,2009:141.

中,确定的是家房族同构的组织规则。家庭是习惯法规制的基础,而这一基础又是建立在婚姻制度之上的。按照瞿同祖先生的观点,婚姻的目的是以传宗接代为中心的,始终不离祖先与子孙的关系,我们自不难明了婚姻对于家族关系重,而对于个人关系则极轻微,从婚姻的缔结到婚姻的解除无不表现此种征象。① 祖先与子孙的关系便是家族,这是以家庭为中心来建立的,其中出现嫡系分支便以房来组织建构,一个祖先之下不同的家庭和亲房便构成了同宗的亲族,即宗族。恭城瑶族在一个原来共一个祖宗的某一个姓的家族之下,因子孙增多而分为若干个血缘小集团,前者称为"族",后者称为"房",合起来则叫"房族"。② 目前,瑶族社会对房的划分是以直系血亲为基础的,三代以内为房,超出三代便是族。比如,同娘共爷的兄弟,其儿女便属于房上的兄弟姐妹(同一个祖父的兄弟姐妹);同一个爷爷的兄弟,其儿女便是同一曾祖的兄弟姐妹,属于同一家族的亲属,再往下繁衍,亲属关系就不断分散。这些家庭、亲房合在一起便是同宗的家族,称为宗族。招郎入赘婚、留招、留娶都是构建家庭和亲缘关系的具体方式,这是基于生活经验和平等观念长期积累发展起来的思想认识,不会存在歧视入赘的女婿、留招的女婿、留娶的媳妇的情况,所以这样构架起来的家庭和亲族关系都很和睦。

过去,瑶族在祖先信仰与仪式、继嗣制度、家族公产等方面的权利与规则都有具体的习惯法规定,一些大家族或组织严密的家族都设有族长或房长来管理族内各种事务。新中国成立后,已不存在形式上的族长和房长,但是生活中年纪最长、辈分最高的就是具有族长和房长地位的人,房族和家族中的重大事项都由其决定。在家族和宗族的祭祀上,恭城瑶族社会过去基本上是"各村都有祠堂,有的是同姓一个,也有的是两姓一个,前者是同一祖公,而后者则不定,一般是甲姓借用乙姓的祠堂来供奉祖宗而已"。现在已经很少存在这样的情况。没有祠堂的,一般也都设有香火堂,当地称为堂屋,在堂屋张贴香火纸,作为祭祀先人的场所。兄弟分家后会有另建房屋居住的情况,此时香火堂一般仍然设在老宅,逢年过节或发生重大事件时便聚在老宅进行祭祀活动。家族和宗族的具体承载形式是家谱和族谱,这是瑶族社会家族和宗族发展的重要书面材料。恭城瑶族人数较多的姓氏都会设置族谱,家谱则是根据本家情况来决定是否置备。族谱是一个宗族集体记忆的重要载体,体现了族内成

---

① 瞿同祖.中国法律与中国社会[M].北京:中华书局,2003:108.

② 广西壮族自治区编写组,《中国少数民族社会历史调查资料丛刊》修订编辑委员会.广西瑶族社会历史调查(四)[M].北京:民族出版社,2009:319.

员的身份、关系和地位，一般记载先祖源流、发展历史、名人轶事、字辈排行、家训族规、亲缘结构、祠堂所在等内容。家谱是直系血亲的历史记载，内容没有族谱所记载的复杂，一般只是记载姓氏来历、字辈排行、名人仕宦、家训等内容。恭城瑶族社会的家谱和族谱是瑶族家庭关系和亲缘结构的文字记载，寄托着家族成员的家庭和族际身份，是本族认同感和归属感的重要依托。

另外，恭城瑶族的习惯法中还有三种构筑家庭关系的方式。一是生养死葬协议。瑶族社会的生养死葬协议是在自然人年老无子、女儿出嫁或者丧偶孤寡的情况下，与亲缘关系之外的自然人签订生前扶养、死后安葬的协议。如果被扶养人还有其他亲属，抚养人与被扶养人之间便构建起了亲属关系，世代相传，在被扶养人去世后，扶养人将其纳入本家香火祭祀。新中国成立后，我国继承法规定了遗赠扶养协议，并要求采用书面形式，实行农村土地承包经营制度后，扶养人可以是集体组织。继承法所规定的遗赠扶养协议涉及的是非亲属间的扶养和财产继承问题，不涉及亲属关系的建构。但在恭城的瑶族社会，生养死葬协议的扶养人都是自然人，村集体（村委会）只是作为中间人出现，涉及农村土地承包经营权继承问题时由村集体加以确认。二是认老同。认老同这种方式依靠的不是血缘而是情谊，同龄之人可以互认为兄弟或姐妹，认定老同之后，便亲如家人，相互走访，形成血缘之外的家庭关系。瑶族习惯法中的认老同与汉族传统的结拜有类似的地方，但是在年龄上有要求，过去认老同需要同年同月同日出生方可，随着历史变迁，逐渐转变为同年出生也可以认老同。认了老同之后，便是一家人，双方均以家人相待，伯叔姑婶子侄的亲属关系得以建立，这是血缘之外的建构方式。三是认养娘。有学者在恭城县三江乡黄坪村考察时将当地认养娘的习俗称为"拜干亲"，一种是拜人为干亲，另一种是拜自然物为干亲。[1] 这是相关学者进行田野调查时对认养娘的认识。认养娘是指选择村寨中勤劳能干、颇有威望并育有子女的中年妇女作为自己的养娘，认了养娘之后便是一家人，按照年纪、辈分构筑血缘之外的亲属关系。瑶族社会的认养娘原来具有迷信的因素，过去遇到小孩体弱多病或者经常无故啼哭，父母便认为这是鬼魅作祟或者命里有灾，需要一个与小孩生辰相合的养娘来镇住邪祟、消灾避邪，保证小孩健康成长。另外，在养娘的选择上，除了村寨的中年妇女，还会选择养娘石和养娘树。养娘石就是村寨里体积巨大的石头，可以是山脚下的大石头，也可以是河边的大石头；养

---

① 覃德清，冯智明，等.南岭瑶族的民俗与文化[M].桂林:广西师范大学出版社,2014:280.

娘树多是村寨里的古树。瑶族的生活环境一般是依山傍水,树木葱郁,瑶族人的传统思想中一般认为万物有灵,山管人丁水管财,古树是神灵的化身,瑶族以神山圣水的自然崇拜为基础,形成了长山制度及保护河流、森林的习惯法。正因如此,瑶族家庭会选择神石神树作为养娘,希望自家的小孩得到神灵庇佑,健康成长。以神石神树作为养娘并不具有构建现实亲属关系的意义,更多的是万物有灵思想在瑶族家庭生活中的一种具体运用。

2.舅权和叔权

广西恭城县的瑶族社会素有"娘亲舅大,爷亲叔大"的习惯法规则。娘亲舅大是指在家庭或者家族中,舅舅具有处理或决定外甥家庭诸多事项的权力或者权威,这是家族权力结构中母亲一方的一个很重要的内容。除了瑶族社会有娘亲舅大的规则,其他一些少数民族也有相同的民俗。比如,贵州的许多苗族也流传"娘亲舅大"之说。[①] 爷亲叔大是指身为家庭中的伯叔具有处理或决定子侄家庭重大事项的权力,这是家族权力结构中父亲一方的重要内容。对于伯叔的相关权利,除了汉族宗族关系中有类似内容,其他少数民族则很少有。

(1)舅权。在汉语中,舅舅是指母亲的哥哥或弟弟,所谓舅权就是指舅舅在外甥的婚丧喜庆等重大家庭事务中的特殊地位和特殊权威。"天上雷公,地上舅公""天上老鹰大,地上娘舅大"的俗语所反映的就是舅舅的这种地位和权威。[②] 从历史的角度观察,舅权是母系社会向父系社会过渡时母系权力的一种转化,当母系社会瓦解时,父权制及夫权制成为社会主导,却无法抹除母系社会的残留思想和观念,为了弥补母系社会瓦解带来的权力交替就产生了舅权,以平衡和制约夫权及父权的扩张。舅权在西南各族中是普遍存在的,从"姑舅婚"的盛行可见一斑,舅舅作为母系亲属中唯一可以确认的男性,在父系社会中,充分享受女方代表和父权原则的优势,交织着父权制的普遍原则和母系制遗留下来的历史惯性,在对父系家庭父权、夫权的约束与抗衡方面发挥积极的作用,忠实地执行着作为其姊妹和外甥监护人的职责,以维护其姊妹、外甥,并对其姊妹、外甥的社会失范行为进行矫正,甚至给予处罚。[③] 其他少数民族的生活中关于舅权的内容比比皆是。比如,云南的一些少数民族在结婚时,都不会忘记给"舅父钱",有些民族的"舅父钱"还必须超过给女方父母

---

① 彭兆荣.论"舅权"在西南少数民族婚姻中的制约作用[J].贵州民族研究,1989(2):92-98.
② 张泉福.略论舅父权[J].民俗研究,1993(4):32-37,47.
③ 陈金全.西南少数民族习惯法研究[M].北京:法律出版社,2008:215.

的彩礼。①

当今恭城的瑶族社会,舅权一直在延续,舅权的存在对整个亲属关系起到一定的稳定作用,甚至如学者所说"稳定了整个民族的社会结构,形成了一种强大的民族凝聚力"②。瑶族民众在婚姻家庭制度中通过舅权巩固两姓之间的亲属关系,消弭夫权和父权对女性一方的权力主导带来的不利影响,维持家庭关系和亲属关系的稳固。随着历史的变迁,现代文明逐步深入人心,现代文明的影响对瑶族习惯法中的舅权规则有一定冲击,但是"舅权是接力棒,起着承上启下的平衡和中介作用,即使舅权历史性地完成了交接使命,它尚且演变为一种风俗,隐隐约约地闪烁着过渡时期的亮点"③。恭城瑶族社会在婚姻家庭、丧葬事宜等活动中都凸显了舅舅的权力,无论是在仪式上,还是在彩礼上,都有舅舅的一席之地,而且是很重要的地位,足见恭城瑶族社会对舅权的重视。

(2)叔权。除了娘亲舅大,爷亲叔大也是恭城瑶族习惯法的一个重要内容。在汉语里,叔在兄弟辈分中排第三,所谓伯仲叔季,指兄弟排行的次序,伯是老大,仲是第二,叔是第三,季是最小的。④ 在古汉语中,伯通"把",即把持家政的意思,与其同义的"兄"字,从人从口,所代表的是在家里发号施令的人,所以伯是老大的意思。但在恭城瑶族的亲属关系中,没有伯仲叔季的划分,只有伯叔。在习惯法中,爷亲叔大中的爷代表父亲是毋庸置疑的,而对于叔的界定,则应当包括伯。根据笔者走访部分村寨老人会的资深会员得到的信息,叔并非只是指父亲的弟弟,而应该作广义的解释,既包括父亲作为老大时的弟弟,又包含父亲的兄长,也就是说伯父和叔父都是叔权的享有者。

叔权与舅权是来自两个不同家族的权力。舅舅是母亲一族的血亲,舅权是瑶族社会平衡男女权力的安排;叔叔(伯父)作为父亲一族的血亲,在子侄的婚姻大事和日常生活中享有较高地位,是对亲房和家族关系的重视。在婚姻缔结过程中,新人的叔叔享有较高地位。在女方送亲的队伍中,叔叔(伯父)是大客的首选,其次才是女方的兄弟。而在男方接亲的人员中,男方家的叔叔(伯父)则是迎接大客的首选。这样的习惯法规则正是对舅权和叔权的适当平衡,是血亲与姻亲衔接的重要内容,

① 阿奎.浅析"舅权"[J].上海青年管理干部学院学报,2006(4):44-46.
② 刘志松.民间规则中的舅权——以我国少数民族为中心[J].时代法学,2006(1):73-79.
③ 彭兆荣."舅""权"互为关系的一个原则[J].云南社会科学,1994(2):45-52.
④ 中国社会科学院语言研究所词典编辑室.现代汉语词典:第5版[M].北京:商务印书馆,2005:103.

为日后亲属关系的建构提供了重要的仪式和生活基础。

（四）广西恭城瑶族婚姻家庭习惯法中的婚姻解除

中华人民共和国成立前，恭城瑶族家庭中丧偶的，如果是入赘婚，可以留招和留娶；一般婚姻中，男子丧偶则可以随时再娶。对于离婚，由于受封建思想影响，恭城瑶族基本持排斥态度，会限制离婚，并设定一些条件。新中国成立后，恭城瑶族社会的婚姻观念逐渐转变，对于婚姻的解除比较宽厚，除了丧偶之后的留招和留娶，亦可以再娶或改嫁，对待离婚也秉持自由的态度。

（1）丧偶。由于恭城瑶族过去一直面临劳动力缺乏的问题，因此在丧偶之后，婚姻解除不会直接解除家庭和亲缘关系，而是通过各种方式保证家庭结构的完整和劳动力的补充，以传承香火。在一般婚姻形式的家庭中，男子丧偶可以随时再娶，女子丧偶可以留招，即招夫养子。入赘婚的家庭，如果入赘的女婿丧偶则可以留娶，女子丧偶也可以再行招赘。恭城瑶族社会对丧偶后的再婚比较宽厚，主要是考虑到劳动力丧失和赡养等层面的问题。

（2）离婚。恭城瑶族在中华人民共和国成立前对于离婚是有限制条件的，尤其是入赘婚离婚时，提出离婚的一方要请亲友吃饭，入赘的女婿要退回身价钱，不得带走女方的财产，并立下字据。进入现代社会，受现代文明的影响，恭城瑶族社会对于离婚秉持比较自由的态度，夫妻双方如果无法继续在一起生活，可以协商好财产分配、子女抚养等问题，之后解除婚姻关系，即协议离婚。在现代法治精神的浸润下，离婚也会通过法律程序解决。

第二节　组织治理：恭城瑶族习惯法中的老人会制度探究[①]

老人会是民间的一种丧葬组织，其宗旨在于弘扬尊敬老人、互帮互助的传统美德，是专职操办老人丧葬事宜的民间自治组织。广西恭城瑶族自治县的一些乡镇、村寨的老人会制度历史悠久，并且是与本地少数民族习惯法相结合的制度产物，具有鲜明的民族特点和地域特色。

---

① 本部分内容是根据本章作者发表于《广西民族研究》2015 年第 5 期的《广西恭城瑶族习惯法中的老人会制度研究》一文修改而成。

一、恭城老人会制度的历史发展

瑶族习惯法是瑶人在长期的生产、生活过程中，为了保障团体生存、促进群体发展、维护民族利益、解决社会冲突而逐渐形成、发展起来的。[①] 老人会进入瑶族习惯法成为一项制度也是长期生活的经验塑造，但是由于缺少文字记载的材料，其具体时间已经无法考证，只能根据零散的资料加以整理，一窥其制度发展。

（一）老人会的起源

由于少数民族居住地多为山区，生产力低下，人口增长缓慢，生活艰难，在丧葬方面，人死后多遵循土葬的原则，"入土为安"是众所周知的，而对死者尤其是死去的老人进行厚葬是很多少数民族民众重视生命的集中体现。在少数民族聚居区，短时间内需要筹集足够的财力和人力来办妥繁重的丧葬事宜，其难度可想而知，为此，许多村寨形成了互相帮忙解决丧葬问题的生活习惯。所以，"瑶族地区素有互助的优良传统，村寨里一家有丧事，房族兄弟和近邻闻讯后，都自觉放下手中的活路赶到丧家帮忙。大家到丧家时，有的送米、玉米，有的送酒，有的送鸡、鸭，甚至送猪、羊"[②]。这样的互助传统逐渐变为习惯法的内容，成为重要的生活制度，其目的在于整合村寨邻里的人力和财力来帮助死者家属完成丧葬事宜。

有据可查的少数民族老人会是广州回族穆斯林的以思呢老人会，属于中国近代广州穆斯林的丧济互助社团。康熙五十一年（1712年），由沙柱臣、杨畹孟、撒恭之、杨宇昌等回族穆斯林老人发起创建，会址设在广州怀圣寺内，其宗旨是"醵金置产收息以为各家丧葬之用"。西南地区其他少数民族尤其是瑶族，由于缺少文字记载，无法确切考证老人会的起源。根据恭城县西岭镇西岭村河边街老人会的一名会员的回忆，清代中晚期就存在老人会了，不过那时的老人会没有现在的规模大。最初的老人会以"众抬人"为宗旨，组织结构比较松散，而且只是在办理丧葬事宜时才体现其存在。

（二）老人会的演变

有学者指出，丧葬制度是人类社会发展到一定阶段的产物，并具有一定的稳定

[①] 高其才.瑶族习惯法[M].北京:清华大学出版社,2008:17.
[②] 卢敏飞.广西瑶族的丧葬习俗[J].广西民族研究,1993(4):77-85,66.

性。① 将老人会通过习惯法的形式加以制度化的实例极少,上文所述以思呢老人会在宗教生活的范围内积极进行经济互助,帮助死者家属办理丧葬事宜,对加强民族团结起到了重要作用,不过该会在持续了约半个世纪后,因其负责人星散各方而中止了活动。瑶族民众则在长期的生活中通过老人会的制度形式使得丧葬制度更具稳定性,并实现了长久发展。恭城县一些村寨的老人会在"文革"期间曾被取缔,改革开放后的80年代初得以恢复,并一直延续至今,成为民间社会生活的重要自治组织,部分瑶族聚居区的乡镇和村寨群众将近现代一些社会组织的理事会形式融入其习惯法规范中,形成了具有民族特色的老人会理事会和红白喜事理事会制度。

恭城县西岭镇西岭村的村规民约在第三项第2条明确规定:"红白喜事由红白喜事理事会管理,喜事新办,丧事从简,破除陈规旧俗,反对铺张浪费,反对大操大办。"有学者在恭城莲花镇部分村寨调研时指出,当地的老人会称为老人理事会,还有红白喜事理事会,遇到老人过世,由老人理事会或红白喜事理事会召集全村人参加。② 这是老人会通过村民自治的形式进入了组织性较强的阶段,因为理事会的称谓是近代的产物,我国也是在改革开放后才一度兴起的,其与老人会结合,为老人会组织结构的完备奠定了坚实基础。不过,在广大群众中间,还是沿用老人会的称谓,这是受传统民俗和习惯法的深刻影响。

(三)老人会的组织结构

恭城瑶族的老人会虽不是官方的社会组织,但其运行机制却十分完备,建立于民族道德基础上,具有比较完整的组织机构和一般社会组织的治理结构,是机构健全、运行有序的民间自治组织。恭城各村寨的老人会一般都是按照村寨来设定的,大一些的村寨,比如乡镇人民政府所在的村寨一般是按照街道来设置的。组织机构中没有常备人员的职位设置,一般只是设置一名仓库管理员,其他人员都是在有老人过世时才临时安排的。

(1)机构设置。根据笔者的亲身经历,恭城一些乡镇和村寨的老人会形成了比较完备的治理结构,组织机构健全,人员设置齐备。以笔者所在的恭城县西岭镇西岭村为例,西岭村有三个分别位于翠峰街、河边街、圩市街的老人会,一般一户家庭加入自己所在街道的老人会。但是笔者的家庭比较特殊,原来居住在翠峰街,后来

① 玉时阶.瑶族葬式述议[J].广西民族研究,1995(1):72-76.
② 周世中,等.广西瑶族习惯法和瑶族聚居地和谐社会的建设[M].桂林:广西师范大学出版社,2013:154-155.

分家（分户）搬迁到河边街，这样就加入了翠峰和河边两个老人会，属于双重会员。不同村寨、街道的老人会的组织结构基本相同，只是对一些具体事宜的操作不同。

（2）人员设置。老人会的组织结构并不是常设的，只是当有老人过世，需要操办丧葬事宜时才临时安排。一般来说，老人会在操办丧葬事宜时设有总提调，一般2—3人，负责整个老人会对丧葬事宜的全局把握。在总提调之下设有各种工作人员，以下做简单介绍。采买，一般2人，负责丧葬期间的必需品如油盐酒米及蔬菜肉类的采购；书写（文书），一般3人，负责书写执事单、对联、菜单、告示、挽联等工作；接祭，一般4人，负责接收各地亲友的礼金、三牲、香纸、爆竹等祭祀物品，并予以登记；厨房，一般20多人，负责丧葬期间的食物菜品的烹制供给；煮饭，大概6人，由村寨邻里的成年妇女担任，负责丧葬期间的米饭蒸煮；收摆，12人左右，负责从老人会仓库运送丧葬期间所需的桌椅板凳、餐具、厨房用具等；出菜，7人，负责丧葬期间酒席的菜品输送；开井，10人左右，负责到安葬地点开掘金井①；洗碗、洗菜，13人左右，均是村寨邻里的成年妇女，负责丧葬期间的蔬菜和碗筷等物品的清洗；上酒，3人左右，负责为酒席添置米酒和饮料；味碟、纸巾、牙签的发放，2人；保洁员，2人，负责丧葬期间的卫生工作；鸣炮者，4人左右，负责丧葬期间鞭炮的燃放；鸣锣开道者，2人，负责丧葬期间酒席前的鸣锣通知及出殡时的鸣锣开道工作。另外，老人会还会聘请鼓吹师傅4人，负责丧葬期间的哀乐。不过，现在的鼓吹师傅已经不是本村寨的村民了，而是附近村寨的村民，有的老人会则使用现代声乐设备来组织哀乐的演奏。在死者出殡那天，老人会所在街道或者村屯的男性青壮年都要自觉抬棺至安葬地点，并负责坟茔的培土封墓工作，这就是"众抬人"的自我运行方式，男性青壮年自觉参加抬棺，才是符合本民族道德要求的行为。

二、恭城老人会制度的运行

广西恭城县的老人会发展至今，已经是组织完备、机构健全的民间组织，在民族习惯法的框架下形成了独具特色的制度体系，同时又受到现代化发展的影响，表现出与时俱进的特点，其运行主要依靠习惯法框架，同时积极吸收外部有益因素，融入当代社会的发展。

---

① 当地村寨把安葬过世老人的土坑称为"金井"，由老人会组织青壮年劳动力负责开掘。

（一）习惯法框架

广西恭城瑶族的老人会制度最初是由习惯发展到习惯法形式的,在习惯法框架下形塑了广大瑶族民众对传统道德中尊老敬老的生活规则,并通过习惯法所赋予的道德权力进行强制。这种道德强制力以本民族内部的习惯法发展为主源,同时吸取其他民族的经验,在瑶族内部长期自发自为生成、积淀,成为当下瑶族习惯法的重要外在支撑。这样的习惯法是老人会制度彰显其在瑶族内部存在并持续发展的基础,并且内化为更高层次的道德认知,通过道德约束和村寨内部熟人社会结构的"舆论谴责+关系疏远"之惩罚模式来贯彻老人会的基本宗旨,保障其正常运行。根据习惯法中的这种惩戒模式,当出现村民或其家庭违反老人会的基本宗旨,如不听总提调安排、不主动到孝家①帮忙等,村寨的街坊邻里便会在平时的言语交流中谴责该村民,严重的话,该村民在自家遇有老人过世时无法得到老人会和其他村民的帮助,在村寨的社会关系上受到疏远,甚至难以立足。这种孤立式的惩罚对依靠乡土人情维系的社会具有很大的威慑效果,正是这样的约束机制保证了老人会制度的持续存在和发展。

（二）外部因素的影响

根据瑶学界及历史学界的资料,近现代以前的瑶族是一个比较封闭的民族,长期处于"瑶还瑶,朝还朝"的生活状态,受外部影响较小。但是,近代以来,整个中国开始由封闭走向开放,瑶族作为聚居南方山区的少数民族也受到不同程度的影响。尤其是恭城的瑶族,由于地处中原文化与岭南文化交汇的地域,多民族杂居,民族融合比较频繁,聚居于此的各民族都秉承了兼收并蓄的民族风格,故而吸收借鉴本民族之外的优秀生活经验进入习惯法成为必然。恭城的老人会制度实际上不仅仅是瑶族习惯法的内容,汉族及其他少数民族都已接受采用,同时还对原初的制度形式进行了多方面的改革,比如吸收汉族的以亲等定孝服的礼制就是典型。自改革开放,恭城恢复老人会制度以来,许多现代文明观念已经深入老人会宗旨,比如恭城县西岭乡西岭村的村规民约在第三项第 2 条明确规定:"红白喜事由红白喜事理事会

---

① 按照恭城当地的传统,将过世老人的家庭称为"孝家",老人会在进行具体运作时也称为"主家",接到孝家通知而来孝家或主家拜祭、帮忙的亲属和好友称为"报客",报客前来拜祭需要带礼金或者三牲、香纸鞭炮,孝家之媳妇当以白绢赠之佩戴,其他前来祭拜的街坊邻居和朋友则是佩戴黑纱。依笔者分析,这一称谓应该是借鉴了汉族的经验,即服丧之家称为孝家,其子女为孝子、孝女,这样的做法和中国古代以亲等定孝服的丧葬礼仪如出一辙,可见少数民族在很多方面接受了汉族文化,并将其纳入习惯法的调整范畴,作为尊老敬老的具体仪式。

管理,喜事新办,丧事从简,破除陈规旧俗,反对铺张浪费,反对大操大办。"正因如此,过去丧葬事宜必须履行的繁文缛节已经大为简化,代之以比较简单的形式,而且还在向新时代的趋势发展。

(三)老人会的治理方式

一直以来,我国民间尤其是少数民族的自治组织多采取以道德为基础、以习惯法为保证的治理方式。老人会的宗旨在于顺利完成死者的丧葬事宜,传承尊老之美德,所以,老人会的存在基础便是尊老敬老的道德传统,其治理方式也不例外。同时,赋予老人会一定的权力,如果有村民不遵守约定、不服从老人会安排,以后该村民家里有老人过世,老人会便不会安排其丧葬事宜,即组织惩罚。老人会通过这样的治理方式巩固了其作为社会公共组织的制度基础,也确立了自身的公共权威。

(1)道德强制。我国的瑶族一直具有尊老敬老的优良传统美德,年长者在村寨中具有较高地位,受到村寨全体民众的尊重。这一点从瑶族的瑶老制及负责祭祀的师公都由年长者担任就可见一斑。因为年长者的生活经验和阅历对社会规则具有指导意义。恭城瑶族将老人会的宗旨以习惯法的形式概括为"众抬人",即凡是加入老人会的家庭,其男性壮劳力必须在去世老人丧葬期间自觉到孝家参与灵柩的抬扶,将过世老人送至安葬地点,妥善安葬。而女性劳动力则需到孝家帮忙操持丧葬事宜,比如碗筷的涮洗、酒席间的各项服务等。除了灵柩的抬扶是依靠大家自觉前来,其他工作人员都是由老人会组织安排。在执事单上有名者,除出于外出务工、服兵役、读书未归等原因无法帮忙者外,都要自觉前来,这是受到长期形成的民俗和习惯法约束的。抬棺的青壮年都是村寨、街道的邻里好友,大家本着"死者为大,众人送葬"即"众抬人"的传统自觉前来帮忙。丧葬事宜所需要的用具,如餐具、桌椅等均是老人会的财产,由老人会提供给孝家使用,丧葬事宜完毕便归还老人会,并支付一定折旧费,作为这些用具的维护和更新费用,清点完毕后放入仓库保存,如有遗失,作价赔偿。另外,每次丧葬事宜过后,孝家都会向老人会捐献一定款项,作为老人会存续的支持资金。

(2)组织惩罚。按照习惯法中关于老人会的规定,遇有老人过世,每家每户都得出人出力,否则会受到街坊邻里和老人会的指责甚至疏远。当不积极参加丧葬事宜的家庭遇有老人过世时,老人会将拒绝出面帮忙,这也会导致这个家庭难以在村寨里立足。这就是老人会所具有的道德约束力,以普适性的社会道德来塑造老人会的存在,并通过相关会务弘扬尊老、敬老的传统美德。有一部分村寨人口少,而办理丧葬大事需要的劳动力又比较多,所以老人会规定遇有老人去世,任何人都不能无故推迟或请假,否则以后遇有本人家里有红白喜事,老人会或红白喜事理事会及其他村民将不帮解决。比如,恭城县西岭镇八岩村的老人会就规定,村寨中有老人去世,外出之人无论远近都必须返回,否则以后老人会和其他村民将不会为其操办丧葬事宜。这样的规定,对所有村民都起到了极强的约束作用,本乡本土的风俗成为维系民族风尚和传统道德的重要工具。

第三节　生态守护:恭城瑶族环境保护习惯法分析

广西地处祖国南疆,青山连片,绿水长流,自然环境良好,这在一定程度上得益于当地少数民族习惯法中的环境保护规则对生态的守护。广西恭城县属于亚热带岩溶地区,是一个掩藏在"南岭民族走廊"都庞岭余脉的典型山区县,独特的地理位置和自然环境塑造了当地群众的生活观念,形成了人与自然和谐相处的思想,也深深影响了这里的习惯法秩序。该县山高林密,河流众多,生态环境较好,长期推行生态农业的发展模式,是国家级生态示范县,也是宜居县城。在国家全面推进依法治国及大力弘扬中华优秀传统文化的大背景下,发掘恭城瑶族习惯法对于环境保护的有关规范,总结其中的有益经验,能够为重塑美丽的乡土社会提供借鉴。

一、恭城瑶族环境保护习惯法的主要规则

恭城瑶族习惯法中关于资源和环境保护的内容主要是对山林和河流的保护,对山林的保护形成了长山制度和从山制度,对河流的保护主要是以圣水为思想基础的保护规则。这些习惯法规范的运行建立在因果报应的有神论世界观之上,以道德惩罚作为执行的强制保障。

(一)对山林的保护

恭城的瑶族群众在长期的生活经历中,形成了对山林及河流等资源的高度依赖,以及靠山吃山、靠水吃水的生活方式。他们生活在崇山峻岭及河流遍布的多山地区,山林和溪流是维系其生存的重要物质基础。正是基于这样的认识,恭城瑶族社会普遍奉行长

山制度和从山制度。长山一般是风景山、水源山,关系到村寨的风水和生活用水问题。从山则是长山之外,离村寨较远的山林,过去有的是公共财产,也有的是私人财产,现在都是集体所有,村民可以到从山放牧、狩猎、砍柴,以满足生活需要。

1.长山制度①

长山制度最初通过习惯加以传承,最后形成习惯法规则固定下来,成为一种自发的秩序和制度。由于瑶族没有文字,过去多以口耳相传的形式加以传承,接受汉文化的瑶族聚居区则出现了文字记载的习惯法史料,主要是一些关于山林保护的契约和村寨的自治规约,还有一些封禁山林的石刻碑文。有学者指出,恭城东部、北部属于南岭山区,为了防止山洪暴发和旱灾发生,人们十分注意保护水源林木,并向官府请示立碑保护,如观音乡的六姓封禁神山碑记、严禁长山场四至碑,栗木镇的封禁白马垒山场碑、封禁栗木白马垒山场告示碑等,这些碑刻记录了人们为保护水源环境所做的努力。② 以下选取部分碑文进行分析。

在恭城县龙虎乡实乐村遗存有一块刻于乾隆二十一年(1756 年)的禁伐后龙树木碑,《广西地方民族史研究集刊》录文如下③:

禁伐后龙树木碑

我村自立宅以来,后龙悉修竹茂林,乔木森萧,故一时人才辈出,人赋比都,第一家之勾越后族大骘畅茂者,竟为濯濯之童山也。此数年来,陵夷衰替,乞还拾以摧残。乾隆庚午春,父老先生辈目观神伤,率众建醮于脱脉之所,以妥莫甄皇复兴诸子弟。约阅后村㩴林谷原为众族公共之地,其中佳植野卉,务必樽节爱养。俾名材若徂来青松新甫古柏,依然前代规模,则我峩嶙山,汤汤秀山,庶几擅胜于一方矣。倘有操刀而前者,则有罚口,儒学增生,王道记口,计问禁伐地界,开列于后:东子魁首脚止,南庵后岭嘴止,西柏水垒口止,北绍兴垒足至岭脚止。

……

乾隆二十一年丙子岁孟春月穀口众等仝立

① 本部分内容是根据本章作者发表于《广西民族研究》2016 年第 2 期的《广西恭城瑶族习惯法中的长山制度研究》一文修改而成。

② 江田祥,邓永飞,杜树海.追寻边缘族群在多元一体格局中的历史意义——《广西恭城碑刻集》简介[J].桂林师范高等专科学校学报,2016,30(6):9-11,39.

③ 陈炜,师呐.恭城民族融合社会历史调查资料摘编[M]//唐凌.广西地方民族史研究集刊:第 7 集.广西师范大学社会文化与旅游学院,广西地方民族史研究所,2000:193.

碑文所记载的后龙其实就是麟山、秀山两座长山，是该村的后山，属于公共之地，一直以来禁止砍伐山上的树木。所以，该村周边得以有大片林木生长，环境幽雅。为了维护这样的公共财产，保持当地优美的人居环境，众人商定长山地界，封禁山林，不得砍伐山上树木。这样的公共契约构成了环境保护的习惯法制度，即长山制度，成为当地生态环境的重要保障。

观音乡水滨村周家祠堂外墙上镶嵌着一块乾隆戊戌年（乾隆四十三年，即 1778年）刊刻的严令禁长山场四至碑，《广西恭城碑刻集》录文如下①：

观音乡水滨村周家祠堂外墙上镶嵌的这块严令禁长山场四至碑明确了该村长山的四至界限，禁止招客商到长山山场砍伐耕种，以保证水源，并设定了处罚措施，即宰杀猪牛请全村人吃饭、"招主付官究罪"，最为严重的处罚就是除籍驱逐出村。这样的习惯法规则通过刊刻在碑文中加以公示，要求全村人遵守。

恭城县栗木镇栗木街卢氏祠堂存有四块刊刻于道光和光绪年间的封禁白马垒水源碑，分别为道光十九年（1839 年）的重刊封禁白马垒水源碑记、道光二十三年（1843 年）的封禁白马垒水源碑、光绪三年（1877 年）的封禁白马垒山场碑和光绪六年（1880 年）的封禁栗木白马垒山场告示碑。以下选取道光二十三年的封禁白马垒水源碑和光绪六年的封禁栗木白马垒山场告示碑加以分析。

---

① 刘志伟.广西恭城碑刻集［M］.广州：广东人民出版社，2015：221.

封禁白马垒水源碑①：

19. 封禁白馬壘水源碑

署恭城縣事候補梅州正堂加五級紀錄五次彭　為懇示封禁水源以垂久遠

事案據栗木保武舉盧相陶萬魁生員盧三希里盧正聯劉輝城等呈稱

竊保內白馬壘水源一帶灌溉粮田七千餘畝耕耘戶口六百餘家昔年被

人盜批均蒙盧責懲封禁今歲三月內有猺人趙敢才等在山砍伐樹木開挖山

地以致源涸田旱經舉呈封禁不並稟

府憲在案今蒙訊明趙敢才等不

應踞佔山場當堂責懲飭令毀廠搬膏脉無羞第恐人心不古復有覬覦該

山情事稟懇示勒碑永遠封禁留數行之文藻作百代之示仰該處紳民人

等知悉嗣后倘有不法之徒倘利開墾或勾引外來猺人私行盜批情事許即

指名赴

縣呈控以憑從重嚴懲決不寬貸毋違特示

其甘結猺人趙敢才敢秀光林等今當

大老爺台前竟結得猺因不合恃橫強種白馬山場一帶敗壞水

源有碍粮田被山主武舉盧相陶等具控在案今蒙訊明恩斷

猺等愚昧無知從寬免究恩同再造□顧當堂具結猺等回山

將□建茅廠拆毁并將各樣種植雜粮□行伐去猺等即速出

山安分守法嗣後并不敢在於該處恃橫再挖強佔水源復行起

廠滋事如有此情願甘倍罪中間不冒所具甘結是寔

		三畏	監盧本秀	□俸	章魁
			盧中達	萬年楅	敬科	盧正光
順理	常葵	生盧常兆	章珞	承稀
序盧相隆	盧葵相	查立冠	本俊
盧應科	萬峯	三藝	劉公倫
洪文彪	生何大昭	相舜	王於豐
查繼美		玥祜	寨老盧圣全

管經
收支田工錢文首事

大清道光二十三年癸卯歲十一月初十日

原碑存栗木街盧氏祠堂。

封禁栗木白马垒山场告示碑②：

36. 封禁栗木白馬壘山場告示碑

白馬壘水源山場一帶自宋及今原係我盧姓祖遺舊管山場歷來封禁無異茲

於光緒丙子年有大菅村萬查劉姓人等恃勢糾眾入山砍伐樹木敗壞害課以

致互控蒙前杜　縣主堂公斷照舊封禁管業殊伊不服未結懇案首告生員

盧相唐等不已赴　府呈控蒙批仰新任劉　縣主再集堂訊公斷仍以照舊管

業賞示封禁二比出具遵結完案詒料有萬明欽稅官違期復赴　上憲飭詞翻

控又首告武生盧保簽生員盧相唐等以人確攜呈詞仍封禁告示存

卷具訴蒙　撫憲張　藩憲范　批准仰平樂府飭恭城縣令其給照陞科立戶

納稅永遠管業以斷葛藤刊碑存德永垂不朽

欽加同知銜恭城縣正堂加三級紀錄五次劉

賦攸闗茲查白萬曆初年以來歷年既久每多輾轉更易難以稽察合給新照以

便輪將而杜爭佔隱瞞之弊為此照給該佃戶收執永遠管業照依舊額納租毋

違須照

計開白馬壘水源山場內外地段土名載錄左

桂花坪	楊梅崎	茶江頭	大竹江	田家坪	癩子石	長岐嶺
白竹塘	了髻崎	草魚崎	高岐廟	鷄公岊	牛背嶺	白馬廟
對面嶺	澗口后	蕉巴井	拋獅尾	磨刀澗	人形面	牛岊嶺
馬蹄嶺	圳頭山	水晶坪	白坭岡	唐家井岡連大堺一帶
東底白泥岡連大堺岡一帶	南底沙面壘及水晶坪與周姓交界
西底船會界	北底金竹源與俸姓交界

北四甲盧世遠戶山稅九家　右給佃戶盧

光緒六年庚辰歲四月十二日給照

	保鑒	掄英	艷彩	仲桂
榮德唐	慶科	寶賢	網昭等
	樂道	正恩	燕君

原碑現存栗木街盧氏宗祠內。

①　劉志偉.廣西恭城碑刻集[M].廣州:廣東人民出版社,2015:280.
②　劉志偉.廣西恭城碑刻集[M].廣州:廣東人民出版社,2015:322.

栗木镇栗木街卢氏祠堂的封禁白马垒水源碑比较有特点。白马垒水源山一直以来是永久封禁的,道光十九年的重刊封禁白马垒水源碑记是通过诉讼程序制止了外来人员对白马垒水源山的侵害,并刻碑公示官府的处理结果,目的就是保证生活用水的来源和农田的灌溉。但是,道光二十三年,白马垒水源山又受到外来侵犯,加害人在山上建设茅屋、砍伐树木、开挖山地,以致源涸田旱,影响了村寨的生活用水和农田灌溉。所以,村寨的乡绅到府衙控告该侵权行为,并得到了署恭城县事候补州正堂彭大人的支持。彭大人责令加害人将所建茅厂拆毁并将所种植的各种杂粮即行清除,恢复原状。村寨乡绅请石匠将此事件刊刻于石碑上,向社会公示,以取得外观效力。到了光绪三年,发生了参将万明魁、监生查永秀、平民刘玉卿等恃势强行砍伐白马垒水源山上树木的事件,经过知县的处理维护了当地村民对长山的所有权及封禁的行为规则。光绪六年,"万明钦藐官违断复赴上宪饬词翻控",经平乐府审理之后,饬令恭城县县令"给照升科立户",也就是发给卢姓族人土地权属证书,并明确山场的四至分界。

观音乡杨梅村杨梅屯令公祠遗址左侧外墙镶嵌着一块道光二十五年(1845 年)刊刻的封禁佛山碑记,《广西恭城碑刻集》录文如下①:

19. 封禁佛山碑记

立碑封禁水源自始祖建造福興庵四圍水源山場一處土名老庵堂一處
土名架棍壘一處土名槽碓壘一處土名口甕壘一處土
名三脚山均係遮培庵院水源山場于先年衆等批于客商開挖耕種山崩
水湧損壞佛田予衆等商議舉保會首募化善男姓女樂捐錢文瞻回庵院
山場禁長樹木水源應際粮田焚香奉
遠封禁刊碑留名垂不朽矣
佛異後不許開挖以及盗斫永

信士李宗康捐錢一千文
頭首李
宗創捐錢一千文
貴榮捐錢一千文
貴壽捐錢一千文
貴秀捐錢一千文
尹順信捐仐一千文

李貴珊捐仐四百
李榮季捐仐四百
李貴創捐仐四百
李貴朝捐仐四百
尹順任捐仐四百
尹順化捐仐四百
李貴福捐仐四百
俸荣貴捐仐八百

李富迁捐仐二百
李富玉捐仐二百
李貴福捐仐二百
李富英捐仐二百

李宗照捐仐五百文
李久恩捐仐八百文
李富裕捐仐八百文
李富蘭捐仐八百文
李富榮捐仐八百文
李富財捐仐四百
李富燕捐仐六百
李富禄捐仐三百

原碑镶嵌於观音乡杨梅村杨梅屯令公祠遗址左侧外墙。
大清道光二十五年歲次乙巳仲秋月
石匠海忠清刊
吉立

---

① 刘志伟.广西恭城碑刻集[M].广州:广东人民出版社,2015:182.

从杨梅村杨梅屯令公祠这块封禁佛山碑碑文的记述可知,由于杨梅屯四周的水源山场被客商开挖耕种,水源受到污染,村民为了生活水源的持续与清洁,筹资赎回山场,加以封禁。

栗木镇泉会村遗存有一块刊刻于咸丰十年(1860年)的禁长后山树木碑记,《广西恭城碑刻集》录文如下①:

泉会村的这块禁长后山树木碑记录了该村后龙左右两山是村子的风水山,一直作为长山封禁,只是后来"李照魁买得周生□右边铁炉山",并砍伐山上古树。为了保护长山,村民商议由"周生贤继林继贤三人"赎回山林,并将后龙左右两山永远封禁,不得再行砍伐开挖,立碑写清四至分界。

民国五年(1916年),恭城县第二区三江团黄坪村众等令同立三江乡黄坪寨条规牌,第一条便是"禁止放火烧山,违者罚款"②。这样的村寨条规对于保护当地的自然资源和生态环境起到了重要作用,三江乡到现在一直保持良好的生态环境,正是得益于这样的习惯法规则所建立的资源和环境保护制度。

2.从山制度

在恭城民间,除了在习惯法中设定长山制度来保护村寨附近的自然资源和生态环境,还在长山之外划定了一些山林,允许村民砍伐树木、开垦耕种,以维持生计,这些山林就是从山。与长山的封禁规则不同,从山是可以砍伐树木、耕种农作物的。但是,对于从山,习惯法也规定了保护自然资源和生态环境的规则,即砍伐树木作为柴薪时不得将整棵树木砍掉,只能砍伐树木的分支树干,以保证树林的可持续生长。在从山开垦耕种时应当尽量在树林间套种耕植,以保护从山的森林植被。这样的习

① 刘志伟.广西恭城碑刻集[M].广州:广东人民出版社,2015:295.
② 黄钰.瑶族石刻录[M].昆明:云南民族出版社,1993:222.

惯法规则并没有具体的书面形式,而是靠民众的口口相传及行为引导。笔者念初中时,有一次随母亲到另外一个村寨的从山砍柴,到达目的地后母亲就告诉我,砍柴只能砍树木主干以外的分支树干,这样可以让树木继续生长,以后就能一直有树木作为柴薪。正是家中长辈的教导让这些习惯法规则传承下来,成为重要的生活准则。

(二)对河流的保护

恭城县内河流众多,大部分属于珠江水系,很小一部分属长江水系,属长江水系的河流,只有位于都庞岭北坡栗木镇泉会村一带的山溪,流入灌阳县牛江,然后汇入湘江;恭城河属桂江一级支流,发源于恭城县境东部三江乡黄坪村北卡山,其主要支流有马林源河、栗木河、苏陂河、龟山河、上蕉河、路口河、北洞源河、西岭河、势江河、莲花河这十条;县境北部流入灌阳县牛江的,东有厍斗江,西有长靖江。[①] 这些河流为恭城人民提供了生活和生产用水,对于日常生活和农业灌溉具有重要意义。当地民众深知河流是重要的用水来源,所以对于河流的保护也有完整的习惯法规范。首先是上文所提及的长山制度,封禁的山林很多也是作为水源山的,所以长山制度本身就具有保护河流等水资源的作用。其次是对于流经村寨的河流,村寨通过议定具体规范加以保护,主要是不得向河流丢弃生活垃圾及随意排放污水。另外,村寨中的河流旁边一般都有巨大的岩石和绿叶长青的古树,当地村民往往将这些岩石和古树作为自己小孩寄拜的养娘石和养娘树。对于养娘石和养娘树所在的河流,村民更是视为圣水,不准丢弃垃圾或排放污水,以保护河流的生态环境。

二、恭城瑶族环境保护习惯法的运行

瑶族习惯法是自发自为的民间法,是一种国家制定法之外的行为规范和生活准则,其运行机制并不存在国家强制力这样的法律实施保证,而是依赖于道德约束,同时借助国家机关的权威加以适当干预。

(一)道德强制

民族习惯法往往是在本民族内部实施,属于本民族长期生活自发形成的行为规

---

① 《恭城瑶族自治县概况》修订本编写组.恭城瑶族自治县概况:修订本[M].北京:民族出版社,2009:4.

范,这样的规范没有国家制定法作为后盾,主要依赖民族道德的内在约束。恭城瑶族群众多生活在崇山峻岭中,生存条件恶劣,生活较为艰难,需要大家相互帮助扶持。所以,习惯法的内容是通过家庭教育内化为民族道德,要求大家共同遵守,否则便会面临其他人的排挤而无法在村寨立足的道德惩罚。这种道德惩罚往往造成生活基础的丧失,这在条件艰难的山区是不可承受的,所以大家都会认真遵守习惯法规则,以保证家庭、家族、宗族乃至民族的可持续发展。

(二)国家制定法尊重习惯法

过去瑶族群众生活在高山密林中,国家力量对瑶族社会的影响较少,以至于过去有"瑶还瑶,朝还朝"的谚语。但是,恭城地处南岭民族走廊,是中原进入岭南的重要通道、多民族汇聚之地,也是中原文化和岭南文化交汇融合的地方,所以这里的瑶族聚居区受国家力量影响较大。上文所分析的碑文都有国家干预的因素,即长山的封禁多通过官府进行协调,由官府发放权属证书,刻碑公示。如果有侵犯长山的行为,很多也是由官府处理,之后刻碑公示。这些足以说明恭城县的习惯法受到了国家制定法或多或少的影响,国家制定法在很大程度上是尊重习惯法的。

(三)村规民约对环境保护习惯法的吸收

村规民约在中国的乡土社会中一直存在,上文所提及的民国五年(1916年)恭城县第二区三江团黄坪村众等令同立三江乡黄坪寨条规牌就是当地的村规民约。镌刻在石碑上的长山规约、口耳相传的从山制度等,都是当地群众自发约定的保护资源和环境的自治规约。目前,各地农村都出现了由村民委员会制定、村民大会通过的村规民约,这是国家乡村治理的重要内容,也是瑶族习惯法的一种巩固形式。比如,恭城县西岭镇西岭村就制定了《西岭自然村村规民约》《西岭村卫生及保洁制度》《西岭村环境卫生管理村规民约》,由村民委员会张挂在村寨各处设立的信息公示栏,供大家观看。这些村规民约对村民的环境卫生意识、环境卫生管理工作、村庄环境整治、垃圾和污水处理、水源保护、田园清洁等做出了约定,为村环境的优化提供了自治性规范。这样的村规民约实际上吸收了习惯法的内容,使习惯法具有村民自治组织的支持及更为明确的效力。

第四节　经验总结：广西恭城瑶族习惯法提供的本土资源

广西作为相对落后的西部地区,经济发展和法治建设都还任重道远,除了借鉴国内其他地方或国外的先进经验,还应该从自身的资源中寻找有益的元素。正如英国著名学者梅因所言:"立法几乎已经自己承认它和人类在发现、发明以及大量积累财富各方面的活动无法并驾齐驱;即使在最不进步的社会中,法律亦逐渐倾向于成为一种仅仅的表层,在它下面,有一种不断在变更着的契约规定的集合,除非为了要强迫遵从少数基本原理或者为了处罚违背信用必须诉求法律外,法律绝少干预这些契约的规定。"[①]我国在多年的法律移植过程中,遭遇了水土不服的尴尬与窘境,如今应当更多发现自身蕴藏的本土资源,少数民族习惯法便是其中值得我们重点关注和发现的领域。在地方法治的建设和发展中,广西所蕴含的丰富的民族法律文化资源是广西民族立法和法治建设的一个重要本土资源,应当充分发掘其中的积极因素,如契约意识、重商思想、信守承诺等。"这些社会生活中形成的习惯和惯例仍然起到重要作用,甚至是法治的不可缺少的组成部分。"[②]在广西的地方法治发展过程中,将民族的优良传统文化运用到地方立法中,为广西民族法治建设和经济的繁荣提供重要保障。

一、广西恭城瑶族习惯法的有益因素

中国的法律发展历史表明,民族习惯法、民间法是国家立法的重要资源,少数民族习惯法的有益经验为国家的法治建设提供了丰富的本土元素,习惯法中的优秀思想、治理经验、当代价值都是值得我们发掘、总结的活水源泉,将这些本土资源运用到国家乡村治理的具体策略中,对乡村治理具有积极的推动意义。

(一)恭城瑶族婚姻家庭习惯法的优秀思想

瑶族习惯法随着瑶族群众的迁徙和瑶族社会的发展而不断变化,尤其是恭城的

---

① ［英］梅因.古代法［M］.沈景一,译.北京:商务印书馆,2011:197.
② 苏力.法治及其本土资源:修订版［M］.北京:中国政法大学出版社,2004:10.

瑶族社会是瑶族群众迁徙后形成的,同时不断有其他民族迁入恭城居住。瑶族作为当地的主体民族,不断吸收新的元素,因此当地的习惯法形成了兼收并蓄的品格和一种自我创新的机制,并在近现代文明的影响下具备了一定的转化能力,最为典型的就是瑶族村寨将生活中的习惯法通过村规民约这一自治形式进行巩固,这是对国家推行法治和民族自治、村民自治的良好回应。恭城的瑶族习惯法不断发展,以适应新的社会需要,在漫长的历史变迁中表现出了巨大的活力,其内在的经验是宝贵的习惯法资源,对民族法治建设具有重要意义。恭城瑶族的婚姻家庭习惯法经历了漫长的岁月变迁,发展至今,塑造了当地的基本社会形态,为民族的传承发展奠定了基础。在现代文明发展的今天,恭城瑶族社会的婚姻家庭习惯法仍然是型构当地婚姻家庭制度的主要力量,其中的平等思想、自由观念、契约意识和敬老传统是有益因素,有着积极意义,值得我们思考和研究。

(1)平等思想。恭城瑶族群众在历史发展进程中逐步形成了男女平等的思想,对女子出嫁、男方入赘都一视同仁,男女平等享有家庭中的权利,构筑了和睦的家庭关系。所以,有学者指出"瑶族的婚姻习俗,使男女地位平等,男方到女方家上门不受歧视,寡妇再嫁也不受禁止,同时也解决了双方家庭的后顾之忧"①。这样的平等思想对当地瑶族社会的稳定起到了重要作用,对家庭关系、社会结构都有一种稳固的功能。正是这种平等思想的浸润,使当地瑶族社会构筑了和谐的家庭关系,为民族的文明进步奠定了坚实的基础。

(2)自由观念。恭城瑶族群众对婚姻一直秉持自由的观念,男女婚恋自由,只要不违反习惯法,均不加干涉。这一自由观念促进了当地瑶族社会接受现代文明,不断丰富本民族的习惯法,逐步形成了兼收并蓄的品格。

(3)契约意识。恭城瑶族一直以来都有运用契约来规范生活的传统,除了财产方面的契约,婚姻大事也运用契约来进行调整。上文所提及的入赘婚形式就有契约,在近现代称之为入赘合同书,过去多是口头形式,后来采用书面形式,当下也还存在这种契约,只不过多采用口头形式,这就是当地社会具有契约意识的具体表现。

(4)敬老传统。敬老爱老是中华民族的传统美德,也是恭城瑶族社会的习惯法规则。瑶族家庭对老人尊敬有加,孝顺老人是家庭教育的重要内容,从小父母就会教育自己的孩子孝敬老人。如果年轻人不尊重老人、不孝顺老人,就会受到习惯法

① 周世中,等.广西瑶族习惯法和瑶族聚居地和谐社会的建设[M].桂林:广西师范大学出版社,2013:57.

的制约,这种制约主要是道德谴责,同时,亲朋好友、街坊邻居会疏远甚至排挤这样的人,使其无法融入当地的社会,最终无法在当地立足。这是传统熟人社会常用的制裁手段。在当前这个半熟人社会里,这样的方式仍然具有极强的威慑力,维持了当地的传统秩序。

(二)恭城瑶族老人会制度的治理经验

恭城瑶族老人会的存在,对具有社会道德因素的习惯法的传承起到重要作用。这种作用主要表现为对下一代的孝道教育,通过老人会的组织运作,对后辈起到了尊老的教育作用,树立了处理家庭关系、亲戚邻里关系、村寨关系的榜样,并将本民族、本地区的优秀道德文化、思想意识与伦理关系展现甚至灌输给参加处理丧葬事宜的亲戚朋友,从而强化尊老的民族文化和道德责任。

(1)家庭熏陶。历史上,许多少数民族缺少文字记载资料,传统道德都是通过家庭的口耳相传进行传承的,这是内部的熏陶,外部则是习惯法的制度约束。这就形成了道德上的道义要求和习惯法中的制度约束。中国许多民族都有"死者为大,入土为安"的生活传统,广西的少数民族多实行土葬,该传统具有深厚的生活基础。恭城的老人会制度其实蕴含了以先人祖灵为核心的鬼神之说,通过道德舆论和关系维系两个方面来贯彻,最终实现尊老敬老的道德传承。这样的道德传承是以组织化的形式进行的,内容高度统一,人员面广,并且铭刻在习惯法的生活塑造中,成为各村寨群众精神生活的重要内容。

(2)村寨交流。在老人会组织操办丧葬事宜的过程中,本村寨的街坊邻居及其他村寨的亲友都要到孝家帮忙。大家聚集在一起,除了拜祭、悼念死者,表达哀思,还加强了相互间的沟通和交流。在丧葬期间大家一起从事老人会安排的各项服务工作,相互交流,增进了感情,强化了联系,也为社会道德的言传身教提供了极好的范例。这样的组织形式提供了道德传承的平台,尊老敬老这一传统道德得到了延续和发展。目前,我国正在全面推进依法治国进程,并提出了国家治理现代化的目标。我们应当对依法治国的"法"做广义理解,即除了国家制定法,还应当重视具有积极意义的民族习惯法、民间法。恭城瑶族的老人会制度作为民间基层组织,通过长期发展形成了今日的组织规模和治理方式,对尊老敬老、相互帮助的道德传统起到较好的传承作用,其治理经验值得分析研究。

(3)道德自律。通过上文的叙述,可以看出恭城瑶族老人会作为一种民间组织存在于村寨之中,体现了广大瑶族群众的组织治理智慧,这种智慧是通过长久传承而存世的。老人会是以道德治理为基础、以公共契约为主要形式、以习惯法中的制度约束为保障、以广大民众的内心确认来贯彻落实的民间组织,其制度结构具有典型的社会治理结构特点,即偏重于道德约束,而且以道德自律为主、道德强制为辅,这样的组织关系其实是一种浑然天成的结构,因为道德是深深根植于人心的生活要素。正是这种道德自律建构起老人会作为自治组织所具有的公共权威,传承着古已有之的尊老敬老精神。

(4)契约意识。在老人会的制度基础上,各村寨民众也融入了公共契约意识。"众抬人"的本质其实就是村寨中的广大群众通过习惯法的形式订立了一份由老人会料理去世老人丧葬事宜的道德契约,并上升为民众的内心确信。这种契约意识和内心确信保证了老人会作为民间自发成立的组织具有一定的制度力量,可以有效贯彻老人会的基本宗旨,实现尊老敬老的目标。在更加注重组织力量的国家治理中,社会治理是核心内容,应当借鉴这样的模式,通过道德治理中的道义要求、组织建设中的制度约束、契约意识的贯彻落实共同推进国家法治进程,实现乡村治理的现代化。

(三)恭城瑶族环境保护习惯法符合生态文明建设的基本要求

2019年4月28日,习近平总书记在2019年中国北京世界园艺博览会开幕式上讲话,提出了共谋绿色生活,共建美丽家园。绿水青山就是金山银山,成为我国生态文明建设、保护生态环境的重要理念,这与恭城瑶族环境保护习惯法中的神山圣水理念不谋而合。而且,恭城瑶族环境保护习惯法一直践行这样的生态理念,绿水青山在恭城随处可见,广西其他地方也有类似的生态观,"壮美广西,山水如画"正是广西生态良好的真实写照。从另一个层面来看,恭城瑶族的环境保护习惯法符合国家生态文明建设的基本要求,保护自然环境、守护生态家园正是习惯法的精髓所在,这也和国家倡导人们尊重自然、融入自然、追求美好生活的战略目标一致。正是恭城瑶族习惯法这种契合国家生态文明建设的理念和规则,为恭城的良好生态环境提供了非正式的保障,造就了山美水美的生活图景,为国家生态文明建设提供了可资借鉴的经验。

二、广西恭城瑶族习惯法的展望

随着时代变迁和社会发展,当前广西正在紧跟国家步伐大步前进,在乡村治理方面以《中共中央、国务院关于实施乡村振兴战略的意见》《乡村振兴战略规划(2018—2022年)》为指引,以改善乡村人居环境、促进乡村振兴、推动城乡融合发展、促进人与自然协调发展、推进生态文明建设为目标,通过制定完备的治理体系,实现乡村治理的法治化。在这一过程中,广西的本土资源仍然具有十分重要的价值,乡土秩序的强大生命力正是本土法律资源发挥作用的表现。回溯历史,展望恭城瑶族习惯法的未来,或许能够为广西乡村治理的具体建设提供另外一种视角。

(一)恭城瑶族婚姻家庭习惯法的未来发展

在当今社会的发展格局下,恭城瑶族习惯法中的婚姻家庭制度,其未来发展所面临的机遇莫过于生活水平提高、现代文明观念对婚姻家庭的进步性推动,更加巩固了平等思想和自由观念,符合时代的发展趋势。就恭城瑶族习惯法的婚姻家庭制度来看,应当坚持习惯法规则中的优秀元素,引入现代文明观念,取其精华,去其糟粕。习惯法所构建的婚姻家庭制度作为当地瑶族民众生活的基本制度,其中的许多内容有其合理性和时代价值,是重要的少数民族乡土文化资源。2017年1月25日,中共中央办公厅、国务院办公厅印发了《关于实施中华优秀传统文化传承发展工程的意见》,该意见的出台实施对于弘扬中华传统文化具有深远意义。在这项发展工程的建设过程中,恭城瑶族的婚姻家庭习惯法应当是建设的重要内容,通过对这项工程的挖掘和保护,可以提升习惯法的现代内涵,发挥少数民族习惯法的乡土重建功能,促进当地瑶族社会的持续发展。

(二)恭城瑶族老人会制度的当代价值

恭城的老人会制度具有极强的生命力,其价值值得肯定。从目前社会组织治理和发展的趋势来看,应当以现代道德文明作为民间组织的内部自律基础,同时加强外部监督。

其一,根植现代道德文明。现代文明建立在民主与自由的基础上,彰显人的自然属性,崇尚健康向上的精神。对于建立在尊老敬老基础上的道德性社会组织老人会来说,现代文明与老人会的宗旨有着天然联系,只是由于老人会还有传统文化之糟粕的残余,因此碰撞在所难免。现阶段我国提出了社会主义核心价值观,这是现代文明的中国元素。将具有中国元素的现代文明融入少数民族习惯法文化中,对过去的习惯法制度加以改造,使其更符合现代社会发展的方向,是当下少数民族习惯法被重新发掘、重获生机的主要途径。恭城少数民族习惯法中的老人会制度具有坚实的生活基础和鲜明的民族特色,在广大群众中影响深远,并且仍然在民族生活中发挥传承尊老敬老文化及民间组织治理的巨大作用,应当善加利用。在我国全面推进依法治国的进程中,关注少数民族习惯法的既有内容和制度事实应当成为学界和理论界的共识。老人会是恭城少数民族根据生活需要,通过民俗和习惯法加以构建的民间组织,具有深厚的民众基础,符合国家提倡的尊老敬老之要求。在老人会制度原有框架下,引入现代文明及社会主义核心价值观加以改善,使其成为恭城少数民族弘扬尊老敬老传统道德的重要推手,并对丧葬制度进行适当改革,逐步实现该县各村寨的社会主义新农村建设目标。

其二,推动村民自治监督。任何组织的运行都必须有内部和外部两个方面的监督,以保障组织机构的运行。老人会是民间自发成立的非登记组织,从组织到运行都是自发自为的,外部监督几乎不存在。这就导致老人会缺少来自外部的监督力量,处于完全自治的环境下。而老人会的会员都是村寨的住户,平时忙于自己的生活生产,遇到老人过世时才会与老人会发生关系,且秉承过去的传统,都不会过问老人会的运行问题,也就谈不上内部监督了。这就导致老人会的领导层拥有绝对的权力,可以任意左右老人会的组织建设和具体操作。孟德斯鸠曾经说过:"任何人拥有权力都容易滥用权力,这是万古不易的经验。"①在过去的老人会制度里,道德约束在少数民族村寨生活中具有深远影响和巨大强制力,老人会的领导层自律性很强,自我监督可以发挥作用,防止老人会领导层滥用权力。但是,随着现代社会经济的发展,以往的习惯法规则和道德拘束力都大为削弱,领导层逐渐缺乏自律精神,加上没有外部监督和内部会员的监督,滥用权力损害孝家利益甚至整个老人会利益的事便时有发生。老人会作为民间自发形成的自治组织,应当制定自己的章程,明确会员的权利和义务,其中包括监督权,同时规定领导层的权利和义务,加强自治监督。另外,还应该强化村民委员会的监督,形成内部自律和外部监督双管齐下的治理结

---

① [法]孟德斯鸠.论法的精神:英文影印本[M].北京:中国政法大学出版社,2003:155.

构,保障老人会的根本宗旨得到贯彻。2019 年 5 月,恭城县西岭镇西岭村翠峰街老人会在操办一次丧葬事宜时,将扎杠①地点选在了西岭村委会刚建成不久的公共文化服务中心广场上。在葬礼之前,西岭村委会就已经通知翠峰街老人会不要在公共文化服务中心广场上扎杠,理由为广场是大家集会、娱乐的场所,在那扎杠不妥。但是,翠峰街老人会没有按照村委会的要求,出殡当天依然在广场上扎杠。此次葬礼过后,西岭村委会便将翠峰街老人会起诉到了法院。该事件发生的本质是西岭村委会对老人会进行监督,但是老人会并没有接受这样的监督。据笔者了解,此次事件最终以和解告终,由翠峰街老人会向村委会道歉,并发布道歉布告。这样的结果是西岭村委会行使自治权力的具体表现,也是基层自治组织治理的结果。相信此次事件之后,会对老人会产生一种新的监督,即村委会作为农村基层群众的自治组织,应当享有对本村范围内的民间组织进行监督的权利。在《中华人民共和国民法总则》确立了村委会的特别法人地位之后,这样的监督更应该得到强化,促使老人会的运行更加符合乡村振兴的基本要求和最终目标。

(三)恭城瑶族环境保护习惯法的现代融合

目前,我国正在全面推进依法治国,广西同样面临治理法治化的问题,其中的环境治理对于面临经济发展重任的广西地区来说具有重要的意义,如何既能加快经济发展又能守护良好的生态环境,是亟待解决的问题。恭城县在环境治理方面虽然取得了不错的成绩,但是依然需要积极推进环境治理的法治化建设。在这个过程中,恭城县应当抓住国家生态保护战略的契机,充分利用民族自治地方立法自治权的制度优势,融合当地的环境保护习惯法资源,深入贯彻国家生态文明建设的有关政策方针,不断推进清洁乡村建设,通过制定单行条例巩固有关制度,为恭城县的生态建设和环境治理提供有效保障。

其一,国家生态保护战略的契机。随着近现代人类社会的发展和工业的进步,全球经济在工业化的过程中实现了高度繁荣,但是这种繁荣却是以破坏自然生态环境为代价,对资源的大肆开采、对森林的乱砍滥伐、对河流的肆意污染等,使得地球的生态环境遭到极大破坏。我国的工业化起步较晚,在经济建设过程中也对生态环境造成了较大破坏。为了实现可持续发展,恢复过去良好的生态环境,党的十八大

---

① 扎杠是指将死者的棺木从家中抬出,到指定地点用绳索和抬木捆扎好,便于送葬队伍抬棺和换人。

提出了努力建设美丽中国的目标,我国的生态文明建设也自此进入了快速发展的轨道。2015 年 9 月 21 日,中共中央、国务院印发了《生态文明体制改革总体方案》,提出了生态文明体制改革的总体要求及建立农村环境治理体制机制的具体目标。2016 年 11 月 24 日,国务院印发了《"十三五"生态环境保护规划》,要求实施一批国家生态环境保护重大工程,其中就包括农村环境综合整治。2013 年至 2017 年这五年的政府工作报告都有关于生态文明建设和自然环境治理的施政方案,生态文明建设已经成为国家重要的发展战略。由此可见,党中央已经将生态建设上升到了执政蓝图中,体现出了前所未有的治理决心。

在生态保护和环境治理的立法方面,国家层面的法律法规主要有《中华人民共和国环境保护法》《中华人民共和国水污染防治法》《中华人民共和国大气污染防治法》等法律,《环境保护公众参与办法》《中华人民共和国水污染防治法实施细则》等行政法规及其他部门规章。地方层面主要有《广西壮族自治区环境保护条例》《广西壮族自治区农业环境保护条例》,以及恭城县的《恭城瑶族自治县森林资源管理条例》等自治法规。在国家与地方两个层面的环境保护和治理的法律体系中,国家立法确定了生态文明建设和自然环境治理的原则性方向,地方法规则结合本地实际利用地方自治权制定自治法规,贯彻国家的生态文明和环境治理法律法规政策和精神,如《广西壮族自治区环境保护条例》就是根据国家层面的环境保护法制定的,秉承的是国家环境保护法的基本原则和主旨精神。恭城县应当抓住国家部署推进生态文明发展战略的大好时机,切实贯彻国家和自治区的有关政策,将生态文明与当地的环境治理经验深度融合,走出一条符合本县实际、具有民族特色的生态文明建设和自然环境治理的可行之路。

其二,清洁乡村建设工程的推动。国家以政策文件的形式自上而下开展城乡清洁工程,这一活动对城乡尤其是乡村的生态环境保护具有深远意义。乡村清洁工程是有利于国计民生的工程,但在恭城县却只是国家政策支持的建设项目,没有形成长效机制。一些村寨建成了垃圾处理站,但是却没有投入使用,生活垃圾仍然做填埋处理,造成土壤污染;还有一些垃圾储存设备被闲置,没有发挥应有的作用,这种情况在其他县市也都存在。为了巩固"美丽广西·清洁乡村"活动的成果,2016 年 1 月 29 日广西壮族自治区第十二届人民代表大会第五次会议通过了《广西壮族自治区乡村清洁条例》。该条例自 2016 年 7 月 1 日起施行,对乡村污水垃圾处理、饮用水源保护及农业面源污染防治等进行了规定。另外,2015 年 7 月 14 日,广西壮族自治区人民政府发布了《广西壮族自治区人民政府关于实施大县城战略提高县域城镇化发展水平的意见》。该意见明确提出深入开展"美丽广西"乡村建设活动,扎实推进清洁乡村、生态乡村、宜居乡村和幸福乡村建设,按照发展中心村、保护特色村、整治"空心村"的要求,加强乡村规划,加快农村基础设施建设,推进城镇基础设施和公共服务向农村延伸,大力发展农村社会事业,创新完善农村基层治理结构,建设一批卫生整洁、生态良好、环境优美、和谐幸福的宜居村庄和新型农村社区。恭城县在贯彻落实清洁条例时,可以根据本地实际进行变通,在环境保护条例中做出规定,细化自治区的规定,将其作为地方制度加以固化,形成长效机制,为恭城的环境治理提供坚实的制度保障。

(四)民族自治地方立法自治权的制度优势

正如有的学者所言,对于符合我国环境法制建设精神要求的民族习惯法文化,要积极加以确认、保护,使其由习惯法文化逐渐发展为制度文化。恭城县的婚姻家庭习惯法、老人会制度、长山制度、从山制度等,属于民族习惯法的范畴,带有明显的地方特色,属于地方性的习惯法文化,其制度主旨符合国家婚姻家庭制度、组织治理、保护自然资源、进行环境治理的基本要求,应当考虑将其纳入地方法规。当制定法的内容与当地的社会秩序兼容,制定法就容易被接受,反之,则会受到抵制。"这些社会生活中形成的习惯和惯例仍然起到重要作用,甚至是法治的不可缺少的组成部分。"以环境治理为例,建议恭城县甚至广西融合本地的习惯法制度制定单行条例和地方性法规,根据实际细化国家的规定。鉴于县城、市区建有生活污水处理设施及生活垃圾处理场、烟尘控制区、噪声环境功能区(两控区),相关立法应当强化县、市财政对农村环境治理技术设施建设的投入,将其作为地方制度加以固化,形成长效机制,为恭城的环境治理提供坚实的制度保障。同时,实现习惯法与环境治理法治化的对接。这是地方环境治理法治化尊重当地习惯和习惯法的具体表现,也是将环境治理的地方智识纳入制定法,给予地方经验更高层次的权威保障,进而提高制定法的实施效果。在环境治理过程中对少数民族习惯法资源的发掘和利用,也许就是对我国法治建设中的本土资源所具有的"理论自信"。

当下的中国处于一个大变革的时代,制度革新推动社会进步,在乡村治理方面亦是如此,乡村治理的法律制度为乡土秩序、组织化治理、生态环境保护和可持续发展奠定了基础。而习惯法的存在更是乡村治理制度不可或缺的组成部分。西南诸省份少数民族聚居的地区都有婚姻家庭、组织架构、环保等方面的习惯法，形成了深入人心的民间规范，是少数民族群众在建设家园、谋求发展过程中的习惯法治理智慧，具有较强的地方性特色，符合当地民众的生活需要，型构了当地民众乡村治理方面的习惯法制度框架，成为当地生活的重要内容。这样的制度事实是广西开展乡村治理的主要经验，值得制定法吸收借鉴。"只有找准国家制定法与瑶族习惯法之间的契合点，通过长期而深入的努力，才能逐步使国家制定法在少数民族地区深入人心，在少数民族地区发挥更重要的作用。"①这个契合点就是民族区域自治制度，该制度下的民族自治地方具有较大自治权，尤其是通过民族自治地方立法的形式将习惯法中的有益经验纳入正式的地方制度，实现乡村治理的法治化，更有利于推动和谐家庭、组织治理、自然资源保护和生态环境治理的制度建设。有学者提出了乡村治理的总体性问题，其实这是一种全局性的治理理念，应当包含乡村环境治理的内容，当然也需要考虑地方治理的传统资源和少数民族习惯法的治理资源。广西应该在乡村治理的法治化建设中注重发掘本地方的传统资源尤其是优秀的习惯法资源，为乡村治理制度的完善提供可资借鉴的本土经验和地方智识。

第五节　乡土重建：广西乡村治理的习惯法借鉴

　　就恭城瑶族习惯法的部分制度来看，习惯法所构建的具体制度作为当地瑶族民众的基本生活框架，其中的许多内容有其合理性和时代价值，是重要的少数民族乡土文化资源，应当取其精华，去其糟粕，坚持习惯法规则中的优秀元素，引入现代文明观念和社会主义核心价值观。2017 年 1 月 25 日，中共中央办公厅、国务院办公厅印发了《关于实施中华优秀传统文化传承发展工程的意见》，该意见的出台实施对于弘扬中华传统文化具有深远意义。在这项发展工程的建设过程中，恭城瑶族的习惯法应当是当地文化建设、法治发展的重要内容，通过这项工程对习惯法进行整理、挖掘和保护，可以提升习惯法的现代内涵，发挥少数民族习惯法的乡土重建功能和社会治理功能，促进当地瑶族社会的持续发展。桂林市的地方立法也应当吸收习惯法

---

① 杨平,殷兴东.从习惯法的视角看民族地区的非诉讼纠纷解决机制[J].兰州交通大学学报,2011(5):66-68.

中的有益元素,与习惯法进行良好衔接,可以通过发掘当地的民族法律资源、吸收有益的民族习惯法经验,提高地方立法的社会认同度与可操作性。

一、深入发掘当地的民族法律资源

广西是一个多民族聚居的自治地方,一直善于学习其他省份和发达国家的管理经验,其地方立法也具有兼收并蓄的天然优势。改革开放以来,广西的地方立法有了长足发展,初步形成了独具民族特色和地域特点的地方立法体系,立法内容涵盖经济、社会、历史文化、环境保护、组织建设、乡村治理等各个方面。广西的乡村清洁、乡村规划都有地方性法规进行制度保障,乡村治理取得了较为显著的成绩。在这个大变革的时代,广西的乡村治理工作应当有更大建树。在立法方面,广西的乡村治理要注重发掘本土资源,尤其是自身的习惯法资源,广西的民族习惯法一直发挥积极作用,这就是当地的民族法律资源。广西应当通过多种形式发掘和整理当地的习惯法资源,同时充分利用科研机构研究习惯法的理论成果,为地方立法提供丰富的民族习惯法资源和有益的治理经验,提高立法质量。

(一)通过多种形式发掘和整理当地的习惯法资源

恭城的瑶族习惯法资源应当成为广西地方立法过程中民主立法应当吸收的一种社会意见,毕竟这些习惯法规则是当地民众经过数百年甚至数千年的生活所积累的社会经验。就目前我国民主立法的主要形式来看,主要有立法调研、向社会各界公开征求意见、立法座谈会、论证会等形式。从具体的操作而言,立法调研是立法工作人员深入社会各界了解相关立法的社会基础常用的一种形式。立法工作人员通过与社会各界人士沟通交流,可以更好获得立法所需要的各种社会元素,即获得当地的本土法律资源。向社会各界公开征求意见一般是草案已经起草完毕,社会公众可以直接对草案提出自己的看法,其中就包括不同民族公众的不同看法,会有民族习惯法的思考维度。立法座谈会、论证会则可以听取民族习惯法研究方面的专家提出的专业建议。这些专家一直研究民族习惯法,对其中的习惯法资源有着较为全面的掌握和认识,可以为立法提供较为专业的习惯法知识。

有学者指出:"现代村规民约既是国家'村民自治'政策与法律原则的产物,又能切实地体现村民的利益,是我们寻求国家制定法与少数民族习惯法不断调适的首选模式。"①在我国建设社会主义法治的进程中,国家制定法是主体,但是对于包含众多积极因素的民间法或民族习惯法应当引起足够的重视,许多少数民族地区的民族习惯法已经逐渐通过村规民约的形式发挥作用,成为我国农村村民自治的重要内容,对推动村民自治向法治化轨道发展起到了积极作用。现代法律应该且必须从优良的民间法中汲取营养,中国社会主义立法固然要学习国外先进的经验,但它的土壤在中国。② 那么,广西民族自治地方立法的重要土壤之一就是各民族的习惯法资源。因为少数民族习惯法发展到今天,原来所包含的尊重和保护财产权、婚姻家庭、生产分配、债权契约、保护环境等具有积极影响的内容,已经深深根植在广大少数民族地区,并通过现代村民自治表现形式的村规民约进入各族人民的社会、经济和生活领域,成为制定法的重要补充形式,维系着少数民族地区的社会和谐与经济发展。国家立法和地方立法都应当吸收民间法或民族习惯法的积极内容和有益经验,实现制定法和民间法的良好互动,构建符合各个民族整体利益的社会主义法治社会。广西立法机关在制定自治条例和单行条例时应当充分考虑本区域民族习惯法的积极因素,构建具有广西民族特色的地方民族法制体系,为本地的民族法治甚至国家民族法治的完善提供有益的制度经验。

(二)充分利用科研机构研究习惯法的理论成果

理论对实践具有指导作用,学界对习惯法的研究成果是重要的理论资源,对立法实践具有重要的指导意义。目前,学界陆续有专门研究瑶族习惯法的成果问世,一些研究地方立法的成果也对地方的习惯法有所关注。这些成果是在总结民族习惯法的历史经验及当代价值的基础上所积累的法学理论的重要内容,是对少数民族生活实践的总结。广西民族大学的学者针对瑶族习惯法进行了较为全面的研究,涉及瑶族历史、文化、习惯法、村规民约等多方面的内容,并出版了系列研究成果,为广西的地方立法提供了可资借鉴的理论资源。过去,广西的各少数民族都没有自己的文字,文化传承依靠口耳相传和刻在石碑上。很多少数民族的习惯法规则都是刻在石碑之上,比如上文提到的恭城瑶族习惯法中的长山制度。其他地方如金秀的大瑶

---

① 谭万霞.村规民约:国家法与民族习惯法调适的路径选择——以融水苗族村规民约对财产权的规定为视角[J].法学杂志,2013,34(2):80-86.

② 周世中,等.西南少数民族民间法的变迁与现实作用——以黔桂瑶族、侗族、苗族民间法为例[M].北京:法律出版社,2010:313.

山团结公约也是刻在石碑上的。2018年4月7日,广西师范大学成立了石刻文化研究中心。[①] 该研究中心的成立必将对广西的石刻文化资源进行有效发掘和保护,通过整理各个历史时期不同民族、不同地域、不同内容的石刻,将广西丰富的石刻文化发扬光大,形成体系化的民族文化资源。广西师范大学石刻文化研究中心运用专业方法搜集整理这些石刻资源,是文化传承的重要途径。这些资源的传承也必将成为广西地方立法的重要参考因素,为广西地方立法的科学性、实用性提供支持。广西师范大学、广西大学和广西民族大学都有民族习惯法方面的研究机构和研究人员,研究成果极其丰富,广西地方立法应当充分利用这些理论成果,作为制定地方性法规的重要指导性资源,增强立法的科学性、民主性,提高立法的社会认同度和可操作性。

二、吸收有益的民族习惯法经验

广西的地方立法除了汲取学界的理论资源,还应当吸收当地有益的民族习惯法经验,以夯实立法的社会基础。正如上文所述,恭城瑶族习惯法中的长山制度、从山制度,以及其他一些县乡、村寨的习惯法规则,都是在当地具有较高社会认同度的行为规范,对当地的社会秩序具有较好的稳定作用。广西的地方立法可以秉持兼收并蓄的态度,对这些习惯法经验进行有效甄别,吸收其中有益于广西地方立法的经验,充实到立法过程和具体制度中,为法规的完善提供支持。

(一)借鉴瑶族习惯法中的环境保护规则

上文已经提及,恭城、龙胜、兴安等地的瑶族习惯法都对保护自然资源和生态环境做出了具体的规定,比较典型的就是恭城瑶族习惯法中的长山制度和从山制度,还有龙胜、兴安等地的水源山、老山制度。这些保护自然资源和生态环境的规则,为当地社会生活环境及社会经济的可持续发展提供了有效的民间自治制度保障。有学者认为,环境习惯法是我国农村环境法治建设的文化基础,可以丰富和弥补国家制定法,为构建农村环境法治秩序提供完善的法律制度。有利于节约法律资源,降低构建农村环境法治秩序的成本。[②] 广西各市县、各乡镇、各村寨大都存在保护自然

---

① 关于成立广西师范大学石刻文化研究中心的通知(师政人事〔2018〕28号)。
② 田信桥.环境习惯法研究[M].北京:法律出版社,2016:80-81.

资源和生态环境的民族习惯法,其中,瑶族习惯法尤为典型,具有体系化的制度安排,为当地的生态环境保护提供了地方智识。广西应当考虑借鉴这些习惯法中的环境保护规则,结合自身的实际需要,强化环境的立法保护,提高环境保护法规的社会认同感和可操作性。具体而言,广西在制定环境保护法规时可以将现有的环境保护习惯法中有益的行为规范纳入其中,上升为国家制定法的制度体系,实现国家制定法和瑶族习惯法的良好互动和有机衔接。

(二)汲取瑶族习惯法中的治理经验

从恭城瑶族习惯法来看,道德自律与村民自治一直贯穿其中,形塑了瑶族民众的基本行为模式,也建构了民间社会治理的主要规范制度,促进了当地社会的有序发展与和谐共荣。中华人民共和国成立前,瑶族社会长期处于排斥中央王朝管辖的状态,"瑶还瑶,朝还朝"是其社会基本情况,这样的状态实际上是一种瑶民自治的结果。中央王朝的统治无法有效触及瑶民聚居的岭南地区,只能实行羁縻制度或者土司制度,瑶族社会的生活秩序就是依靠其习惯法进行建构的,这是民间规范对民间社会的一种塑造。新中国成立后,瑶族群众在党的领导下实现了自身解放,从奴隶制社会、封建社会过渡到社会主义社会,在经济上取得了巨大发展。但是,瑶族习惯法中的道德自律和村民自治传承了下来,其具体表现形式就是在日常生活中依然遵循习惯法的制度安排,同时吸收当代的民主形式制定村规民约来强化习惯法的运行。有学者指出,从法社会学的视域看,瑶族村规民约就是行动中的活法,它是基层社会稳定与繁荣的润滑剂,延续着国家权力对社区的控制。① 这些村规民约为当地的经济社会发展提供了非正式的行为规范和民间秩序,大家都自觉遵守,推动当地社会进步。广西的地方立法也应当汲取当地瑶族习惯法中的社会治理经验,通过立法加强民众的道德自律和自治精神,结合社会主义核心价值观的践行对民众的道德伦理进行正确引导,减少法律法规在执行过程中的阻碍,实现法的良好运行,为广西的经济发展提供有效的制度支持。

现代社会的发展注重家庭的和谐、社会组织的建设及生态环境的保护。作为国家治理中的重要内容,良好的家风、社会组织的治理、生态文明建设已经得到高度关注。在我国全面推进依法治国的进程中,广西的法治建设也应当齐头并举,而这个

---

① 覃主元,刘晓聪.瑶族习惯法与社区控制和法治秩序构建[M].北京:民族出版社,2014:272.

过程应当充分重视少数民族地区的婚姻家庭制度、民间组织发展及生态环境治理经验,为广西的乡村治理提供支持。广西恭城县作为多民族杂居的瑶族自治县,其婚姻家庭习惯法、老人会制度、环境保护规则在历史长河中发挥了重要作用,对该地区尊老敬老传统美德、尊重自然、保护生态的传承有深远意义,在乡村治理方面有着独特的经验,值得学习和借鉴。在促进广西社会治理能力和治理体系现代化、法治化,尤其是提高广西乡村治理水平的进程中,应当充分观照少数民族习惯法中的制度文化,深入发掘不同民族习惯法的优秀治理经验,为实现广西乡村治理能力和治理体系的现代化和法治化贡献力量。

有学者认为,在政府主导进行的基层治理法治化进程中,本土资源的固有优势彰显出现代法治侵入之艰难。① 其实,现代治理体系和治理能力并非要去侵入本土资源,而是充分利用本土资源的优势,因势利导。本土治理当然要考虑本土资源,乡村治理尤其应当如此。正如有学者所言:"立法者应抛弃传统的单纯国家本位法观念,在立法过程中采纳多元视角,适度认可习惯同为治国之常经,使中国法制整体有扎实的本土社会根基。"②在广西的乡村治理过程中,通过立法来完善乡村建设和实现乡村振兴确实是一个主要途径,但在立法过程中绝不能忽视广西当地的习惯法因素,要充分考虑当地习惯法的制度惯性和所具有的优势,适当汲取习惯法的有益经验,引导当地的习惯法不断与国家制定法进行良性互动和有机衔接,探索出一条行之有效的乡土社会治理法治化道路。正如《中国共产党农村工作条例》第十七条规定:"建立健全党委领导、政府负责、社会协同、公众参与、法治保障、科技支撑的现代乡村社会治理体制,健全党组织领导下的自治、法治、德治相结合的乡村治理体系,建设充满活力、和谐有序的乡村社会。"广西的乡村治理应当在党的领导下,高举中国特色社会主义旗帜,结合广西乡村的实际,充分运用当地的本土资源,推动乡村治理的法治化建设,保证乡村振兴战略的贯彻实施。

① 梁平.基层治理的践行困境及法治路径[J].山东社会科学,2016(10):71-76.
② 邓建鹏."化内"与"化外":清代习惯法律效力的空间差异[J].法商研究,2019,36(1):182-192.

第六章
民俗文化融入乡村社会治理的图景、路径与展望①

第一节　乡村治理的文化内涵

国家治理体系和治理能力的现代化，离不开乡村治理的现代化。中国拥有历史悠久且高度发达的农耕文明，乡村一直是国家治理的主要场域，村民也一直是国家治理的主要群体。党的十九大报告指出，"加强农村基层基础工作，健全自治、法治、德治相结合的乡村治理体系"。这是党中央在新时代的重大决策部署，是实现乡村振兴的重要举措，也是做好新时代"三农"工作的重要抓手。

乡村社会治理，不仅需要考察国家层面对乡村社会的影响，而且要考虑乡村社会自有的秩序逻辑对国家政策的接受或回应。后者涉及乡村社会治理的历史底色和资源凭借。从历史底色来看，古代中国逐渐形成了以乡村基层组织为核心、国家间接控制与乡村社会自治相结合的治理体制，近代以来国家政权开始逐渐延伸到乡村一级，基层治理呈现出传统与现代的交融，而调整、适应、提升则是中华人民共和国成立后乡村治理运转的基本形态。正是在这一漫长的历史岁月中，中国的乡村治理积累了丰富的经验，形成或拥有了丰富的资源凭借，包括行政力量、行政调控、市场配置、法律、社会组织、文化、习俗等。中华文化源远流长，博大精深，但中华文化的祖根却在乡村。乡村里相当多的地方还保留了中华文化最早最扎实的传统形态。因此，传统文化是乡村重要的治理资源，当然也是乡村社会发展的不竭动力。

---

① 本章的田野资料是本章作者近几年指导的广西师范大学社会学专业学生做毕业论文时回乡调查所得。他们分别是 2010 级的韦兰素，2012 级的李海漩、苏文骞，2014 级的杨雨霜。感谢他们在田野调查中的辛苦付出。

产业兴旺、生态宜居、乡风文明、治理有效、生活富裕是我国乡村振兴战略的总目标。① 党的十九大报告提到的生态、乡风、治理与民俗文化有着非常密切的关系。所谓民俗，按照中国民俗学界泰斗钟敬文先生的定义，"民俗，即民间风俗，指一个国家或民族中广大民众所创造、享用和传承的生活文化"②，是人们为满足物质生存、种族繁衍、社会适应和精神活动而发明的文化设置。从这个意义上讲，民俗文化即日常生活文化、生活传统，生活文化是民俗文化的核心内涵。但是，从民俗的表现形式和所发挥的功能来看，民俗又超越一般的日常生活，是日常生活中那些华彩的部分。③ 它以稳定而普遍的模式代代传承，也借助其习惯性和情感性特点而深入人心，有着独到的社会建构意义。具体说来，民俗文化对于个体社会化、社会秩序的维持和运转的意义主要体现在：在社区成员的社会化过程中起到教育和模范塑造作用；规范约束个体行为方式；统一群体思想与行为，以保持其向心力和凝聚力；通过娱乐、补偿等方式调节社会生活和心理的功能；等等。④

乡村民俗，或村落民俗，是村民们世代累积下来的思想与生存习惯。这些民俗传统一般分成三个层面：一是物质民俗传统，包括物质生产、物质生活，即那些生产生活类的民俗活动或事项。二是社会民俗传统，是在社会适应过程中所发生的，节日、人生仪礼、社交礼俗都属于社会民俗传统。三是精神民俗传统，包括伦理道德、信仰、娱乐艺术。如果更细致地进行分类，又可分为生态民俗传统、生计民俗传统、社会民俗传统、信仰与道德伦理的精神民俗传统、村落文艺民俗传统五大类。⑤ 村落民俗，是乡村社会持久传承的宝贵的文化遗产，也是一笔丰厚的文化资产。只不过，正所谓"大道无痕"，长久以来，村落民俗的诸多作用和社会功能犹如春风化雨，润物细无声，入生活于无形，人们习以为常，以至于没有引起人们足够的重视。

由于近一百多年来我们的许多传统文化，特别是民俗文化都不同程度地遭到了破坏、损毁，现在又处于复活、复兴、振兴的阶段，我们亟须对它进行深入研究，重新发现它对于当代乡村社会的资源价值，把它作为创新性发展与创造性转换的文化凭借，以此助力乡村治理和乡村振兴。正如习近平总书记在中共中央政治局第十八次

---

① 习近平.决胜全面建成小康社会　夺取新时代中国特色社会主义伟大胜利——在中国共产党第十九次全国代表大会上的报告(2017 年 10 月 18 日)[M].北京:人民出版社,2017:32.

② 钟敬文.民俗学概论[M].上海:上海文艺出版社,1998:1.

③ 田兆元.民俗学的学科属性与当代转型[J].文化遗产,2014(6):1-8,157.

④ 钟敬文.民俗学概论[M].上海:上海文艺出版社,1998:27-32.

⑤ 萧放.民俗传统与乡村振兴[J].西南民族大学学报(人文社会科学版),2019,40(5):28-36.

集体学习时（2014 年 10 月 13 日）强调的那样，"中国的今天是从中国的昨天和前天发展而来的。要治理好今天的中国，需要对我国历史和传统文化有深入了解，也需要对我国古代治国理政的探索和智慧进行积极总结……一个国家的治理体系和治理能力是与这个国家的历史传承和文化传统密切相关的。解决中国的问题只能在中国大地上探寻适合自己的道路和办法"。可以肯定，在目前中国社会这场空前宏大、重要的治理工程中，民俗文化不应仅限于被保护被传承以彰显地域特色、增加旅游经济效益的角色，而应当能够且必须以积极能动的姿态参与到乡村社会治理及其创新体系中来，彰显其独特的价值。[①]

本章选取广西北流市的年例、北海市公馆镇的做社、防城港市京族的哈节、河池市环江毛南族自治县毛南族的傩戏四项民俗文化为研究对象，深入这些民俗流传地的街头巷尾、田间地头，挖掘这些民俗文化的内涵，阐释其价值，探讨这些民俗文化融入当代乡村社会治理方面的图景、路径和发展趋势，以及这些民俗文化在融入乡村社会治理的制度建构等方面的问题。

第二节　北流市的年例

年例，即年年有例，是广东西部、广西东南地区村镇间流传的一种极具地域特色的古老祭祀活动，也可以说是敬神、游神，通过祭祀祈祷风调雨顺、百业兴旺、国泰民安，纪念先祖迁移落脚的综合性节日活动。由于举办时间从正月初二起至正月底，多数地方集中在元宵节前后，其间各个村镇要轮流举行，时间不定，因此年例实际上是扩大了的春节、元宵节、庙会。[②] 年例，活动形式一般由起（看）年例、吃年例、做年例三部分组成。

年例起源地在岭南，目前以广东茂名市电白区、高州市等，湛江市吴川和廉江等，以及雷州半岛地区最为盛行。广西东南部与广东西南部邻近，在文化、语言、习俗等方面有着相似、相同之处，因而也流行年例习俗，尤其是玉林市北流南部的六靖、清湾、石窝、白马、大伦、扶新、平政等乡镇，一直存在年例祭祀活动。

---

① 　沈昕,周静.民俗文化的社会治理意义——以徽州古村落为例[J].理论建设,2015(3):95-98,112.
② 　民俗文化[EB/OL].https://baike.baidu.com/.

一、北流年例的历史渊源

北流年例的来历没有明确的史料记载,民间传说有三大起因:

一是人们出于对自然环境、神灵的畏惧心理。岭南地区在古代属于"乌烟瘴气"之地,天气炎热,环境恶劣,地形复杂,自然灾害频发,所以多有表达对自然和神灵的敬仰的祭祀活动。这个可以从早期的年例仪式中通过祭祀、祭宗等活动看出来。

二是受俚文化的影响。古代岭南地区,为百越之地,土著人居多,汉人极少,后来秦始皇统一中国,到南越国的建立,岭南地区经济社会文化获得发展,百越文化与汉文化出现融合。每年的初春正是农闲时期,为了丰富娱乐生活,人们便组织起来,挑选一个日子来开展演木偶戏、舞狮等娱神的活动,以祈求来年风调雨顺、生活安康,促进亲友来往、联络情感,以此表达对未来美好生活的期盼。后来,才慢慢发展成为今天的年例。

三是专门为洗夫人开展的纪念活动。这是目前最为流行的说法。洗夫人是岭南地区民间传说中的著名女首领、女英雄。《唐书·焦国夫人传》《北史烈女传》及《资治通鉴·焦国夫人》等古籍中都有对洗夫人的功勋的记载。史学家吴晗也曾在1961年1月14日的《光明日报》发表文章《洗夫人》,高度赞扬她对国家统一、民族团结、社会进步做出的贡献。北流六靖镇一带的村民,至今还流传关于洗夫人和年例的关系:"在梁朝至隋朝年间,广东高凉(今高州良德)有一位中国古代百越领袖,称为洗夫人,她历经梁、陈、隋三朝代,一生致力于维护国家统一和民族团结。别看她只是个女子,带兵打仗一点不输男子。后来她嫁给了官家太守冯宝,共同协助朝廷治理岭南,岭南一带人民从此安居乐业,保持了长时间的和平与稳定。洗夫人爱民如子,常常深入民间听民声、察民情,带领百姓筑河堤、除水患,为百姓做了很多实事、好事。有一年,她来到北流地区巡查,在正月十一来到石窝,正月十五来到六靖,正月十六来到大伦,二月初一来到平政,二月初二来到白马。为了纪念她,百姓就把她来到当地的那天定为纪念日。后来,人们发现洗夫人的母家(今高州一带)有纪念洗夫人的节日'年例',于是纷纷效仿。"一千多年来,人们为了铭记洗夫人对岭南地区的贡献,纷纷建庙立宇,供奉怀念。根据调查,大伦镇是最早以纪念洗夫人做年例的乡镇,六靖镇则在多年前为洗夫人建立了占地一亩多的庙宇,每年香火不断。

北流地区的年例,在清朝、民国时期处于兴盛发展的阶段。"文化大革命"时期,年例被当作"四旧"而被禁止了一段时间,改革开放后年例的习俗逐渐恢复,至今已蔚为壮观,成为北流南部历史悠久、底蕴深厚的一道民俗饕餮。

二、北流年例的现状

现如今,北流南部地区各个村镇的年例活动,大都缩短为一天。各个乡镇村屯按照约定俗成的日子轮流举办,具体时间大致安排如下:

(1)各镇街道年例时间表。

石窝镇,农历正月十一;六靖镇,农历正月十五;扶新镇,农历正月十五;大伦镇,农历正月十六;清湾镇,农历正月十七;平政镇,农历二月初一;白马镇,农历二月初二;沙垌镇,农历二月初二。

(2)各村级年例时间表。

六靖镇各村:正月初六,长江村良振队(北流最早的年例),旺坡村蒙垌队、邦根队;正月初八,沙冲村、大坡村;正月初九,那排村;正月十三,长江村尾、平山坡、龙湾村、茶山村;正月十四,垌尾;正月十五,森隆村;正月十六,石寨村、镇南长塘;正月十七,云罗村西岸组、沙冲村部分组、西山;正月十八,云罗竹高村、糖柄,大坡村;正月二十一,云罗村北牛垌组;正月二十三,西山水冲;二月初二,横山组、李冲村、响水底。

石窝镇各村:正月初六,蒙冲村红星、坂塘、长坑、上珍村;正月初七,煌炉村、红马、煌灶风捎塘大队;正月初八,河浪村、石录村、沙田;正月初九,平田村、上垌村洋伦口组;正月初十,蒙冲黄竹窝、煌炉、山平、旺炉、那鞋;正月十一,石窝圩;正月十三,六金村;正月十四,雀山村、上寨、塘吉垌、那悦、大田头、黄锋湾;正月十六,蒙冲大队;正月十七,黄田良村组和洞心组;正月十九,石窝村尾、关塘、黄田村上径;二月初九,平田旺竹片。

清湾镇各村:正月初九,清平村大罗洞、红新、新村、古楼坡、永中、顺水组;正月十一,清平西冲、北浩组;正月十二,清平中间村、河口组;正月十四,双龙;正月十五,清平山尾、君永洞、龙坡组;正月十八,候山。

平政镇各村:正月初五,岭南村木铺;正月十八,北河村上垌组、双头村下片的9—14队的自然村;二月初一,岭垌村。

由于时间安排非常紧凑有序,人们早早就安排好这一段时间来赴年例,赶了这个镇又赴那个镇,去了这个村又到另一个村,在民俗味浓郁的乡间徜徉忘返。

各个村镇举办年例的时间不同,有利于临近村子的村民互相串门及亲友之间联络感情。年例寓意"年年有例,岁岁有期",过完年例相当于春节的结束,所以民间一般有"年例大过年"的说法。这一天,家家户户杀鸡宰鸭宴请四方宾朋吃年例,备好火纸、蜡烛、鞭炮及三牲迎神祇,举行祭祀活动,街头巷尾有舞狮、舞麒麟及各路菩萨神像巡游,乡土美食特产触目皆是,还有烧"火盒"、抢炮头等极富乡土风味的大众娱乐活动,乡戏、篮球赛等文体活动精彩纷呈……

今天,北流的年例已经成为亲友之间欢聚一堂、联络情感的重要日子,年例的重心也从"看年例"转变为"吃年例"。从年例活动形式的多样化到年例饮食的多样化,都体现了人们的生活的多样化发展。

三、北流年例的仪式过程

年例最初的含义是敬神拜祖,祈求风调雨顺,因此,祭祀始终是最重要的内容。当然,随着社会的发展,以及人们需求的多样化,其内容也有了新的变化。总体上看,年例的仪式,一是出现了某种程度上的简化,但是核心内容和具有历史感的环节还是占据主导地位;二是随着生活水平的提高,年例的人气越来越高,氛围越来越浓,成为集中展示当地传统文化的共同节日;三是年例的性质,已实现从过去取悦神灵到娱乐人、垦亲、攒人气、聚人心的转变。

(一)年例仪式前期

年例前期由专门准备年例的理事会(当地人称为"炮会")负责筹措资金、征集人员、筹划活动等工作。

理事会负责发动每家每户捐资,捐资属自愿行为,有多出多,有少出少。近年来,年例出现了商业化的趋势,商业投资成为一种趋势。例如,年例中举行的花车展览会出现赞助商的名字。这些赞助商都是村子内的个体商户、单位、企业等。花车展览成为展现本地经济繁荣的重要窗口。拉赞助也成了一种新的集资方式。除了筹备资金,理事会还需要征集相关人员在年例仪式担任工作人员。现在,每年年例都会开展多种具有乡间特色的活动以烘托节日氛围,如当地特色戏曲表演、木偶戏、篮球比赛、晚会表演等活动。这些活动需要大量的工作人员,理事会要对这些活动进行谋划,征集工作人员。

每个家庭在年例当天会做足各种准备以款待亲朋好友，特别是宴席，来的客人越多越好，基本上来者不拒，不论认识的还是不认识的。主人家会在年例前备好用来做当地特色菜肴的食材，以及年例祭拜仪式的祭品，打扫好家里以迎神和迎接宾客。

（二）年例仪式及其活动

其一，年例仪式流程。北流年例，按起年例、正年例、年例尾三个流程逐次开展，主要是起年例和正年例。

所谓起年例，就是在各村镇人流量最多的路口临时搭建一个祭棚，然后把庙里的神像抬到祭棚放置，到了正年例这一天，村民前来朝拜。当地的村民将家中三牲及水果等贡品带来，放到供奉神灵的桌子前，俗称"摆醮"。摆醮除了用于各家各户祭拜神灵，还有一层意思就是比谁家的鸡鸭肥大，胜出者就可以邀请冼夫人到自家过年，这是一份荣誉。摆醮结束之后，各家会把自己的贡品带回家与家人和亲友享用，意味着分享福泽。各个地方摆醮的形式大同小异，待大家都祭拜结束，即开始准备游神活动，即正年例。

正年例即"游神"，就是把庙中的各路神像请出来，按照预定的路线巡游整个村子一圈。游行队伍有彩旗、香炉、菩萨、长喇叭、唢呐、锣、锣鼓等。过去，神像是由村子里年轻力壮的小伙子扛着走的，现在由于村子扩大、道路拓宽，便采用四轮车子运。游行队伍路过，家家户户把自家准备好的贡品摆在门前，燃烧鞭炮以示迎神，而神像会在门前停留片刻，附近几户的村民们点香祭拜，祭拜完的村民会将手中的香投入神像前面的香炉以祈求神灵保佑，随后再次燃放鞭炮护送神像离开。不同地方祭拜的神不一样。因为传说年例是纪念冼夫人的活动，所以冼夫人是神像的主角，其他的神主要有土地神、社神等。

其二，年例的活动。年例的主要活动有做年例、看年例和吃年例。做年例即举办游神、摆醮等活动。看年例即观看年例的仪式和活动。主要是在中心村子开展篮球比赛、飘色表演、演戏曲、看电影、歌舞表演、斗鸡、抢炮头等民间特色活动。吃年例是邀请亲友到家中吃宴席。传统年例中，吃只是一种附带性的活动，并不是主要的庆祝方式。但是，随着人们生活水平的提高，从 20 世纪 90 年代开始，吃变成重头戏，成为年例活动中必不可少的环节。家家户户都会宴请亲朋好友，现在不少家庭还联合起来，一起摆长桌、做宴席，热闹非凡。摆宴席只是为了求人气，哪一家来的客人多、摆的台数多,就寓意着这一家来年人丁兴旺、五谷丰登、大吉大利。同事、朋友,认识的、不认识的,熟悉的、不熟悉的,但凡路过家门口,主人都会热情邀请,真情款待,客人则随到随吃。

其三,年例仪式后期。年例结束后,主人家会回赠礼物给远道赶赴宴席的客人,而且还特别赠送葱和蒜,为"聪(葱)明伶俐"、生活中要"精打细算(蒜)"之意。年例尾最重要的活动是把神祇(送)请回庙中,意味着年例的结束,同时也代表着新一年忙碌生活的开始。

四、北流年例与乡村社会治理体系建设的契合之处

(一)年例提高宗族认同感,增强社会治理献言献策的自觉性

随着城镇化的发展、大规模的人口流动,打工潮导致很多农村出现空壳现象。尽管如此,在年例这个具有仪式感的日子,中国人的观念中对故土的情怀还是占据主导地位,人们纷纷回到自己的家乡,吃年例或者办年例,让老家能热热闹闹的。一般有能力的村民会选择为建设故土贡献一分力量,体现方式为募捐,采取自愿的形式,有钱的多捐,少钱的少捐,无论捐资多少都会公布。北流南部的这几个乡镇,年例前后的集市上都会有组委会打出的"感谢某某捐资"的横幅或者捐资名单。捐资人通过捐资的方式,不仅可以获得乡里乡亲的尊重,而且其宗族认同的情感也得到升华。在年例的仪式准备活动中,村民出钱出力、互相合作,各自承担不同的角色,参与其中的村民都能获得归属感,同时也使得宗族向心力得以凝聚增强。不管是出资还是出力,都算作参与了年例,人们在参与的过程中增强了对宗族的认同感。同时,在回乡参与年例的过程中,人们对家乡的发展"指点江山"、为家乡的建设"献计献策",增强了为社会治理献言献策的自觉性,拓展了寻求自我价值的途径,这对于建设多元化主体社会治理模式、稳定社会秩序、推进社会治理进程起到了一定的积极作用。

(二)年例凝聚乡村的社会互动关系网络

年例是亲友之间集聚的形式,是连接乡村亲缘关系和地缘关系的纽带,让受地域条件限制而逐渐疏远的亲友之间的关系得以保持。在轮流举办年例的地方,街道或村子之间都有互动,普通人家会邀请亲友进行小团聚,有钱人家则会将宴席办大,

四方宾客前来,人一多,社会关系范围自然也会扩大。这恰恰体现了费孝通提出的中国传统结构中"差序格局"具有的伸缩能力:以自我为中心推出的波纹,中心势力越大,波纹自然也就越大。① 通过年例连接的关系网络,从以往家族关系扩大到与个人有关的社会关系的集结,趋向于关系多样化、复杂化,农村原有的封闭性被逐渐打破。社会关系网络是由个人的联系网络构成的,一来一往的互动,就是人情的产生。年例中,朋友家邀请你去吃年例,也是一个"请人情"的过程,来的就是给面子,不来就被认为是不给面子。被邀请的人会选择带上一份礼品,前往邀请者家中,主人也会回以礼物或者回赠红包,一来二去,也就是人情的交换。亲友之间在举行宴席的过程中,互帮互助,促进了感情的升华。随着互动的增加、社会关系网络的交织,熟人社会出现扩大化,乡村之间相互道贺等风俗成为道德伦理的体现,亲友之间也出现互助行为,为稳定社会关系、消除社会纷争提供了基础,从而为建设和谐社会、进行社会治理提供了良好的社会环境。

(三)年例淳化乡风乡俗

文化活动是年例的重要内容。举办年例不仅传承了传统文化、丰富了百姓的文化生活,还淳化了乡风乡俗、促进了乡村文化产业的发展。如清湾镇的年例,近年来特别注重将一些社会问题作为年例晚会的主题,让大家进行观摩、讨论甚至参与其中。2016 年的晚会主题是"拒绝黄赌毒";2017 年的晚会主题是"尊老敬老";2018年的禁毒晚会,邀请专业人员为民众讲解毒品的种类、危害及如何识别和防范涉毒人员的诱导,并且在现场有社会组织设立咨询点,派发宣传资料和举报卡。这些精心准备和安排的节目,不仅配合了当地有关部门打击毒品犯罪,推进良好乡风乡俗建设,还有助于教育人们遵守法律,尊重、传承孝道等优秀传统文化,极大地促进了社会的法治化建设。

(四)年例的调适功能有助于稳定社会

中国民间信仰的多神性、杂糅性及包容性在年例中得到充分体现。年例祭拜的神主要有冼夫人、文昌星、花公花婆、关公、观音、伏羲、土地、财神等,每个神赐福的寓意各有不同,可以满足不同的需求。根据目前最受广泛认可的年例的来历,冼夫

---

① 费孝通.乡土中国 生育制度[M].北京:北京大学出版社,1998:5.

人是岭南地区的保护神,她在岭南地区开拓疆土,保卫祖国统一,抵御外族侵略,维护民族团结。今天,人们崇拜冼夫人,宣扬她的故事,表达对她的感激,蕴藏着人们的爱国情感,弘扬了中华民族的传统美德。年例中的这些信仰与社会治理现代化的目标方向是一致的。同时,面临着社会转型的压力,人们将自身的健康、工作事业、家庭和睦的期望寄托在神灵的身上,多少都会消解紧张和焦虑的心理压力,在一定程度上也能约束人们的行为,从而调适了社会快速发展带来的冲击,对社会的稳定有着促进作用。

(五)年例是一场狂欢的盛宴,有助于人们宣泄生活压力

年例活动有着狂欢庆祝的意味,活动形式丰富多彩,使得其既有娱神功能,又有娱人功能。经济的发展是影响这一活动发展的重要因素,在生产力较低的年代,人们的生活水平不高,年例的重点在娱神,以祈求来年丰收,并感谢神的馈赠。随着经济的发展,娱神逐渐转为娱人,歌舞、晚会、篮球比赛、游园活动等民间活动推陈出新、层出不穷,为村民提供了参与机会,带来了欢愉。特别是娱乐方式较为单调的乡村地区,节日庆典是忙活了长达一年的人们得以肆意挥洒、释放压力的狂欢之时。不论是留在村庄的农民,还是外出务工的人,忙碌了一年的人们都希望在年例这一天宣泄生活压力,获得精神慰藉。

五、北流年例融入乡村社会治理中的内容和表现

要实现乡村治理,不能将政府看作唯一的管理主体,必须充分利用民间资源、市场、社会组织、文化、习俗等来增强社会治理的效能。无论是民间组织的协调力、社会群体的参与力,还是民间资源的整合力等,都能够充分地发挥作用,以推进乡村社会治理的现代化进程。以下,我们将探究北流南部如何充分利用年例的资源更好地完善乡村社会治理体系。

(一)年例的全民认同性有效地宣传和推进国家政策

年例文化拥有全民的认同性特征,无论是出于同一文化信仰,还是出于对国家、地域的认同,民众都有极高的参与热情。年例是北流南部这些乡镇历史悠久的传统,具有自发组织、全民参与互动的特性。参与活动的人们具有共同的语言、共同的

心理基础,以及对同一类文化传统和文化根脉的认同,使这个活动具有突出的群众优势。同时,民众对共同文化的认同心理具有很强的持久力和稳定力,这关系到国家的政策如何与地方的传统文化对接的问题。

如果好好利用当地传统民俗进行宣传,治理阻碍将会大大减少。在北流年例中,当地政府就充分利用活动来对一些政策进行宣传,起到事半功倍的效果。例如,近年来国家为实施乡村振兴战略,积极推行林权改革、新医疗改革、新农村建设等政策,但直接宣传的效果不佳,或多或少都遭到村民的忽视甚至抵触。在 2010 年北流年例游行中,不少镇组织干部人员重点宣传这些政策,使民众在享受节日的同时,一下子记住了这些惠民政策。

将年例作为治理政策的宣传工具,能够有效减少乡村制度性建设给民众心理带来的不稳定性冲击,从而可以加快治理体系建设进程,提高乡村治理制度在当地的治理水平。

(二)年例的组织性促进乡村的自治组织建设

年例是依靠自身组织力量而得以有序进行的。每一年的年例都由当地民众自发组织起来进行分工协调,他们有自己协调的分工合作和专门的组织办活动。年例活动的正式开展、募资的筹集、活动的办理、人员的召集,都通过年例的组织团体、年例的组织力量完成。同时,年例是关乎宗族及各大小家庭的荣誉、声望甚至前途的活动,所以宗族也依靠内部的组织召集亲友集聚。

2017 年的清湾镇年例,由炮会、族群理事会、慈善会等民间组织筹办花车展览,召集了 51 家当地的单位一起举办了一个花车表演。51 辆色彩斑斓的车绕着整个村镇进行展览,扶助慈善会、地方商会、公司、机关单位和学校都参与其中,不仅给民众展示了本地的经济发展风貌,还展示了民间组织的集结力量。

在乡村社会治理中,可以依靠年例组织性,发动各个组织的力量来实现多元化治理主体的对话协商,无论是社会组织、宗教组织,还是社区的居民,甚至是微小的家庭都能够获取平等商议的权利。乡村社会治理凭借年例的组织力量可以形成全新的治理渠道,并且能通过年例的组织了解真正的民生需求,从而建立起政府与群众的和谐沟通平台,使治理的政策制定以满足群众的利益需求、立足于群众的呼声为准则。

(三)年例的规范性促进乡村社会自我管理

年例的规范性给治理体制规范性的建设带来影响。

首先，筹划年例的民间组织号召捐资过程中民众的自觉性及集资过程的公开透明化，使群众主动监督意识不断提高。这是乡村社会进行治理所必备的条件，能实现群众主动对乡村社会治理政策制度、资源配置等进行监督。

其次，年例的规范性能减少村落与村落之间、村民与村民之间的纠纷，提升村民的自觉性和规范性，为乡村治理政策的推行提供优质环境，对乡村社会治理规范化起促进作用。

最后，年例的规范性使各个社会群体实现了自我管理，促使他们自觉约束自身的行为。在乡村社会中，亲友之间的人情互动、沟通礼仪等，都是与民众日常生活紧密相关的琐事，这些都受长期以来传承的文化规范的影响，服从这些规范才能维护社会秩序的稳定运行。而年例恰好在一定程度上扮演了这一角色。

(四)年例的非正式性能够弥补正式制度的不足

年例属于非正式制度，合理运用能够弥补正式制度的不足。从社会管理到社会治理，意味着政府的职能要出现转变才能为非正式制度留出一条道路，而非正式制度在人们生活中发挥的作用恰恰也是政府职能或治理难以到达的。

年例能促进社会治理过程的优化，乡村社会治理过程利用近些年年例主动将一些农村的主要问题如敬老养老、拒绝黄赌毒、资助贫困大学生等，通过晚会的形式有效地进行解决，为解决乡村发展问题减缓了压力，促进了乡村治理能力的增强。年例资金可用于铺设道路、建设球场、建设酒店等发展乡村经济的治理措施，能促进乡村治理资源的优化配置。年例的组织过程能调动群体的积极性，将群众的参与热情运用到乡村社会治理，让群众参与决策村子事务，既能够发挥群众的监督作用，又能很好地了解民众的需求，实现多元化主体主动参与治理。

(五)年例与乡村治理目标趋向一致

乡村社会治理的目标是构建和谐乡村社会，实现乡村振兴，这其实与民俗文化所蕴含的目标是一致的。年例一直宣扬家庭和睦、爱国主义，"孝道""仁义礼智信"等精神都与社会主义核心价值观的理念有契合之处，也与社会治理的指导理念相统一。共同的信念及需求，将一群有着共同期望的人集聚在一起，年例的仪式及符号被人们直接赋予各种特殊的意义,年例活动也被看作这一精神理念的载体。喜欢年例的人,会自觉地接受这些文化的教育和教化,自觉进行自我管理,由意识引导行为。

在年例中,人们祭拜"冼夫人",是对其维护祖国统一的高尚情操的赞扬,人们的爱国情怀和维护祖国统一的决心也得到强化和升华。年例蕴含的爱国、友善、互助等理念,与乡村社会治理的目标趋同。村民自觉以团结互助等观念实施自我管理,能够在治理的过程中有效减少社会矛盾冲突,净化社会戾气,从而完善社会治理体系。

六、启示与展望

(一)北流年例融入乡村社会治理需要进行重构

北流年例是北流地区一定地域内的精神和文化的体现,维系着当地的信仰崇拜、伦理关系和人文关系。但我们也要辩证地看待年例在发展中出现的一些问题可能阻碍乡村社会治理,一些不符合乡村建设、不利于淳化乡风民俗的观念和行为要经过辨别、审视甚至重构后才能启动。例如,个别乡镇、村落的年例出现严重的攀比、炫富现象,以宴席的菜品贵稀来满足主人的虚荣等,这些是应当进行教育、修正的。

民俗文化也具有文化堕距的弊端。当思想观念无法跟上经济发展的步伐时,要将一些新的规范和规则介入,不能盲目地将一些民俗文化融入乡村建设中去。我们需要在进入乡村治理之前对这些民俗文化进行移风易俗,对不利于构建乡村治理体系的传统观念进行整改或者重新建构新的文化。

(二)北流年例融入乡村社会治理需要制度化环境支持

年例作为传统的乡村习俗,其组织和运作都由民间组织自行举办。但是,要实现民俗文化真正地融入乡村社会治理,还需要政府的有力介入和扶植。近些年,有年例的几个乡镇政府都有意识地介入年例并把年例作为宣传政策的重要载体。例如,近些年的年例晚会已成为地方政府清除不良风气、整治乡村建设中的诸多问题、发扬扶贫助学风尚等的有力渠道。

民俗文化在参与社会治理方面发挥特殊的作用。例如,在选举的动员过程中,可以利用年例的全民性提高民众的参与度、积极性；政府也要对民俗活动的引导和扶持进行管理，培育和提高民俗文化参与社会治理的作用。

面对处在变革之中的乡村社会，以文化重建和价值引领、伦理粘连和价值塑造、人文关怀与认同建构、国家理性与包容发展为路径的"软治理"模式的推行，无疑对破解当前乡村社会治理的现实困境具有重要的价值。民俗文化融入乡村社会治理是打开乡村社会治理模式的新路径。随着乡村社会治理体系的完善，需要不断深入挖掘开发民俗文化的价值，同时也要努力培育与乡村社会治理相契合的新民俗，推动乡村社会治理实现地方特色化，保障社会从刚性约束向韧性治理的转变，最终推动乡村社会治理技术的变革与转型，推动治理体系和治理能力的现代化。

第三节　北海市公馆镇的做社

做社是一种传统民俗和民间宗教信仰活动。农家祭祀社神的活动称为做社，有春社、秋社两种，代表春祈秋报的信仰观念。做社的目的是酬谢社神，祈求丰收（秋社还兼有求免瘟疫之意）。做社规模，大小不一。小者数家，多由同姓、同邻里或耕作同一圩农田的农户自愿结合。大者则聚集一村，数村农户合办，每次由一家主办，轮流当值，所需费用按户或按田亩数分摊。祭祖时除供奉鱼肉酒饭外，还常请"太保"诵通忏，有时图热闹，还请打唱班子唱戏一至三天。祭祀毕，必会餐，每户到一人（家长或强劳力者）。在北方，参与秋社活动的农家，田中皆插有黄色"太平旗"，寄托劳动人民对美好生活的祈求。

一般认为，祭社习俗在先秦时代开始作为国家制度，到汉代之后成为民间活动。祭社习俗产生于北方，在明清时期流传并盛行于南方，尤以客家人为甚。

明末清初，客家人口开始大量迁入广西北海，并将原来迁出地的做社习俗带入北海。做社在当地的民间信仰中占据很重要的地位，深深地融入当地居民的物质生活和精神生活中，长盛不衰，成为北海市乡村社会治理的重要资源和渠道，也有助于不断深化城镇化背景下的新型集镇的社区整合。

一、公馆镇做社习俗的现状

公馆镇位于广西北海市合浦县东北部51千米处，下辖23个村委会，1个居委会。从族源来看，公馆镇基本上都是客家人。客家人宗族意识比较强，在农村基本上是以单姓宗族聚集在一起形成乡村社区。

改革开放之后，公馆镇做社习俗逐渐恢复并获得快速发展。现今，公馆镇做社，除春秋两社以外，还有在其他时间做社的习惯。各个社坛一年的做社次数均有不同。位于解放路的龙颈社是一年六次，时间分别为正月初八、四月初八、七月初八、十月初八、十一月和十二月，相对应的名称分别为春社、夏社、秋社、冬社、福社和围炉社。福社和围炉社每年没有固定的日子，而是由做社的组织者确定日子再告知当地人。除了做社的次数和时间稍有变动，做社的仪式过程、具体内容及做社的组织方式等均被保留下来，且大同小异。

今天公馆镇做社的兴旺，除了沿袭历史上的传统，还与近年来的城镇化迅速发展相关。从党的十一届三中全会之后，公馆镇开始发展乡镇经济，利用当地丰富的石灰石、硫铁矿等矿产资源，逐步形成烟花爆竹、水泥、建材、建筑等产业。这些产业基本上都是劳动密集型产业，需要大量劳动力，从而导致农村人口不断向城镇集中，形成新的居民聚集区。2009年，公馆镇人口为136 410人，其中，城镇人口为1.56万人，但到了2015年城镇化已达到21.61%，预计到2020年，城镇化率将达到31.61%。目前，镇上的居民，属于十多年来从农村迁入的已占到总数的40%左右。

公馆镇城镇化一个最突出的特征是人口的单向流动，即人口从乡村社区流入城镇社区，但城镇社区人口向外流动性较弱，从而导致公馆镇上的人口具有较强的固定性。从社区融合的角度来看，只要新迁入的能够积极参与社区活动，就能够较为容易地融入社区，形成个体对社区的归属感。但是，如前所言，公馆镇是以客家人为主的村镇，家族意识、宗族意识强烈，村庄概念浓厚，这些农村居民搬迁到城镇之后还将自己界定为某某村的村民，是某某村某某家族的人。这就造成了新旧居民之间及从不同村庄迁入的居民之间有着明显的身份界限，非常不利于公馆镇的社区融合和社区建设，以及居民对城镇社区的认同。因此，做社也成为当地政府、街道办等基层单位加强社区认同、推进社区文化建设、增强社区融合的重要手段。

二、公馆镇做社的仪式展演

做社作为一种民间信仰在公馆镇备受欢迎。每到社日,家家户户都会聚集到社坛,参与做社活动。做社仪式,一般包括做社前的准备、做社中的祭拜、做社后的"吃社"(即居民一起分享社肉和社粥)三个环节。以下,我们以 2016 年公馆镇龙颈社为例,提供做社仪式展演,进行个案呈现。

龙颈社位于公馆镇解放路,参与做社的居民户数是 116 户,总共有 500 多人。这样的规模在公馆镇众多的社坛里属于居中,不大不小。从 2 月初开始,做社的日子临近之前,龙颈社的组织成员就不时聚在一起,商量购置做社活动所需的供品及其他物件,发出通知要求参加做社活动的居民届时前来做社,并做好参与户数的统计,以便做好事后的分配工作。虽然做社是一种自愿行为,居民可以自由选择是否参加,但是做社的组织者一定会通知到位。

2 月 15 日,公馆镇龙颈社管辖范围内的居民开始做春社的活动。他们做如下分工:由一些人把一头猪煮熟,猪血用于煮社粥;由 1—2 人准备供品,将所需的祭祀物品摆放齐全,祭祀台上分别有煮熟的一头猪及其内脏、两只生鸡、三杯酒、三杯茶、三碗饭、三双筷子、两个香烛、一把香、一块红纸,还有素菜及瓜条红枣等。待祭祀的物品准备好后,社老会上前替所有的社丁子民,也就是参与做社的居民祈祷。社老将事前准备好的祈祷词及所有的社丁子民的名字在土地神前一一念出。待一回茶、三巡酒的仪式完毕之后,便可以烧纸钱和放鞭炮,居民就可以继续参拜许愿。

祭拜仪式结束后,就是分享社肉和社粥的环节。社肉的分配是按照平均分配的原则进行的,即将猪肉切好,分成每个都差不多的小份,由居民自己选择,先到者可以先选择猪肉。社粥的分配比较随意,各家拿出自己的锅来装盛,一般都会有余。这个环节是最热闹的时候,所有的居民会在这时聚到一起寒暄交流。做社的组织者会将整个做社活动所有的费用算好,然后分摊到每家每户,所有人共同承担做社活动的费用。在分享社肉和社粥的时候会将费用一起收齐。吃完社粥,整个做社活动就结束了。

由此可以看出,公馆镇做社仪式通过人们共同祭祀社神、共食社粥、一起领取社肉将人们聚集在一起,形成一个社会的关系网络。在这个网络之下,人们共同祭祀社神,强化了神灵与人、人与人之间的关系,增强了人们对做社的共同意识。人们认为在做社当中吃社粥和分社肉是将"土地伯公"带来的恩赐"吃"进去,就会得到"土地伯公"的庇护。此时,共食这种行为成为一种人们认同的符号。

三、公馆镇做社融入乡村社会治理的内容和表现

(一)做社的情感诉求——联结居民信仰

其一,老祖宗的东西不能丢——"社"文化的传承。做社在公馆镇历史悠久,做社对人们来说似乎已经成为一种理所应当的事情,既不需要加以掩饰,又不需要刻意宣扬。公馆镇人关于做社最朴实的表达是"做社是老祖宗留下来的东西,不能丢"。可见,做社对公馆镇人来说,就是生活的一部分,也是生活传统、文化传承。做社作为一种集体记忆,在城镇化的进程中,乡村社区和城镇社区的人们都对其保留自己的认同,他们在这一信仰认同上是一致的。因此,做社成为从各个乡村社区迁移到城镇社区居住的人们之间的共同信仰,使人们在价值观上保持一致,是联结社区居民信仰的纽带。

其二,寻求"灵验性"的心理安慰——居民的内在需求。"灵验性"既是信仰者观念的实在体现,又是一种能够被传播和再生产的集体记忆。[①] 可见,民间信仰的是否"灵验"对民众来说是一种现实的感受,一旦"灵验",在民众中会把"灵验性"传播开来,人们会更乐意去信仰。

人们在经历灾难时,通过做社活动来祈祷平安,做社给予人们一定的心理暗示,让人能够以积极向上的心态去面对困难,这种特殊的心灵体验有助于人们的心理调节。人们在日常生活中总是遇到各式各样的困难,如疾病、灾害、职场失意、生意失败、家庭破裂等。做社活动能够使人们暂时脱离生活的常态,通过向神灵祈祷将自己所经历的困境诉说出来,用特别的方式和神灵进行沟通,容易产生安慰与自我安慰的心理,日积月累,人们会对这种安慰的心理产生依赖感。同时,人们会在社神面前许愿,希望生活越来越好,也会给人们带来一种心灵慰藉和"社神帮助我"的心理暗示,人们会更加努力生活,而且认为只有更加努力,才会得到社神的庇护。从这个方面说,做社有助于居民产生心理安慰,构建人们对做社的心理认同感。

总而言之,做社作为联结社区居民的情感纽带,在群体范围内成为人们的共同信仰,同时又对个体的感受产生一定的影响。做社,作为从社区到个人的一种联结

---

① 张晓艺.信仰及其"认同半径"的建构——基于津、闽、粤三地妈祖信仰的比较研究[D].上海:华东师范大学,2015.

方式,在居民之间建立信仰上的认同和默契,达到社区整合的目的。

(二)做社的空间交互——促进社区人际关系

社区中重要的就是人与人之间的交往,沟通是联系人们之间情感的一个重要的渠道。做社为人们创造了人与人之间交流和合作的平台。在做社的过程中,人向神倾诉生活上的困境以达到心灵安慰的作用,而且人和人之间的沟通交流也能增进人们之间的情感,增强人们对社区的归属感。公馆镇做社时,各家各户都要聚集起来一起参与做社仪式,共同合作保证做社得以顺利进行。每个人都尽力为社区尽自己的一份力,每个人也都会觉得自己是被社区需要的。祭拜结束,各社坛的居民一起领社肉和社粥,此时,各家各户、老老少少都全体出动,场面热闹,平时很少有机会能够聚集的居民们一起分享食物,大家有说有笑,相互交流近况,说出自己的喜事或者烦恼。这种面对面的交流方式,能够增加对彼此的熟悉和好感。不少家庭的事情还会在这种场合下得以解决。

做社也为年轻人提供了一个展示自己人生的舞台。随着经济社会的发展,人们自由活动的空间越来越大,许多年轻人到大城市发展,对自己家乡的了解甚少,回家的机会也不多。所以,逢年过节时的做社,既是外出打工的年轻人了解家乡文化的渠道,又是他们展示自己人生的舞台。不少年轻人在出去工作一段时间后取得了成就,或挣到了钱,或成为老板、新创业者,或成为公司领导、单位领导等喜事,都会成为做社过程中的话题焦点。而成功者则大大方方地分享成功的经验,学习者从中获得学习的机会,形成了积极向上和相互激励的机制。近年来,不少社坛组织成立基金会,用基金奖励那些考上名牌大学但家庭贫困的学生。

除此之外,社坛在闲暇时期也是很热闹的场所。因为很多社坛设在居民区的中心或开阔区,一般旁边有大树,有些直接就设在大树下。如公馆镇有名的是"大榕树社",树即社,社即树。所谓"大树好乘凉",平日里社坛就是各社区居民,特别是老人、小孩乘凉聊天玩耍的乐园,提供了人与人之间相互熟悉和增进感情的平台,使在社区之中的人们能够凝结成一个彼此信任的整体。

(三)做社的组织结构——构建基层权利关系

其一,理事会的组织管理。在城镇化的进程中,社区有自己的利益诉求和行动逻辑,在对基层社会的建设过程中,应该允许基层有一定的自主性,而不是仅仅通过国家强制力量进行管理。做社组织可以作为社区的一个基层组织来实现社区自主性。做社需要一定的人来组织和管理，当地把做社组织叫作理事会。理事会成员主要由社老和几个工作人员组成。做社的组织形式以自荐和推荐为主，成员自愿到组织中工作，成员的人数并没有特别的限定，如果有人缺席，社区中的其他人员很快就会去补充。在做社的日子临近之前，所有理事会的成员都会聚集在一起商量购买做社所需的供品，通知要参加做社的居民前来做社。每到社日需要祭祀时，这些人就负责做社活动的筹备工作、主持祭祀及分配社粥和社肉。理事会组织居民参加活动，成为社区整合的主导力量，通过制定一定的规则，能够有效地对做社活动进行管理。理事会在通知居民的过程中要统计参与的户数，以便做好事后的分配工作。理事会将整个做社活动所有的费用算好，然后分摊到每家每户，所有人共同承担做社活动的费用。所有的财务状况、账目和收支情况一定会公布，以便居民监督公共费用的使用。除了公开做社组织的财务状况，理事会还明确了其他的一些规则，比如定期举行做社、组织人们对社坛进行捐善款、整修社坛等。理事会构建了基层的权利结构，设置了活动的各项规则和流程，在某种程度上实现了居民法治、德治和自治的统一。

其二，社老的人选与品质要求。社老是做社组织的核心，是主持祭祀工作的人。选社老看中的是个人品质和家族威望。乐善好施者最被人们推崇。社老通常由赋闲在家、愿意为做社义务工作的年长者担任，一般来说都是终身制。社老最重要的责任就是要让做社延续和传承下去，其次才是组织做社活动。作为联系神与人之间的纽带，社老常常被认为是"神圣"权利的代表人物。所以，社老被认为是掌握了"神圣"资源及信仰话语的权利的人，但是这种权利一样会受到人们的监督。比如，社老将事前准备好的祈祷词及所有的社丁子民的名字在土地神前一一念出时，前来祭拜的居民会在一旁仔细聆听社老的祈祷，他们非常在意社老是否将名字读错，认为这样会影响土地神福祉的下达。可以说，社老在"土地伯公"面前念祈祷词时可谓战战兢兢，生怕有误。

四、启示与展望

做社在公馆镇发挥了社区整合的功能。作为一项民间信仰，做社的"灵验性"特征和心理安慰成为联结居民信仰的纽带，从而在人们的思维层面上实现情感联络。

做社作为公馆镇日常生活的一部分，深深地存在于当地居民的意识之中，是居民对乡土文化和社区文化的认同，在一个比较大的范围内将人们联结起来，形成居民的集体信仰，实现人们在思想认识上的一致，从而对社区进行整合。

每一个社区都有自己的行动逻辑。做社的理事会构建了基层的权利结构，在一定程度上实现了社区居民的法治、德治与自治的"三位一体"，实现了权利和义务在社区内的整合。做社及其社坛为人们提供了交流、交往的机会和场合，是社区居民进行良好沟通的桥梁，实现了在情感方面的社区整合。

做社的社区整合功能使做社在社区内扮演重要的角色。因为做社中的"众生平等"观念使社区内处在各阶层、各年龄段、不同地位的人们在社神面前一律平等，没有贵贱之分。只要你是社区中的一员参与做社，就要有义务去维护和维持做社。在活动参与的共同空间下，人们打破原本陌生的界限，实现合作与交往，在此基础上进行有机的联结，从而实现社区团结。

做社对社区的整合功能，除了从思想、情感、行为和权利方面影响人们的生活，还对社区的经济发展产生积极的影响。做社不是一个孤立的活动，它不仅影响人们的精神生活，还对人们的物质生活产生影响，对当地的经济活动具有很大的贡献，而且正起着越来越大的作用，较好地促进公馆镇的经济发展。

第四节　防城港市京族的哈节

一、京族哈节的历史渊源

京族是中国唯一以渔业为生的海洋少数民族，同时也是一个跨国民族。京族的主体在越南，在中国主要的聚居地便是防城港东兴市。从族源来看，京族是由古骆越人和南下的中原汉族融合而成的。据文献记载，约16世纪初京族先民陆续从越南迁至"京族三岛"澫尾、巫头、山心，渐渐定居下来。其中，巫头、澫尾与越南近在咫尺，鸡犬相闻，涉水可渡。迁至中国的京族原称为"越族"或"安南族"，1958年经中华人民共和国国务院确认，正式定名为京族。

京族世代靠海而居，是一个具有浓烈海洋文化气息的民族，从民族传统文化到整个民族生计都与海洋息息相关。长久以来，京族一直以渔业为生，虽然也有少量的农业，但海洋捕捞仍是最重要的产业和生计方式。因此，京族几乎所有的传统习俗、艺术工艺、神话传说都与出海作业有关。其中,被誉为代表京族文化绚丽多彩的名片的哈节,更是充满了海洋深处的神秘色彩。

京族中流传着许多关于哈节来源的传说。比较有代表性的是:在很久以前,北部湾的白龙岛住着一个蜈蚣精,它要求岛上的渔民凡是出海都必须献上一个人当它的祭品,否则便要兴风作浪,搅翻船只吃掉渔民。这只蜈蚣精搅得渔民们不得安生,惶惶度日。有一天岛上来了一位老乞丐,他告诉渔民们只需将其当作祭品送入蜈蚣精的洞口,他便有办法降住蜈蚣精。渔民们听了心中大喜,便和老乞丐一同乘船至蜈蚣精的洞口。蜈蚣精见到有人来,便立即张开大嘴要吃人。老乞丐见时机已到,迅速将事先煨得滚烫的大南瓜扔进蜈蚣精嘴里。蜈蚣精不知是计,囫囵吞下大南瓜,没想到大南瓜外冷内烫,它很快被烫死了,尸体被分成了三截,成为今天的京族三岛。渔民们回过神来,才发现老乞丐原来是镇海大王,专门来降这蜈蚣精。渔民们千恩万谢,并为镇海大王建了一座哈亭,每年都到海边准备丰盛的佳肴请镇海大王享用,就这样演变成了如今一年一度的哈节。

当然,哈节的来历是否如传说中那样我们不得而知,但这个传说体现了京族人对镇海大王的感恩之情,同时也体现了京族人对大海的敬畏和崇拜之情。

二、京族哈节的当代传承

哈节被列为第一批国家非物质文化遗产保护项目,是京族最盛大的标志性节日。"哈"是京族语言的音译,意为歌唱,哈节就是唱歌的节日。哈节要在专门的哈亭举办,作为一年一度的庆典必须隆重,毫不含糊。由于京族分居三岛,举办哈节的时间也各不相同,潭尾在农历六月初九至十五,巫头在农历八月初一至初十,山心在农历八月初十至十五。

(一)京族哈节的主要活动内容

哈节的重点是举行祭祀仪式。村民聚到一起祭祀神灵和祖先,感谢神灵和祖先的庇佑,祈求出海平安,来年丰收,安居乐业。哈节的隆重程度在京族可以赶上春节。在节日前,京族的家家户户都要打扫一新,里外布置,迎接节日的到来。哈亭是举办哈节的固定场所,被视作神灵在人间的居所,即神庙,是京族最神圣的地方。哈亭一般设在村边,用上乘木料建成,坚固美观,建造布局相当精密严格,分为正殿、左殿、右殿和后殿,每个区域都精心规范,各有所用,是京族最具标志性的建筑。哈亭的正殿放置着神像牌位,非神职人员不能随便出入。京族对待神灵十分恭敬,节日当天人们盛装打扮,穿着民族服饰,聚集在精美古朴的哈亭,举行迎神、祭神、唱哈和送神的活动。整个节日,历时五至十天,热闹非凡,不仅京族人热情高涨,也吸引了越来越多的外地游客前来参加。

哈节的主持人由村民心目中德高望重、对京族文化传承保护做出贡献的长老们组成,神职人员和主要工作者包括翁祝、香公、统唱员、统引员、主祭员、陪祭员、哈哥、哈妹等。

(二)京族哈节的四个环节

其一,迎神。哈节迎的神不仅有镇海大王,还有高山大王、广达大王、土地公公等。节日第一天上午,由村民组成的祭神人员和嘉宾组成的迎神队伍抬着神车和神座到海边迎接镇海大王回哈亭。在海边停下后,翁祝和香公要对大海深处行祭拜礼,念诵祭词,大意是:"今天是大好的日子,我们请镇海大王回到哈亭,感谢您去年对我们的庇佑。"接着,香公通过抛阴阳珓来确定是否将镇海大王迎入神座。阴阳珓是民间占卜的主要工具,由檀木制成。抛掷阴阳珓,若阴阳珓呈现两阳则表示"吉",若呈现两阴则表示"凶",若是呈现一阴一阳,则为"胜珓",表示大吉。请神时抛到"胜珓"则请神成功,"胜珓"代表神灵的旨意,无论香公需要请示何事,抛到"胜珓"便是获得神灵的允许。在顺利请到镇海大王后,神车经过哪户人家,哪户人家就会鸣放鞭炮,祈求镇海大王庇佑,给自家带来好运。将镇海大王接入哈亭正中的神座后,队伍继续去迎接其他神仙。整个迎神活动,一般需要花上一个上午的时间。

其二,祭神。节日第二天上午举行最隆重的祭神仪式,叫"大祭"。"大祭"之后,节日里的每一天都要举行一次"小祭"。京族人坚信只有虔诚地准备上好的贡品献给神灵,神灵才会继续庇佑族人、赐福族人。最主要的祭品便是一头事先养好的猪。"大祭"仪式有统唱、大鼓小鼓。统唱员宣布仪式开始后,大鼓小鼓齐敲响,称为"奏大乐"。在鼓声中,祭祀者们一一向神灵敬酒献礼,哈妹则在后方跳敬神舞。翁祝双手捧着祭文,用京语念诵,大意是:"今天是大好的日子,都有×××、×××……前来参加祭祀活动,大家准备了×××贡品献给神灵,表演了×××节目,希望神灵喜欢,并保佑京族人平安丰收。"祭文诵读完毕,主持仪式的翁祝给神灵烧纸钱和祭文,村民则一齐跪拜。祭神仪式结束后,作为祭品的那头猪也会分割给村民,意为将神明带来的福气分给众人。

其三，入席听哈、唱哈。祭神过后便是狂欢的唱哈了。人们入席宴会并唱哈、听哈，称为"坐翁"或"哈宴"。宴席上的菜肴由各家共同制备，人们边吃边听哈哥哈妹唱歌。但京族的女人是不能上桌享用的，她们负责端菜上菜，之后便要离开宴席。唱哈中唱的歌是用古京语谱写而成的古老的京族歌谣，内容丰富广泛，包括京族的神话传说、爱情故事、历史人物等。唱哈的主要成员是一名哈哥和两名哈妹。通常，唱哈环节要持续三天三夜，好比一台盛大的文艺晚会表演。在哈节期间，除了女子们的歌唱节目，男子们也有许多精彩的项目，如斗牛、比武等特色节目。

其四，送神。唱哈环节结束后就要送走神灵了。送神时他们会念《送神调》及舞花棍。

从哈节流程可以看出，京族的民族历史和文化都在节日中得以充分展现，这也是传承民族文化的重要渠道。京族靠海生活，哈节中的迎神、祭神、送神都体现出京族对大海的敬畏之情和崇拜之心，体现了京族神秘的海洋文化。

（三）京族哈节的主要特征

哈节，作为集中展现京族文化的节日，传承至今，历经沧桑，具有以下特征：

其一，纪念性。哈节整个节日就是为了纪念镇海大王帮助族人消灭了蜈蚣精，保佑一方平安而诞生的。哈节中的迎神、祭神、唱哈、送神环节无不体现着对神灵的崇拜和纪念，同时还体现了对祖先的感激和纪念，即使在当代社会，这种纪念性依然根深蒂固地存在着，这是京族哈节的来源，也是其最根本特征。

其二，民族性。在哈节中，人们敬奉神灵，跳着京族舞蹈，唱着京族渔歌，弹着独弦琴，所有的活动项目都显示了浓厚的、独有的京族特色。当地的居民对这种老祖宗传下来的古老节日文化有着渗入血肉般的难以割舍的情感。他们为本民族拥有这样悠久的历史、丰富而独特的文化内涵而感到自豪。尽管在现代的京族年轻人中出现了淡化其他传统文化的现象，但是每当哈节到来的时候，受到节日浓烈气氛的感染，京族年轻人心中的民族情感便会迸发出来，或自觉，或在长辈的带领下，投身到哈节的各项活动中去，成为传承哈节的新力量。

其三，群众性。哈节是京族一年一度隆重举行的节日，每当节日到来时，京族人不论男女老少，都会穿上好看的民族服饰，不论在本地还是在外地工作，都会赶回来参加节日庆典。而在节日期间，人们都会暂时放下手头的工作，家家户户出钱出力，参与祭祀准备工作和筹备哈宴的菜肴,充分地体现出哈节的群众参与性。

其四,娱乐性。随着国家近年来对北部湾经济建设的持续投入,防城港加快了经济发展的步伐。依靠得天独厚的依山傍海的优势,防城港旅游业这几年蓬勃发展,成为防城港经济建设的重头戏。京族作为我国唯一的海洋少数民族,哈节又是最具京族海洋民俗风情的隆重节日,自然而然地成为旅游开发的一大项目。现在,京族三岛上慕名而来的外地游客越来越多,来参加哈节的外地游客更是年盛一年。有了旅游业的推动,政府会更加重视哈节的保护和传承,而这个古老而传统的节日也在不断地焕发新的生机。比如,为了迎合现代人的生活节奏和观看习惯,哈节中的娱乐性项目大大增加,过去传统的祭祀环节被大大简化,甚至某些部分被取消。当然,这种"改造"是否会更利于哈节的传承则需要进一步观察。毕竟,哈节是京族人的节日,传统与现代的交叉、碰撞是当代许多民俗文化发展所面临的共同问题。

其五,跨国、跨境性。京族哈节不仅仅在京族三岛上举办,在越南等国也有这样的节日。因为京族本身就是一个跨国性的民族,哈节自然而然具备了跨国、跨境这一特性。2018年,越南芒街市茶古坊长尾区的哈亭亭长黎文河率领70多人的越南代表团前来东兴参加哈节。其中,79岁的裴文尹已是第28次到东兴参加哈节。近年来,我国政府高度重视哈节,注重把它作为加强中国—越南、中国—东盟的文化交流的重要渠道。在民间层面,一些京族老人则在节日期间邀请越南京族的亲朋好友前来参观,共同庆祝,哈节在无形中起到了独特的纽带和桥梁作用。现在,不论是政府还是民间社会,都在积极宣传哈节文化,发展旅游,扩大国际交往。跨国、跨境的特点使得保护和传承京族哈节有了更大的意义。

三、京族哈节的价值表达与乡村社会治理的融入

(一)展示京族的传统文化,提高京族知名度

京族哈节传承至今已有500多年历史。哈节来源于京族民间关于海洋的神话传说,采用祭祀和唱哈这种原始的方式来纪念海神,有着十分浓烈的海洋气息。

京族世代代生活在海边,生活与海洋息息相关,海洋对京族来说意义非凡。人们依靠渔业得以生存,靠海来维持生计,享用大海带来的丰富资源,日积月累,自然就生发出对海洋的复杂情感。这种复杂情感,总体上可以理解为敬畏之情。"敬"是因为海洋带给了京族无限的财富,京族人内心充满敬佩之心、感谢之情。"畏"则

是因为海洋既能载舟,又能覆舟。大海有养活一个民族的力量,自然也有毁灭一个民族的力量。京族人靠海为生,长年出海,在大海中与风浪、酷热天气等残酷的大自然条件进行搏斗,随时都有可能葬身鱼腹、尸骨全无。在他们眼里,大海似乎有着神秘而强大无比的力量,随时都会吞噬出海的人们。因此,他们对大海生发出另一种复杂情感:一方面,在生活、生存上完全依赖大海,进而热爱大海;另一方面,对大海充满畏惧,希望有神来庇佑他们平安归来。这种敬畏之情在哈节的迎神、祭神、送神三个环节得到淋漓尽致的体现。人们身着盛装恭敬小心地将海神迎回哈亭,并用他们拿得出的最好的祭品祭祀海神,以示感恩,节日结束后再恭敬地将海神送回大海,没有半点马虎。

哈节中最吸引人的莫过于唱哈环节了。在这个展现京族大大小小传统艺术文化的节日里,京族人彻夜狂欢,载歌载舞。他们唱着京族古老的歌谣,跳着京族特色的民族舞蹈,热闹的气氛和欢快的心情充分体现了京族人对海洋的热爱之情。一碧万顷的大海本身就是一幅动人心魄的美丽画卷,京族人自然热爱这片他们生活的土地,热爱上天赐予他们的动人美景。

此外,京族哈节中的祭祀活动也包含了京族人对其祖先的怀念与尊崇。京族人将祖先与神灵放在一起供奉,是对祖先留给他们智慧和财富表示感激之情,感恩祖先留下的文明文化,感恩祖先对后辈们的庇佑。

作为京族最传统、最隆重的节日,哈节还是京族人展现他们民族智慧和民间艺术的大舞台。他们通过动人的音律、美妙的歌声来歌颂爱情、友谊,歌颂神灵和祖先。他们盛装打扮,筹备盛宴,寓意渔业丰收和生活水平不断提高,期盼未来更加红火。哈节中的音乐、舞蹈、美术和美食,无一不在向人们展示京族的特色传统文化,展示京族人对未来生活的美好希冀和向往。

(二)弘扬京族传统文化,增强京族认同感

在 20 世纪 50 年代至 70 年代间,哈节被认为是封建迷信活动而被禁止举行,一直到 1985 年才得以恢复,之后便一直延续至今。虽然历经坎坷,但其中蕴含的民族传统文化并没有流失,祭祀神灵、感激祖先的核心要素依然保存着,并且随着社会的进步和国家的政策支持逐渐发扬光大。今天,哈节更是成为一个集中展现京族文化的舞台,无论是京族歌舞、独弦琴演奏,还是京族民间特色小吃、特色民族服饰,都在节日上都得到充分展示和弘扬。

随着社会经济的进步、改革开放的推动,越来越多京族人走出京族三岛,在广西甚至全国各地学习和工作,但他们依然心系哈节。每逢节日到来,不论远在何地,京族人都会尽可能地赶回家乡参加节日。也可以说,哈节为京族人提供了一年一度团聚的机会。哈节已成为京族人维系民族感情的纽带,在无形中强化了民族的认同感,增强了民族的凝聚力。

(三)展示京族进步形象,表达参与国家社会发展的政治诉求

京族作为我国五十六个民族中的一个,尽管人数少,但有着非常重要的地位。在当代社会,一个民族的最基本价值就体现在民族的向心力。京族从历史定名到今天有的社会地位和保护政策,都是依靠国家强大的后盾支持。京族在今天取得的成就和发展,同样也为中国的进步贡献了一分力量,特别是在海洋文化方面的知识储备和实践经验,京族更是不可或缺。因此,京族哈节的弘扬和发展带动了京族的繁荣和发展,更展示了中国各民族团结和共同发展的形象。

此外,作为南疆边境地区人口较少的跨国、跨境民族,长期以来,京族在国家政策方面得到很多的支持,但仍需要得到国家更多的关注。这对京族的发展,以及京族传统文化的传承和保护都有很大的帮助。

(四)促进地方经济的发展,沟通交流中越文化

在京族哈节举办期间,许多外地游客及本地非京族人士慕名参加,与京族人一起欢度哈节。节日期间人山人海,当地的酒店和旅社好比在法定节假日一般爆满,所有的饭店和大排档都生意火爆。哈节吸引了越南的边民来参加,甚至许多国外游客也会来参观考察。哈节带来的大量人流促进了当地旅游业和一系列经济链的发展,使当地收到较好的经济效益。

中越两国的京族是同源关系,有着相同的语言、相似的生活习惯与宗教信仰。大致相同的民族发展历程使得中越两国的京族人有着密不可分的联系,并且心理认同度极高。中国京族无论是在历史上还是在文化上,都与越南有着很深的渊源,哈节又是两国京族共有的传统节日,成为维系两国文化交流的纽带。因此,哈节可以说是促进两国京族文化交流和增进两国人民友谊的桥梁。

四、启示与展望

京族哈节不仅是京族民族文化的重要部分,还是中华民族文化中一颗璀璨的明珠。哈节作为第一批国家非物质文化遗产保护项目,应受极力传承和保护。

总体上来讲,哈节的保护,首先是立法保护。立法保护是最根本的保护,有了健全的法律保障体系,更能明确对哈节的保护工作,各部门、地方政府也能将保护行动准确落实,以及给予相对应的财政支持。其次是社会保护。非物质文化遗产的保护是依赖特定的人群和环境的,哈节的保护和传承更需要注重对传承人的教育和培养。只有培养好京族自己的唱哈人才,才能从实质上保护和传承哈节。从源头上解决非遗项目的传承问题,鼓励民族重视文化传承责任,鼓励民间自发传承。最后是开发保护。在保持节日文化自身价值不被破坏的基础上,对其进行合理的开发。用国家政府的力量,把京族哈节搬上更大的舞台,面向更多的人群,做好文化的研究和宣传工作。民族的就是世界的,将京族哈节的影响范围最大限度地扩大,在一定程度上就是加强了对其的传承和保护。

传统节日是少数民族重要的文化事项。每一个民族节日都有其独特的文化内涵和历史传统。只有保护好包括民族节日在内的传统文化,中华文化的多样性、丰富性才能继续保存,这是中华文化长盛不衰的生命力。

第五节　河池市环江毛南族自治县毛南族的傩戏

一、毛南族概况

毛南族是中国人口较少的山地民族之一,主要聚居在广西环江毛南族自治县(以下简称为环江县)的上南、中南、下南山区和贵州平塘县、独山县交界的卡蒲河、六硐河河谷地带等地,其余散居在环江县内的水源、木论、川山、洛阳、思恩等乡镇,以及周围的河池、南丹、宜山、都安和贵州的惠水等县(市)。根据 2010 年第六次全国人口普查统计,毛南族总人口数为 101 192 人。其中,生活在广西的毛南族就有 7万多人,占毛南族总人口的近 70%。环江县是全国唯一的毛南族自治县,地处广西、贵州和湖南三省份交界处,该县的上南乡、中南乡、下南乡的"三南"一带是毛南族居住较为集中的地方,素有"毛南之乡"之称。

广西环江的毛南族,自称"阿难"或"哀南"(单称)、"窘南"(众称),意思是"这个地方的人",译成汉语是"毛南人"的意思。称谓表明他们是南岭西部的土著民族,周边壮族人对毛南族的称呼是"布南""稳毛南"等,译意也是"毛南人"。一般认为毛南族与布依族、仫佬族、仡佬族等南方民族有渊源关系,都是由岭南百越支系发展而来的。

"毛南"之称源自地名,最初见于南宋淳熙年间(1174—1189年)周去非所著的《岭外代答》,该书称:"自融(州)稍西南有宜州。宜处群蛮之腹,有南丹州、安化三州一镇,荔波、嬴河、五峒、茅滩、抚水诸蛮。"这些地方包括了今广西环江毛南族自治县和相邻的南丹县,以及紧邻的贵州荔波县境。"茅滩"又写作"茆滩",当时"三南"地区被称为"茅滩",谓此地人"茅滩蛮"。尔后的汉文古籍、碑文亦有用同音异字"冒南""毛难""毛南"之类记载该地区及其行政单位名称,如元明时代称"茆滩团""茆滩堡"等。乾隆年间(1736—1795年),毛南人立有《谭家世谱》,碑文中开始出现"毛难土苗地方""毛难甲""来毛难安处"的记载,此乃毛南族名称的正式出现。

1956年7月,经过民族识别,正式确定毛南族为单一民族,称为"毛难族"。1986年6月,根据本民族意见,国务院批准改为"毛南族"。贵州的毛南族自称"哎绕""印吞""哎吞"等,也是"本地人""自己人"之意,其他民族则称他们为"傷慌"或"佯慌"等,1990年7月27日才正式确认为"毛南族"。

毛南族没有文字,但神话、传说、民间故事相当丰富。《盘古的传说》《三九的传说》《太师六官》《顶卡花》《七女峰》《恩爱石》等为毛南族人民世代传颂,真实地反映了毛南族人民的道德观、价值观和艺术修养。

二、环江县下南乡概况

下南乡成立于1984年,位于环江县西南部,东交水源镇、洛阳镇,北接川山镇、木论乡,南连上南乡,西邻南丹县、金城江区。乡政府在下南街(俗称毛南六圩),距县城70千米。下南乡辖1个社区、10个行政村、240个生产队、288个自然屯,总面积277平方千米。境内为喀斯特地貌,山多地少,素有"八山两土"之称,水资源缺乏,自然条件恶劣,农业生产条件差,农业生产水平低于全县水平,整体的经济发展水平在县内处于中等偏下的水平,是典型的"老、少、边、山、穷"地区。2010年,全乡人口 20 018 人，其中 95.2% 为毛南族。毛南族以外的壮族、侗族、汉族基本上都是女性，这是缔结婚姻随户口迁入的。

相传，莫姓、颜姓与谭姓是毛南山区的三大姓氏。莫姓为壮族，颜姓是白裤瑶族，谭姓为毛南族。谭姓毛南族兴旺，与莫姓、颜姓争夺山林耕地，莫姓与颜姓逐渐失势，无可奈何最终从下南迁出。有的流入邻近的南丹县，有的远至贵州丛江各县。谭姓在下南山区逐渐发展壮大，至今谭姓人口众多，他们的变化发展直接关系到毛南族的形成。

"血缘群体是地方性民俗传承的主体。具有共同血缘的宗族是自然村落存在的前提。"①下南乡南昌屯是毛南族谭姓的发源地，随着人口的增加，谭姓家族不断向外扩散，逐渐形成了如今下南乡毛南族以南昌屯为中心四散分布的居住格局。毛南族人具有强烈的宗族意识，多以同姓同族聚居，很少和外族、外姓杂居，各个家庭以同宗共祖的关系聚居在一个村屯之中。村落依山而建，多则几十户、少则十来户人家建立小村庄，最大的也不超过百户。毛南族的村落，称为"龙办"（村）或"晓桐"（峒）。"龙办"居住的户数较多，有 20 户至 50 多户的，也有 100 多户到 200 多户的。"晓桐"少则 3—5 户，多则有 30 到 40 户，有的甚至单家独户住在半山腰或山顶上。

毛南族人从南昌屯扩散开后，选择以宗族血缘关系聚居，这使得血缘规则附着到地域性规则上。在宗族意识强烈的情况下，血缘规则又体现得较为强势，从而与地域性规则产生张力，比如跨地域的联族活动、信仰仪式活动。下南乡凤腾山古墓群就是毛南族祖先的陵园，下南乡谭姓子孙每年清明节都会前去祭拜，每隔几年就会组织全部族人一同举行盛大的祭拜仪式。

在清中叶以前，以族聚居的毛南族村寨，有称为"隆款"的乡规。每年开春，村社里的成年男子定期聚会，推举拥有威望和能力的老人为乡老，由乡老主持制定共同遵守的乡规，称为"隆款"。"隆款"的内容主要包括对付外来盗窃、抢劫，维护村峒的风俗治安与山地。"隆款"所规定的法规条文，被刻在石碑或木板上，立于村峒前。

三、毛南族的傩戏

下南乡毛南族人信仰多神，在他们的宗教信仰中，既有儒释道、祖先和各类自然

---

① 刘晓春.仪式与象征的秩序———一个客家村落的历史、权力与记忆[M].北京:商务印书馆,2003:29.

神的信仰,又有极少数的基督宗教信仰。他们崇信鬼神,经常进行各种敬神活动,而且往往和生产生活结合在一起,带有原始宗教的性质。同时,在劳动生产、婚庆、丧葬、生育、节庆及治病等各方面,各有一套繁杂的宗教活动仪式,如还愿、安龙谢土、添粮补寿、安祠和安坟等仪式。毛南族在举行这些仪式时,神职人员都要带上精雕细琢、色彩绚丽的木质傩面具,同时穿上奇特的古老服饰,喃唱古怪的言语,跳着粗犷的舞蹈动作,所以这些仪式统称为毛南傩戏。

毛南族的傩戏文化,民间认为大约在唐宋时期开始形成。在长期的历史传承中,傩戏文化融合了毛南族的神话、传说、故事、山歌、舞蹈、打击乐、戏等,表达了毛南族对天地自然万物的崇拜。在祭祀仪式中,毛南人借助傩面显示大自然不可抗拒的神力,而歌、舞、乐、戏也承载着毛南人对民族生生不息的祈求和对未来五谷丰登、国泰民安的美好愿望。

毛南族的傩戏文化源远流长、内涵丰富,既是毛南族历史发展的活化石,又是毛南族优秀文化的代表,是毛南族留给世人的一份珍贵遗产。

毛南族傩戏按照仪式分,主要有肥套、朝龙、肥庙等。

1.肥套

肥套即起愿和还愿仪式,是毛南族人一生中最重要的敬神仪式,也是毛南族最古老、最具特色的风俗。毛南族人认为人的一生、人的一切都是神灵给予的,若惹得神灵不高兴了,就会遭遇灾祸,若能讨得神灵的欢心,就能够实现自己的愿望。所以,毛南族人凡事都会向神灵起愿,小事如家人外出、小孩入学,大事有求子、求人丁牲畜安康、求钱财兴旺等。并且,起愿之后,所求之事如果灵验或遂愿,就要向神灵还愿。还愿也分大小,还小愿时只要杀两只鸡祭神即可,不需要请神职人员,而还大愿时就需要请师公等神职人员来做法事,较大的还愿活动,要花上几天几夜才能完成。

毛南族还愿的内容,总是离不开祈求子孙繁衍生息、家族兴旺发达这一主题。还愿分为"红筵"和"黄筵"两种。"红筵"是向专管生育的花神万岁娘娘起愿,得偿所愿后举行的还愿仪式。因为毛南族人认为他们可以生儿育女,都是万岁娘娘所赐的福分。在毛南族男子娶妻时,会向万岁娘娘起愿,然后在新房的房门围上红色布条,还插上红纸剪裁的花枝,即"搭红桥",意思是向万岁娘娘求花(花枝代表子女)。待到生下子女建立家业后,就要在合适的年份举行还愿仪式,向万岁娘娘谢恩。如果不做,就会惹恼万岁娘娘,给子女带来灾祸。所以,举办"红筵"是每家每户每一代毛南人都必须做一次的。"黄筵"则是向雷王还的愿。如果家中出现人畜不安康、财运不兴旺、庄稼欠丰收,毛南族人就会向神灵祈求"夫妻寿年长,保男出富贵,保女会栽花,保家生百玉,保畜满木栏,保田禾苗长,保地得丰收,保银有大利……"。愿望实现后须举行"黄筵"。过去这两种还愿仪式是分别举行的,如今已经很少有人单独举行,而是两种合起来,一次完成还愿。

2.朝龙

朝龙也称"安龙谢土"。举行朝龙的原因分为几种:一是村中有人未婚生子,或是嫁到外村的女人在本村生下孩子,这在毛南族人看来是不好的行为,会败坏村里的道德风气,损坏本村的龙脉,必须按照毛南族的习惯法进行处罚,即举行安龙谢土把龙脉摆正,驱赶邪气;二是有瘟疫流行,村中人频繁死亡,被认为是村中龙脉不正,必须摆正;三是自然界有异常现象,如古树断裂、山石崩塌等,也被认为是龙脉不正,是不祥之兆。村里出现这几种情况都必须做安龙谢土,即矫正龙脉方位,将其摆正。

根据任继愈主编的《宗教大辞典》记录,安龙谢土一般由鬼师主持仪式,于祭坛挂土府、观音、地宅、龙神等8张神像。大安龙仪式杀72只(条)牛、猪、羊、鸡、鸭作为祭牲,中安龙杀禽畜36只(条)作祭,小安龙杀禽畜16只(条)作祭。做完"写文书""封斋漱口""灌水""迎龙""点龙""洒水""杀牲"七个仪程,并念完安龙咒,即算安了新龙谢了土,日后可保人畜昌盛,村寨平安。[1]

3.肥庙

肥庙指的是毛南族过庙节时,在三界庙前进行"椎牛"的仪式。

庙节,也叫"分龙节",分为庙祭与家祭,历时3天,是毛南族最为隆重的节日。庙节的前两天是庙祭,是以自然村、屯为单位到三界庙前举行的集体性敬神活动,主要拜祭三界公即玉帝。庙祭第一天,由师公穿上法衣,带上傩面具,腰挂陶制的羊皮祥鼓,念经文巫语、唱娱神歌、跳娱神舞。其间,全村屯的男女老少都要来观看。庙祭的第二天即举行"椎牛",就是把牛眼用金银纸蒙住,把牛四肢捆牢,师公边唱经文边用耙钉狠狠锥入牛的天庭,牛死后用牛头、牛毛、牛血和四肢祭神。庙节的第三天是家祭,主要祭祀的是家神即祖先。各家各户都会在神龛上摆放五色糯米饭、粉蒸肉,祭祀自己的祖先。待全部的祭祀活动结束后,村中会有各种文体娱乐活动,气氛活跃、热闹非凡。

---

① 任继愈.宗教大辞典[M].上海:上海辞书出版社,1998:35.

四、毛南傩戏的信俗观念

崇神氛围浓厚而广泛，是毛南族傩戏文化中最为突出的特点，也是区分毛南傩戏与周边其他民族傩戏最为重要的标志之一。这种崇神氛围主要体现在以下几个方面：根深蒂固的原始宗教意识、无处不在的事神活动、态度虔诚的拜神仪式、神格化的人和物。

毛南族对日月星辰、风雨雷电、河流山川、花草树木、飞禽走兽等充满崇拜之情。他们认为石头也有神灵，他们的社神（也称"稷王"）就是两块形似人的石头，立在村头屯尾守卫山寨，保护他们不被各种鬼怪、野兽和外来人侵害。村头的大树也被认为有灵性，能够保护村子人丁兴旺、风调雨顺，村民不能对它有冒犯之举，逢年过节还会去祭拜它。

神与鬼，在毛南族人的心里是有很严格的区分的，即天神地鬼，上天为神，入地为鬼。人死后，被供奉在祖先牌位的是神，无名游魂为鬼；亲朋好友之魂是神，冤家对头之魂为鬼；有德者之魂是神，鸡鸣狗盗者之魂为鬼。鬼会专门指使人做不道德的勾当，所以应该驱逐出去，不必祈求和供奉。由此也可以看出毛南族崇善弃恶的道德标准。而神跟人一样有喜怒哀乐，高兴的时候会给人们带来福祉，发怒时就会降祸给人们，所以对神要致以敬意，要讨得他们的欢喜和同情。毛南族信仰的神灵有 36 神，它们是三界、三光、三元、万岁娘娘、社王、家仙（祖先）、瑶王、欧官、花林仙官、土地、三娘、功曹、陆桥、蒙官、雷王、太师六官等。

傩戏祭祀活动，是由老人传下来的，传承途径和方法主要是学习、模仿、接替，如此周而复始。村民的信仰刚开始是由家中长辈教导的，习得以后就和长辈一起参与，最后由其独立完成，进而就传承了这样的信仰活动。一代又一代人的习得，保证了民间信仰的延续和发展。随着时代的发展，到庙里祭祀的信仰活动，演变成了一种世代传承的民俗行为。对于这样一种信仰，村民并没有太多的思考，而是把它当作一种行为或一种风俗习惯，去接受和传承。

毛南族人的禁忌很多，如：家有孕妇时不可以改造房屋；孕妇不可以参加祭祀活动；婴儿降生头两日，没有主人允许不得入门；未还过愿的人在家不得谈论肥套；等等。世代相传的禁忌在乡民心中产生巨大的影响力，乡民认为要是违反了就会冒犯神灵，招致种种恶果，带来不幸。

五、傩戏融入毛南族社区治理的内容和表现

(一) 傩戏信仰增强群体认同感,强化群体边界

毛南族若在一个地方定居下来,就会设立社神的神位,社神(也称"稷王")就是两块形似人的石头,把它们立在村头屯尾,守卫山寨,能够保护他们不被各种鬼怪、野兽和外来人侵害,任何人都不能对它们有不敬之举,逢年过节还会去祭拜它们。

20 世纪 80 年代中期,一个工程队到下南乡波川村铺新路,在进行爆破时炸药安放不正确,爆破人员不幸被炸死。工程队在抬出死者时,遭到了村民的阻拦,原来是因为工程队爆破前,没有对村中社神进行祭拜,村民认为是对社神的不敬,出现惨剧也是社神在发怒。村民要求工程队必须补上祭拜来安抚社神,否则就会给村里带来灾祸。但实际情况则是因为规划的路线占用本村的田地比邻村的多,但由于是政府规划,村民不得不同意,惨剧发生后,村民自然认为是社神发怒,必须向社神赔罪。最后,在乡干部的协助下,事情才得以顺利解决。

这实际就是民间信仰的内聚作用所产生的群体认同感,每个村落都有一个社神,通过对同一个社神的祭拜,赋予了社神超凡的能力,并以此表明他们在祭祀圈内的联系,提高祭祀圈的团结度和忠诚度。同时避免外人对他们的伤害,即借助社神超自然的力量抑制危害他们利益的行为。如此,村民借助社神表达了祭祀群体内的两种基本需求:一是形成并加强供奉者内部的认同;二是增强村落势力,不被外界所伤害。

(二) 傩戏的心理抚慰稳定群体内部秩序

功能主义理论认为,宗教的作用在于帮助人们调适偶然性、软弱性和缺乏性这三个严酷的现实,以及由此导致的挫折和剥夺,从而使人们在面对劫难和挫折时获得心理调适。[1] 我们所处的世界千变万化,生活中到处充满危机和各种不确定因素,尤其是在科技不发达、生产力落后的年代,人们会遇到各种天灾人祸。当它们超越了人们的认识范畴,人力无法克服时,人们就会把希望寄托于神灵身上,神灵便成为人们的精神支柱。

在毛南族中流传着"一傩冲百鬼,一愿了千神"的说法。冲傩是驱赶、镇压邪恶

---

① [美]托马斯·奥戴.宗教社会学[M].胡荣,乐爱国,译.银川:宁夏人民出版社,1989:7.

的手段,还愿是娱神、酬神的手段。毛南族人通过举行傩事,向神灵诉说愿望。希望神灵赐福的,精神上会获得满足,得到心理安慰;犯罪的,向神灵忏悔,可以消除负罪感,缓解舆论压力,调整到正常的心理状态;希望破恶消灾的,可以消除恐惧、焦虑的心理,获得心灵的慰藉。虽然所祈求的不一定能够实现,但是能够让毛南民众得到心灵抚慰、消除不安情绪,起到维护社会秩序的作用。

(三)傩戏的"权力的文化网络"协助村委处理村务

过去的下南乡会通过组建"隆款"的社会组织,并推举在乡里德高望重的长者来主持,规定"隆款"内容,管理乡间公共事务,规范乡土社会秩序。在人民公社时期,国家在农村设立了由公社、生产大队、生产队这三个层次组成的具有浓厚政治色彩的组织结构,下南乡传统的以"隆款"为纽带的乡土秩序被彻底打破。改革开放不久,中国农村开始实施村民自治,由村民自行推选村委。

由于民间信仰的恢复,肥套的庙祭仪式举行频繁,对婚礼、满月及丧葬仪式中传统环节越来越重视,富有经验的老人对传统仪式的指导作用越发重要,乡间老人的地位得到了提高。所以,在推选村委时乡民们会倾向于推选那些熟知毛南族习惯法、品德端正的年长者来管理乡间的公共事务。如1987年下南乡南昌屯的村主任谭会庆老人就是由村民推荐后,下南乡政府委托担任的。村主任负责管理全村的事务,权力是高于队干的。之后,由于村主任管理的事务太过繁杂,老人家精力有限,不再担任村主任,村里也没有再设立村主任一职。现今各个村屯的队干虽然不再由老人担任,但是队干们在处理村中各种事务时,都会事先问过村中有威望的老人,征求他们的建议。

不难看出,下南乡的村民自治形式留有过去"隆款"制度的影子。从某种程度上来说,是传统乡土秩序的回归。民间信仰构建了新的"权力的文化网络",形成了农民合作的社会基础,在农民的生产、文化活动中发挥了积极作用。① 对于中国毛南族社区来说,傩戏的复兴不仅仅是民族文化的延续,更深层的含义是国家权力和文化这种象征资源的结合。内部成员对文化的象征意义的认同,赋予了文化网络一种权威,使它成为地方社会中领导权具有合法性的表现场所。

---

① [美]杜赞奇.文化、权力与国家——1900—1942 年的华北农村[M].王福明,译.南京:江苏人民出版社,1994:33—35.

（四）傩戏信仰强化群体内部控制

社会控制,就是社会组织利用社会规范对组织内成员的行为进行规范约束。乡土社会秩序的稳定,需要乡土社会控制来维持。一般而言,在形成新的权威与组织结构的同时,就会形成一套与之密切相关的社会规范。1987 年的《中华人民共和国村民委员会组织法(试行)》规定:村规民约由村民会议讨论制定,报乡、民族乡、镇的人民政府备案,由村民委员会监督、执行。

过去下南乡的村规民约都是通过制定"隆款"条约,并刻立碑文来警示乡民的,而如今的村规民约除依照国家法律法规,结合当地民俗形成书面形式的条约,张贴在村头或村民集会场所告知村民外,还有乡民们约定俗成的、不成文的规定,包括了婚丧嫁娶、肥套、肥庙、赡养、改嫁、买卖、乡村公共品管理(社神、神树、河流水源、山林坡地等)。例如,关于婚丧嫁娶、肥套和肥庙的条约中规定,村中各户要做还愿仪式或红、白事时,其他每户都会派一个代表来到主家帮忙,除非确有困难或特殊情况不能到场。如有哪户人家能来却没有到场,会被村民"看不起",以后他要举办任何事情时,人们会不约而同地冷落他,故意不去帮忙。

过去,毛南族盛行早婚、包办婚姻。女孩子没有恋爱自由,只好偷偷与情投意合的男孩子相恋。若是被发现,族人们认为这是对神灵和祖宗的渎犯,会破坏本村的龙脉,必须将他们押送到乡老面前,接受惩办和处罚,要举行安龙谢土仪式,向神灵和祖宗告罪,消除灾害。如今,虽然早婚、包办婚姻等现象早已退出毛南族的历史舞台,但是关于婚姻家庭的这一道德规范却被保留下来。2005 年,下南波川村的已婚妇女谭某与本村的男性谭某发生了不正当男女关系,谭某的丈夫发现后,与房族一起把他俩押到村公所,要求男性谭某道歉,并按照毛南族传统拿出 36 头牲畜举行安龙谢土仪式。但是,男性谭某经济条件太差,村委和谭某丈夫商议后同意用男性谭某所有的积蓄和现有的牲畜做安龙谢土仪式。不过,总共加起来也不够 10 头牲畜。

由此可见,傩戏浸透在毛南族人的头脑中,是形成一个群体的态度、思想和判断方式的基础,对现今毛南族人的行为方式仍有很重要的影响。而且,这些规范约束对毛南族社会秩序的调整,在有些方面比正式的法律审判或裁决的效果还要好。

（五）傩戏蕴含的教育和价值与乡村社会治理的德治高度契合

如果说村规民约对乡民失范行为的惩罚是民间信仰的"治病"功能的话,那么对于乡民道德素养的提高就起到"预防"的功能。毛南傩戏所演绎的故事,蕴含尊老爱幼、惩恶扬善、仁义诚信、勤劳淳朴等价值取向,能够起到提升乡民道德素养的作用。在人际交往的过程中,乡民能够遵守基本的道德伦理,那么乡村就可以安宁和谐、井然有序。并且,傩戏的形式轻松活泼,内容通俗易懂,在道德教育方面,甚至可以收到比正式教育还要好的效果。

随着现代化的发展,下南乡大量的青年劳动力外出务工或学习,接受了现代化的思想观念和生活方式,对本民族的宗教信仰曾有逐年减弱之势。但是,近年来随着各级政府不断加大对传统文化的保护力度,毛南族人对本民族文化的保护意识和能力也在不断提高。在他们看来,毛南族的神灵仍然是有无上法力的,能够保佑毛南族平安,这是一种文化认同,也是一种民族认同。现今,为了加强小孩对傩戏的认知和了解,家长们会通过以下方式进行教育:一是让小孩参与村里的集会,通过长辈的叙述和讨论了解本民族的历史文化;二是在逢年过节祭祀祖先时,向小孩叙述先人的光荣事迹,提升小孩对家族、本民族的自豪感;三是在傩祭的道场,通过师公表演的神话故事来教育小孩。

六、启示与展望

现代社会处于传统文明与现代文明激烈碰撞的时代。在现代化的进程中,现代法治秩序推广到农村,表现出了一定的不适应性。傩戏文化作为毛南族的民间信仰文化,对毛南族人起到心理抚慰、稳定群体内部秩序、形成权力的文化关系网络、强化群体内部控制等作用,形成了一套特有的社会秩序。在国家权威延伸不到的地方,傩戏对毛南族地方社会秩序、公正和权力平衡起到了引导作用。因此,在今天的新农村建设中,在乡村振兴战略的实施过程中,在构建"三位一体"的社会治理体系中,应对毛南傩戏因势利导,使其发挥更多的功能。

第七章

乡村社会治理的困境与创新

第一节　治理与善治理论

一、乡村治理

乡村治理不同于一般的地方治理,国家设立于县乡两级的基层政权是国家治理权力再分配的空间投影,是我国政权建设的微观基础。乡村治理情况的好坏,关系到我国中央和地方政府的职权能否在这一区域内合理而有效地行使。当前,我国乡村社会处于制度变迁和社会转型的重要时期,城乡一体化建设与乡村振兴战略对乡村治理都提出了更高的要求,因此,破解乡村治理困境、创新基层治理方式具有重要的现实意义。笔者所在的课题组通过访谈系统分析了广西乡村社会的新实践基础和治理困境,并结合理论层面的研究进行了讨论,为广西乡村治理机制创新寻找切入点。

自 1989 年世界银行首次提出"治理危机"以来,"治理"一词便逐渐被各界所接受,尤其在政府研究领域,治理取代管理而成为 21 世纪研究政府功能、行为的主要词汇,这是由于治理一词的丰富内涵超越了传统管理的局限,更适应现代政府的职能研究。

全球治理委员会关于治理的定义具有很强的权威性。该委员会在 1995 年发表的报告《我们的全球伙伴关系》中对治理做出了界定:治理是各种公共机构或私人组织管理其共同事务的诸多方式的总和。它是使相互冲突的或不同的利益方得以调和并采取联合行动的持续过程。治理既包括有权迫使人们服从的正式制度和规范,又包括各种人们同意或以为符合其利益的非正式的制度安排。该定义包含以下几个方面的内容:(1)治理是一种由共同目标支配的管理活动,并且主体不再仅限于政府,多元主体的协调配合将是治理活动有效实施的基础;(2)治理意味着在为社会和经济问题寻求解决方案的过程中,平衡不同利益群体的矛盾冲突,这可能难以同时满足各方的需求;(3)治理意味着行为依据并不仅限于政府的权力和制度化的规范,它在界限和责任方面存在一定的模糊性。

我国学者俞可平认为,治理是指官方的或民间的公共管理组织在一个既定范围内运用公共权威维持秩序,满足公众的需要,是一种公共管理活动和公共管理过程,其目的是运用权力去引导、控制和规范公民的各种活动,以最大限度地增进公共利益。

二、善治理论

善治是 20 世纪 90 年代以来国内外社会科学的关注焦点,其基础含义可被理解为"良好的治理"。它以公共利益和公共价值最大化为目标,是一种政府、市场和社会等多元主体协商共治的伙伴关系,强调理想的治理过程和可持续状态。基本要素可以概括为"合法性、透明性、责任性、回应、法制、参与、稳定、有效、公正、廉洁"十个方面。从某种意义上说,善治是对传统治理模式的超越与完善,亦可作为衡量治理成效的规范性标准。其理论基础包括以下三个方面。

(一)资源依赖理论

善治对资源依赖理论的吸纳体现在对不同组织间关系的理解和认知。根据该理论的观点,不同组织由于拥有资源的局限性,需要合理利用和共享其他组织掌控的核心资源才能有效达到预期目标,对资源的需求使组织之间产生相互依赖的关系,相互协作的组织通过减弱资源提供的不确定性来稳定组织间的联系。面对日益复杂的社会治理问题,政府已经无法依靠一己之力和自有资源完全妥善处理,因而需要建立资源共享的制度安排,激发各参与主体产生协作的动机和意愿。目前,在公共服务领域,公私部门协作的服务供应正在取代由公共机构直接提供服务的传统模式。

（二）交易成本理论

交易成本理论对善治的贡献主要体现在它明确了交易成本是治理形式的关键影响因素。从经济学视角来看，交易可使各参与方专心从事他们比较具有优势的活动，从而使各参与方都获益。因此，面对日益复杂的超越组织边界的问题和现象，减少相关的交易成本、提升治理效能是公共组织的重要追求。治理模式必须由自上而下的单一治理转向跨部门、跨区域的协作治理，其潜在好处包括提升组织效能和效率、节省交易成本、整合部门资源、提高公共服务质量、分担责任与风险等。

（三）网络治理理论

网络治理理论在一定程度上与善治有所契合。作为对传统官僚层级制和市场化治理模式缺失的反思，网络化治理主张在制度化的治理结构中，打破传统的部门边界和职能分割局面，以公共利益和公共价值为导向，采取跨区域、跨部门的多元主体联合行动。它将高水平公私合作特性与网络管理能力结合起来，完善公私合作过程中的协商机制，赋予参与主体更多的选择权与决策权。

善治以追求公共利益最大化为基点，通过资源依赖和交易成本理论剖析多元主体间协作关系的本质，并借鉴网络治理理论实现对协作关系的规范和管理，从而成为治理理论的最新形式并不断完善发展。

把握了上述对于治理的界定和善治理论的内涵，能对更好地分析乡村治理提供帮助。笔者认为，乡村治理即多元的基层组织在乡村层面开展的公共管理过程，在乡村领域内维持秩序、引导发展、增进公共利益的活动。因此，后续讨论乡村社会治理创新时，需要从乡村区域的新现状出发，根据治理面临的困境，结合乡村社会自身的特性，来讨论治理创新的可行路径。

第二节　公共安全需求与治理困境

根据美国心理学家马斯洛提出的需求层次理论，人的需求分为金字塔形的六个层次，最底层为生理需求，次底层为安全需求，当最基本的生理需求得到满足之后，人们会出现更高层次的安全需求。当前，中国的绝大多数人口已经摆脱了生存危机，针对绝对贫困所开展的精准扶贫战略也即将迎来收尾阶段。在全面建成小康社会之后，人民群众对安全的需求将上升为第一位的需求，维持公共安全将成为基层社会治理面临的首要任务。正是基于这样的判断,国务院自党的十八届五中全会以来多次强调:"我国发展仍处于可以大有作为的重要战略机遇期,也面临诸多矛盾叠加、风险隐患增多的严峻挑战。"

一、风险社会的表象与本质

风险社会的表现之一就是社会结构紧张。改革开放40多年来,经济结构的变化带来了社会结构的变化,导致一定程度的社会关系紧张。学界认为,在社会风险高发期,社会关系处于一种很强的张力之中,社会矛盾比较容易激化,社会问题和社会危机比较容易发生。

风险社会的表现之二就是社会各系统、各要素之间的交互影响加强,由此可能导致无法预知的后果。经济合作与发展组织的报告《面向21世纪的新风险——行动议程》指出,人口、环境、技术和社会经济结构治理减轻了传统危害,却导致了新型风险,改变了风险的脆弱性和事故影响扩散的途径,出现了"系统性风险"。这种观点对当前自然灾害、生产事故和公共卫生事件呈现的新特点也极具解释力。例如,2008年中国南方冻雨雪灾,就很难简单地用"自然灾害""事故灾难"或"社会安全事件"来称谓,它源于春运、电力机车代替内燃机车、持续的雨雪冰冻和社会整合力下降等因素的交互影响,是人口、环境、技术和社会经济结构之间的"系统性风险"。

风险社会的表现之三则是现代性的不确定性与自我危害。贝克指出,在现代化进程中,生产力的指数式增长,使危险和潜在威胁的释放达到了一个前所未有的程度。吉登斯做了更加全面的描述:"核战争的可能性、生态灾难、不可遏制的人口爆炸、全球经济交流的崩溃以及其他的潜在的全球性灾难,为我们每个人都勾画出了风险社会的一幅令人不安的危险前景。"现代性的不确定性与自我危害来自现代制度,是科技理性的负面后果,其影响也是全球性的。"运用我们的文明的决策,可以导致全球性后果,而这种全球性后果可以触发一系列问题和一连串风险,这些问题和风险又与权威机构针对全球范围内的巨大灾难事例构筑的那一成不变的语言及其做出的各种各样的承诺形成了强烈的反差。"风险社会理论特别适用于解释由现代社会制度本身引发的灾难,如全球生态的恶化、不安全食品的泛滥等。

在目前的中国,传统类型的风险,如传染病、自然灾害等依然构成对人民生活和社会安全的威胁。在以工业化、城市化为标志的现代化进程中,还不断涌现出一些需要面对的失业、贫富分化、生产事故、劳资冲突和刑事犯罪等社会风险。从局部意义上讲，中国社会也出现了晚期工业社会或现代化晚期的社会征兆，社会的个体化趋势初露端倪，高新技术日益发展，这预示了新型社会风险对社会生活的威胁在不断积聚、加大，并在一定程度上凸显出来。

二、自然灾害类治理困境

很长一个时期以来，在应对自然灾害特别是地震、洪水等特大灾害的过程中，不仅是政府主导，还常常是政府包揽。在水利工作方面，中央负责大江大河，治理效果显著，自 1998 年长江大洪水以后，全国的大江大河基本上是安全的，但由地方负责的中小河流及大中城市内涝的防治工作则被有所忽视。在防震工作方面，曾经的"土洋结合""两条腿走路"变成了"金鸡独立"，开始单纯依靠专业部门。而且，许多灾害的发生或"灾小荒大"现象的出现，是因为对 GDP 的过分崇拜和片面的政绩观，一些官员以牺牲环境资源为代价换取经济高速增长，恶化了人与自然的关系。许多事故灾难的起因也源于私人部门（个人）安全意识和社会责任的缺失，当然政府相关部门的监管也不到位。因此，如果没有政府、市场、社会、公众的共同参与，就没有风险共担，无法实现风险治理，也就难以减少灾害、灾难的发生。

即使在灾害发生后，多元参与机制也能弥补政府能力的不足，提供更广泛的信息，做到集思广益。市场和社会的参与意味着资源的异质性，这有利于满足灾害中不同群体的异质性需求或同一群体在不同时期的差异性需求。还要看到，即便政府力量再强大，权责覆盖范围再宽广，也无法满足受灾群体的所有需求，需要私人部门和社会组织主动去满足受灾群体的需求，这是复杂系统中结构要素以信息交互为基础的"自组织"参与。灾害管理需要容纳这种"自组织"参与。一旦管理中容纳了多元参与，管理就升级为治理。

三、人为暴力类治理困境

人为引发的危害乡村公共安全的暴力行为，大多以"村霸""乡霸"等形态存在于乡村社会，由于地处偏远及旁枝错节的本地庇护，过去一直较为隐蔽，是乡村公共安全治理的另一大难题。

基层黑恶势力总是伴随"保护伞"而存在。基层腐败"多发、易发而难以根除"，是因为基层腐败发生于"流动性"的基层社会之中，大多具有点多面广、花样繁多、手段隐蔽、群体窝案等特征。而治理基层腐败的各种正式制度与非正式制度，往往由于各种原因而不能有效发挥监督作用：基层民众由于"不知情"和"分散弱势"而"不想、不敢监督"，乡镇政府由于行政化依赖而"不愿、不能监督"，县级监察机构则由于"鞭长莫及"而"无力、无从监督"，这是基层腐败"顽固性"的制度性根源。但基层反腐败斗争，绝非一场运动式"高压反腐"所能奏效，必须着眼于基层民众的权利保障，推进城乡一体化的治理改革，构建民主自治的乡村共同体，形成民主化和法治化的治理体系和反腐体系，稳固持久地提升基层治理和基层反腐的水平。

另外，近年来的返乡潮可能催生新的乡村安全隐患。返回乡村的农民工，年老的可能安心"在家务农"，一些"60 后""70 后"可能选择在自己的乡镇择业。随着中心镇建设和公共服务建设的加强，一些人还可能在镇上购房，或做生意，或带子孙就学。但这也只是一些不愿意外出打工者的选择，更年轻的一代，大多不愿待在乡镇。乡镇市场容量小，一般 3 万至 5 万人，没有多少生意可做，文化生活单调，限制了乡镇吸纳农民工的能力。返回乡镇居住和就业的人员越多，越会加剧乡镇市场的竞争，增加维护社会稳定的难度。

第三节　矛盾化解需求与治理困境

一、精英治理极化与乡村振兴民主治理精神偏离

乡村精英是指产生于乡村基层，掌握着经济、技术等资源优势并利用其优势获得成功，从而在特定乡村社会中具有某种权威和号召力的人。21 世纪以来，在中国广袤的乡村土地上涌现出了许多乡村精英，他们以各种方式带领村民发展乡村产业，推动当地乡村经济发展。当然，这些精英也大都成为当地乡村社会治理的关键人物。然而，精英治理模式并非完美无瑕，也有自身缺陷。精英治理的逻辑起点是精英们对乡村经济发展的突出贡献，但随着影响力扩大，精英们开始涉足乡村政治，学者们所说的"精英俘获"则可能出现。在后税费时代，"资源下乡"和"项目进村"日益常态化，一种以上级公共资源为标的的"分利秩序"在乡村社会可能形成，其后果是诱致乡村治理的内卷化。这种治理内卷化的具体表现是：不少掌握着公共权力

的乡村精英,以个人意志、偏好等非理性的主观判断决断乡村事务,村民自治章程、村务公开制度、村干部民主评议等民主治理方式被扭曲,行为失范和品质蜕变使精英治理向人治极化。而人治极化不可避免地导致权力膨胀与异化,进而偏离乡村振兴的民主治理精神。

二、乡村社会主体对矛盾化解的需求情况

改革开放以来,在传统熟人社会与现代流动社会交错演化的过程中,乡村传统文化因缺乏有效治理而被日益边缘化甚至扭曲。特别是 21 世纪以来,大量青壮年外出,乡村空心化日益严重,传统的节庆、礼节、风俗、技艺等失去了传承的土壤,许多村庄甚至因此而永久湮灭。我国 200 人以下的自然村从 2010 年到 2015 年减少了 99 052 个,年均减少约 2 万个,而伴随村落消失的正是乡村传统文化。而且,在乡村社会从封闭走向开放、乡民与外界交往的边界不断扩大的背景下,承载着农耕文明、具有浓郁乡土气息的乡村传统文化被部分乡民视为落后的代名词。于是,随着乡村传统文化影响的弱化,"邻里相亲""守望相助"等传统美德被"一切向钱看"的简单功利原则不断消解,"酒桌文化""相互攀比""认干亲习俗"等现象和行为日益增多,乡民心灵家园"精神秩序"开始失序,部分乡民出现道德游离和精神迷茫。乡村振兴不是一朝一夕就能完成的,在这个过程中,需要文化作为精神力量,需要文化灵魂的有力牵引。

三、乡村基层矛盾化解效率降低

尽管乡镇政府是国家权力意志及其方针政策的重要落实点,但税费改革后,乡镇政府面临两个问题:一是乡镇政府为获得必要运转资金,将工作重心转移到"跑钱""跑项目"上,不能实现职能转变,导致其与农民的关系由紧密"汲取型"转变为松散"悬浮型";二是部分乡镇政府因缺少财政支撑而难以履行本职工作,不能有效贯彻上级精神、执行上级政策,在县(区)、乡(镇)、村三级公共组织中出现政策执行结果与政策初衷相背离的现象,这进一步松散了"国家—社会"联结纽带。同时,也有部分乡镇政府尚沿袭全能行政理念,迷恋以政府为单一中心的压迫式管制模式,没有厘清自身与乡村自治主体的权责边界及准入与合作规范,不能为乡村提供急需

的公共服务,这既挤压了其他自治主体的参与空间,又进一步弱化了自身的治理功能。在乡村振兴过程中,国家必然出台系列优先发展乡村的支持政策,而乡镇政府自身治理功能的弱化,必然导致其政策贯彻落实不到位等问题,进而造成政策效率降低。

四、治理逻辑碎片化与矛盾化解机制偏离

在乡村社会中,个体的知识、思想等异质性必然存在,这种个体差异在市场化改革和城镇化建设中,因缺乏集体组织性而被不断放大,久而久之,就导致乡村自治功能弱化。有研究指出,我国乡村每万人口中仅有 9.3 个社会组织,37.46% 的村庄没有现代社会组织。同时,随着家族、宗族势力复萌及其"一致行动能力"提升,非正式权力开始在乡村治理舞台抛头露面,但其非理性的认同,却异化了乡村传统德治逻辑。目前,乡村治理中稀缺的是"法治"元素。碎片化遵循各自不同治理逻辑的自治、德治和法治,不仅自身功能发挥有限,而且无法形成中央政府期待的治理合力。乡村振兴不仅需要国家政策支持,还需要村民、村集体、地方政府及其他市场主体紧密协作,特别需要村民内部团结一致。

第四节　基本公共服务需求与治理困境

乡村振兴与开发需要面临的一个首要问题是人员不足。农村空心化问题是 21 世纪以来,伴随着城乡差异逐渐扩大,大量农村青壮年外出,乡村常住人口数量减少、年龄老化所导致的问题。而近年来受经济发展速度放缓的影响,部分在城市生活但难以融入城市的农村务工人员陆续回流。要留住回流的务工人员,使他们成为未来乡村振兴的中坚力量,需要提高乡村基本公共服务的供给水平,逐步缩小城乡差异,朝着一体化发展的目标前进。当前,乡村社会治理主体在基本公共服务供给方面存在如下困境。

一、乡村社会内生发展乏力问题

在现代化、市场化的大背景下，乡村社会普遍面临内生发展乏力的困境。随着现代城市的快速发展，乡村社会处于结构性的弱势地位，加之城市与乡村之间的差距拉大，驱动着乡村居民不断向城市迁移流动，从而进一步影响乡村社会的自身发展。这是中国乡村社会治理所面临的较为普遍的问题，既是一种结构性问题，又属于乡村社会治理体制方面的问题。面对现代性的挑战，目前的乡村社会治理体制并不能有效地组织和动员乡村社会的内生发展资源，也难以动员其他可资利用的发展资源。特别是在以农业为主、现代化发展相对滞后的地区，乡村治理体制的均衡能力显得更弱。乡村治理主要依靠乡镇政府和村基层组织接受国家的惠农政策和项目，而在培育乡村自身发展动力上，却显得力不从心，在组织和协调内生发展的实践中，也未显示出足够的有效性。

二、乡村精英的净流出问题

当前，乡村社会处于"大流动"的时代，乡村社会治理面临一个突出问题：人才或乡村精英的净流出，即乡村精英向乡村之外流出，而回流乡村的人才却相当少。在当前形势下，乡村文化精英通过升学渠道向外流出，部分经济精英则通过外出打工或经营渠道流入城市，只有较少的政治精英留下来担任乡村干部。乡村精英净流出问题意味着乡村治理要面对的是一种精英匮乏或精英结构不均衡的社会现状。在此背景下，要在乡村构建起有效率、合理、均衡的社会治理结构，将面临巨大挑战。

三、乡村公共参与有限问题

社会治理效率的提高、治理效果的改善，通常需要公众的积极参与，发挥民众的智慧和力量。而目前的乡村社会治理则面临公共参与有限的问题，这直接影响到乡村社会治理结构的合理性。空巢社会结构，即在一年中的大部分时间里，乡村社会处于主体成员空缺的状态，这意味着参与乡村社会常规治理的主要是留守人口群体。乡村社会治理的主要参与群体实际上是弱势群体，这不仅制约着治理的决策效率，而且也降低了治理的整体效率。在现实经验中，较多的村干部反映，在应对和处理乡村公共事务上,留守人口通常做不了主,而且很多公共事务也难以找到充足的人力去做。

四、乡村社会共识基础的削弱问题

维系和谐社会关系、促进秩序稳定和社会发展,是社会治理的重要目标。就社会秩序的形成机制而言,有效达成社会共识对秩序的构成和维持意义重大。因此,促成社会共识是社会治理的重要内容与任务。然而,由于乡村社会的变迁与分化,农民外出从事不同职业,文化与价值观的多样化、乡村社会内出现阶层差异等,使得乡村社会的共识基础在削弱,乡村在公共事务治理方面要形成共识或一致目标的难度加大。这属于乡村社会治理机制方面的问题。因此,乡村社会治理创新也就需要进行治理机制的创新,以应对和解决新形势下乡村社会如何有效形成社会共识的问题。

五、乡村发展与矛盾的悖论问题

所谓发展与矛盾的悖论问题,是指在一些地区的乡村,随着经济开发程度的提高获得了较快发展,然而由于缺乏清晰的、被共同认可的利益分配制度规则,出现了集体产权收益分配、农地征用补偿等方面的矛盾,引发了一些群体性矛盾和群体性事件。这些矛盾的产生,通常是因为发展起来之后,资源的边际收益大大增长,以往未明确的、模糊的权益关系也就演化为放大了的矛盾关系。乡村发展与矛盾的悖论问题反映的是乡村治理手段方面存在的问题或缺陷。悖论问题产生的根源在于社会治理缺乏前瞻性和规范性,乡村社会的产权、权益关系因制度和习俗的影响而缺乏清晰的、确定的、法制化的规定,这些模糊空间往往就演化成利益纷争的空间,由此也成为矛盾冲突和群体性事件的起源。

第五节　乡村社会治理创新

从本章第一节的治理内涵与善治理论来看,社会治理的效率和效果一般取决于五个方面的要素,即社会治理体制、治理机制、治理结构、治理过程和治理手段。那么,创新乡村社会治理也需要从乡村社会治理体制、机制、结构、过程和手段五个方面出发,但这五个方面必须结合我国乡村社会治理的实践,即第二至四节所讨论的治理困境,以解决现实困境为创新的目标指向。

一、从治理体制方面推进

乡村社会治理体制是指治理乡村社会的基本制度框架和组织架构。现行的乡村社会治理体制是城乡分治的二元体制框架下的村民自治制度,治理组织架构是由乡镇政府和村基层组织构成的。之所以要创新乡村社会治理体制,是因为现有体制在缩小或消除城乡差别、促进乡村社会经济发展方面所发挥的效率有待提高。实现乡村社会治理体制创新,可重点从以下几个方面着手:

首先,结合当前新型城镇化战略的推进,在城乡一体化的框架下,深化乡村社会治理体制改革。目前,我国城镇化进程正处于加速期,各地在推进城镇化建设与发展过程中,可以按照中央提出的"以城带乡、以工促农"的城乡一体化发展原则,改革现有城乡二元的治理体制,构建并不断完善城乡融合与统筹的治理体制。当前的村民自治是在城乡二元体制框架下进行的制度设计,创新乡村社会治理体制就要力争摆脱和消除二元体制的束缚和影响,在制度设计上要把村民自治管理纳入城乡一体化发展战略和统一的社会管理体制之中。其次,实现乡村社会的公共管理与乡村自治的有机结合。以往,乡村社会治理主要由村民自治组织承担和执行一般的治理措施与任务。而乡村自治组织的作用其实是有限的。创新治理体制,需要将村民自治组织所承担的基层公共管理的任务纳入统一的公共管理体制之中,村民自治组织专门负责配合公共管理和落实村庄内部的自治事宜。再次,创新乡村土地制度与集体产权制度,推进村民自治制度改革。目前,乡村社会治理体制的建立,与乡村土地集体所有制、乡村集体产权制度有着密不可分的关系。随着乡村经营体制的改革和不断创新,经营体制与产权制度之间出现了一些不协调关系,现有村民自治的乡村治理体制并不能有效地解决这种不协调,因此,需要从产权制度创新角度去推进乡村社会治理体制的创新。

二、从治理机制方面推进

乡村社会治理机制是指治理乡村社会的各种措施和活动的具体环节及运作方式。当前的乡村社会治理机制是一种从中央到地方再到基层,最后由村级组织(包括村委会和村党支部)落实的垂直的行政化和半行政化的治理机制。在这种治理机制中,乡镇基层政府和村级组织在乡村治理实践中发挥着关键的、核心的作用。这也就意味着,乡村社会治理的效率和效果,在很大程度上取决于这两种机构和组织。垂直的行政化和半行政化治理机制虽然有利于国家政策和法律的执行与落实,对乡村社会秩序的维持发挥一定作用,但单一化的治理机制在治理效率,特别是在解决基层问题和乡村发展问题方面较为有限。创新的基本方向就是要从单一化、行政化治理机制迈向综合治理机制。

第一,把乡村社会治理与乡村社区建设和社区管理有机统一起来,即应让目前的村民自治与社区建设和社区管理结合起来。从社会学角度看,社区是一种生活共同体,或者说就是"家园",所以,社区建设就是"家园建设"。乡村社区建设过程实质上也就是乡村社会治理。社区建设能够发挥乡村社会的主体作用,形成综合治理的机制。

第二,创建新型多样化的乡村社会自治实现形式。目前,已有一些乡村地区在基层治理实践中发挥基层创造性,创建了诸如"一事一议"、乡贤理事会、村民代表议事会、"党领群办"等乡村社会自治形式。这些治理机制的创新,弥补了单一化、行政化治理机制的一些不足,使得乡村社会治理力量能够更加有效地转化为实践,并在实践中达到更好的治理效果。

第三,构建乡村社会治理的联动机制。目前,行政化与半行政化的乡村社会治理机制具有有效的传动机制,即能够把上级的政策和意图贯彻下去。然而,在把多种力量汇合起来,在治理实践上发挥合力作用方面,依然缺乏有效的机制。因此,需要在联动机制的建立上加以突破。

三、从治理结构方面推进

乡村社会治理结构是指乡村社会治理主体的构成及权力结构。目前,我国乡村社会治理的基本构成主要是国家、地方和基层政府、村级组织,即"三位一体"结构。

这属于政府力量主导型的结构,也就是说,乡村社会治理的主体和治理的权力绝大部分来自政府,这不利于在乡村社会治理中调动多方面资源,而且治理权力的过于集中会影响治理的过程与实际效果。

首先,创新乡村社会治理结构,应结合乡村社会治理体制机制的深化改革,在乡村社会治理中广泛引入社会力量,其中包括市场的力量。在乡村社会治理结构创新中,应鼓励一些社会力量进入乡村,如让各种社会组织和团体进入乡村,引导一些市场机构参与乡村社会事业发展,这些对增强乡村社会治理的力量、提高乡村社会治理的实效都会起到积极的作用。

其次,建立和完善乡村民众参与乡村社会治理的机制。有效的乡村社会治理,需要基层民众的支持,同时也需要民众的积极参与。在乡村社会治理中,如果能让更广泛的民众力量参与其中,则会使目前的乡村社会治理结构大大改善,社会治理的力量会更加强大,社会治理结构内在关系将更为均衡。

最后,还应创建起相互协调的多元治理结构。实现乡村社会治理效率质的提高,仅仅依靠政府的力量是不够的,必须充分发挥政府、市场和社会三方面力量组成协调的多元治理结构的作用。在多元治理结构中,乡村社会治理可以实现乡村政治、经济发展和社会与文化建设的有效分工和合作,从而可以大大促进乡村发展,同时又能更好协调社会关系,维持社会稳定。

四、从治理过程方面推进

乡村社会治理过程是指由治理乡村社会的各项活动构成的一种动态过程,即各种治理措施的实施过程。目前,乡村社会治理过程实现了民主化选举,村民自治组织由广大农民直接选举产生。乡村社会治理过程的民主化进程虽推进得较快,但仅局限于治理组织的产生,在治理的决策、实施和监督方面仍存在效率不高的问题。创新乡村社会治理过程,需要突破当前乡村社会治理过程的局限,重点从以下三个方面推进。

第一,改革和完善村民自治管理,推进乡村社会生活的民主化。村民自治制度的核心内容是"四个民主",即民主选举、民主决策、民主管理和民主监督。推进乡村社会生活的民主化,实质就是把乡村民主建设的重点放在社会生活领域。当前及未来,村民自治中的民主重点要在社会生活领域得以体现,也就是要让乡村居民可以自主地选择自己的生活方式、对自己生活中的事务能够自主决策、能参与村庄内部生活中的共同事务的决策。民主管理也要走向社会管理领域，即乡村民主管理的范围主要在社会性事务或生活性事务之内。在民主监督方面，也要加强村民在平常生活中的自我教育、自我监督，以及对共同生活的事务和社会行为的相互监督。

第二，创建自下而上的治理平台。要使乡村社会治理得更好、发展得更好，乡村社会成员主体力量的参与非常重要，只有他们才最了解如何更好治理，也最愿意更好治理。所以，创新乡村社会治理过程，有必要创建一个平台，为基层民众在社会治理中发挥主人翁作用创造有效的途径。

第三，协调推进乡村社会治理措施。乡村社会治理创新其实就是深化改革，改革要想取得理想的成效，就要保障改革措施之间的协调配套。同样，旨在促进乡村发展与乡村和谐稳定的各项治理措施，在推进和实施过程中需要保持协调一致。例如，目前在推行一些有关乡村土地流转、发展新型农业经营、促进农民增收方面的治理措施的同时，也需要有新的措施来促进乡村劳动力重新就业。

五、从治理手段方面推进

乡村社会治理手段是指在实施乡村社会治理过程中所采取的具体方法和手段，也就是指，治理的主体或权力主要是采用哪些方法和策略来治理乡村社会。在当前乡村社会治理中，通常采用的治理手段主要有两种：一是行政性或半行政性的手段，即上传下达的治理手段；二是传统的治理手段，主要是村干部按传统习惯推行的治理措施。目前，乡村社会治理手段的缺陷在于法治化程度较低、行政手段与传统手段的不协调，这些问题都影响治理的效率。推进乡村社会治理手段的创新，需要抓住以下几个关键问题。

首先，理顺法理和礼俗的关系。坚持依法治理，并不等于完全不考虑乡村社会中的礼俗的作用。在推进依法治理的过程中，要努力实现法治和礼治的相互融合，这样会大大提高治理的效率，减少法和礼的冲突。

其次，通过制度建设和治理实践，解决乡村社会治理面临的一些制度的模糊空间问题。这些制度的模糊空间主要存在于乡村土地集体所有制的制度表述与制度实践之间、农业基本经营制度与新型经营方式之间、城乡二元的户籍制度安排与乡村人口流动的现实之间。制度的表述只笼统地规定了权属关系，而在实际中权能和权效的发挥则取决于各地的制度实践。因此,对于制度模糊空间问题,在宏观制度安排难以一步到位地解决问题的情况下,就需要在基层治理实践中,采取有效的治理策略,逐步建立起乡村的确权机制和补偿机制,以预防城镇化推进和乡村发展带来的新矛盾,并建立起能有效化解矛盾、解决具体问题的机制。

最后,选择和创新乡村社会治理手段,始终应坚持互惠原则。由于达成共识是构建乡村社会秩序的重要基础,而共识形成的基本规律就是必须具备互惠的前提,因此,在乡村社会治理中,无论是国家政策的推行,还是乡村精英的治理,都需要遵循一个基本原则——互惠原则,让各方都从治理行为中获得实惠。

参考文献

一、著作类

［1］ ［法］埃米尔·涂尔干.社会分工论［M］.渠东,译.北京:生活·读书·新知三联书店,2000.

［2］ ［法］托克维尔.论美国的民主:下卷［M］.董果良,译.北京:商务印书馆,1988.

［3］ ［加］查尔斯·泰勒.现代性之隐忧［M］.程炼,译.北京:中央编译出版社,2001.

［4］ ［美］杜赞奇.文化、权力与国家——1900—1942 年的华北农村［M］.王福明,译.南京:江苏人民出版社,1994.

［5］ ［美］托马斯·奥戴.宗教社会学［M］. 胡荣,乐爱国,译.银川:宁夏人民出版社,1989.

［6］ ［日］滋贺秀三.中国家族法原理［M］.张建国,李力,译.北京:商务印书馆,2013.

［7］ ［英］梅因.古代法［M］.沈景一,译.北京:商务印书馆,2011.

［8］ 本书编写组.开展"三严三实"专题教育 争做"三严三实"好干部［M］.北京:人民出版社,2015.

［9］ 常士訚.政治现代性的解构:后现代多元主义政治思想分析［M］.天津:天津人民出版社,2001.

［10］ 陈金全.西南少数民族习惯法研究［M］.北京:法律出版社,2008.

［11］　陈炜,师呐.恭城民族融合社会历史调查资料摘编［M］//唐凌.广西地方民族史研究集刊(第七集).广西师范大学社会文化与旅游学院,广西地方民族史研究所,2000.

［12］　邓敏文,吴浩.没有国王的王国　侗款研究［M］.北京:中国社会科学出版社,1995.

［13］　邓小平.邓小平文选:第2卷［M］.北京:人民出版社,1994.

［14］　费孝通.乡土中国［M］.北京:北京大学出版社,2012.

［15］　高其才.瑶族习惯法［M］.北京:清华大学出版社,2008.

［16］　恭城瑶族自治县地方志编纂委员会.恭城县志［M］.南宁:广西人民出版社,1992.

［17］　《恭城瑶族自治县概况》修订本编写组.恭城瑶族自治县概况:修订本［M］.北京:民族出版社,2009.

［18］　广西壮族自治区编写组,《中国少数民族社会历史调查资料丛刊》修订编辑委员会.广西瑶族社会历史调查(四)［M］.北京:民族出版社,2009.

［19］　胡锦涛.坚定不移沿着中国特色社会主义道路前进　为全面建成小康社会而奋斗——在中国共产党第十八次全国代表大会上的报告［M］.北京:人民出版社,2012.

［20］　黄钰.瑶族石刻录［M］.昆明:云南民族出版社,1993.

［21］　李汉林,渠敬东.中国单位组织变迁过程中的失范效应［M］.上海:上海人民出版社,2005.

［22］　林新奇.事业单位改革与人力资源管理创新［C］//中国管理科学学会.第三届管理科学奖颁奖典礼暨2012中国管理科学高层论坛论文集,中国管理科学学会,2012.

［23］　刘晓春.仪式与象征的秩序——一个客家村落的历史、权力与记忆［M］.北京:商务印书馆,2003.

［24］　刘志伟.广西恭城碑刻集［M］.广州:广东人民出版社,2015.

［25］　中共中央马克思恩格斯列宁斯大林著作编译局.马克思恩格斯全集:第1卷［M］.北京:人民出版社,1995.

［26］　中共中央马克思恩格斯列宁斯大林著作编译局.马克思恩格斯选集:第3卷［M］.北京:人民出版社,1995.

［27］　［法]孟德斯鸠.论法的精神:英文影印本[M].北京:中国政法大学出版社,2003.

［28］　莫纪德.恭城民族来源与民俗概况[M]//恭城瑶族研究会.恭城瑶学研究:第5辑.香港:紫荆出版社,2009.

［29］　瞿同祖.中国法律与中国社会[M].北京:中华书局,2003.

［30］　任继愈.宗教大辞典[M].上海:上海辞书出版社,1998.

［31］　苏力.法治及其本土资源:修订版[M].北京:中国政法大学出版社,2004.

［32］　孙立平."不稳定幻象"与维稳怪圈[M]//《人民论坛》杂志社.中国策:第1辑.北京:国家行政学院出版社,2011.

［33］　覃德清,冯智明,等.南岭瑶族的民俗与文化[M].桂林:广西师范大学出版社,2014.

［34］　覃主元,刘晓聪.瑶族习惯法与社区控制和法治秩序构建[M].北京:民族出版社,2014.

［35］　田信桥.环境习惯法研究[M].北京:法律出版社,2016.

［36］　［美]赫伯特·金迪斯,萨缪·鲍尔斯,等.人类的趋社会性及其研究:一个超越经济学的经济分析[M].浙江大学跨学科社会科学研究中心,译.上海:上海人民出版社,2005.

［37］　王名.社会组织与社会治理[M].北京:社会科学文献出版社,2014.

［38］　王思斌.社会工作概论[M].北京:高等教育出版社,2014.

［39］　吴浩.中国侗族村寨文化[M].北京:民族出版社,2004.

［40］　习近平.决胜全面建成小康社会　夺取新时代中国特色社会主义伟大胜利——在中国共产党第十九次全国代表大会上的报告(2017年10月18日)[M].北京:人民出版社,2017.

［41］　习近平.习近平谈治国理政:第二卷[M].北京:外文出版社,2017.

［42］　习近平.在第十八届中央纪律检查委员会第六次全体会议上的讲话[M].北京:人民出版社,2016.

［43］　习近平.在会见第一届全国文明家庭代表时的讲话（2016年12月12日)[M].北京:人民出版社,2016.

［44］　习近平.之江新语[M].杭州:浙江人民出版社,2007.

［45］　徐晓全.国家治理[M]//张小劲,于晓虹.推进国家治理体系和治理能力

现代化六讲.北京：人民出版社，2014.

[46] ［美］阎云翔.私人生活的变革［M］.龚小夏，译.上海：上海人民出版社，2017.

[47] ［美］阎云翔.中国社会的个体化［M］.陆洋，等译.上海：上海译文出版社，2012.

[48] 杨庭硕，等.生态人类学导论［M］.北京：民族出版社，2007.

[49] 《瑶族简史》编写组.瑶族简史［M］.北京：民族出版社，2008.

[50] 俞可平.论国家治理现代化［M］.北京：社会科学文献出版社，2014.

[51] ［美］约翰逊.社会学理论［M］.南开大学社会学系，译.北京：国际文化出版公司，1988.

[52] 张晋藩.中国法律的传统与近代转型：第 3 版［M］.北京：法律出版社，2009.

[53] 郑杭生.社会学概论新修：精编版［M］.北京：中国人民大学出版社，2009.

[54] 中共中央纪律检查委员会，中共中央文献研究室.习近平关于严明党的纪律和规矩论述摘编［M］.北京：中央文献出版社，中国方正出版社，2016.

[55] 中共中央文献研究室.习近平关于全面深化改革论述摘编［M］.北京：中央文献出版社，2014.

[56] 中国社会科学院语言研究所词典编辑室.现代汉语词典：第 5 版［M］.北京：商务印书馆，2005.

[57] 钟敬文.民俗学概论［M］.上海：上海文艺出版社，1998.

[58] 周世中，等.广西瑶族习惯法和瑶族聚居地和谐社会的建设［M］.桂林：广西师范大学出版社，2013.

[59] 周世中，等.西南少数民族民间法的变迁与现实作用——以黔桂瑶族、侗族、苗族民间法为例［M］.北京：法律出版社，2010.

[60] 朱继胜.瑶族习惯法研究［M］.北京：中国法制出版社，2015.

[61] 周怡.解读社会：文化与结构的路径［M］.北京：社会科学文献出版社，2004.

二、期刊类

［1］　阿奎.浅析"舅权"［J］.上海青年管理干部学院学报,2006(4):44-46.

［2］　北京市委组织部课题组.领导干部"为官不为"的表现、原因和对策［J］.中国延安干部学院学报,2016,9(3):67-74.

［3］　陈辉.基于新使命的干部激励机制重构研究［J］.行政论坛,2018,25(3):11-16.

［4］　陈静,董才生.我国困境儿童救助与保护的模式演变和路径创新——基于多元共治的视角［J］.兰州学刊,2017(4):178-186.

［5］　陈伟明.明清时期岭南少数民族的婚俗文化［J］.中国史研究,2000(4):149-160.

［6］　陈扬乐.江华高山瑶"招郎入赘"婚俗调查［J］.民族论坛,2003(5):24-25.

［7］　陈永国.理性人:政治理性与经济理性的有机结合［J］.党政论坛,2011(5):38-40.

［8］　陈元中,黄贵森,温桂珍,等.净化政治生态下广西乡镇干部动力机制建设研究［J］.广西社会科学,2018(4):49-53.

［9］　陈元中,马海燕.十八大以来基层干部动力机制的形成与调适［J］.广西社会科学,2019(4):31-36.

［10］　褚益平.残疾儿童教育发展成就及困境分析(2001～2010年)［J］.残疾人研究,2013(2):61-65.

［11］　邓建鹏."化内"与"化外":清代习惯法律效力的空间差异［J］.法商研究,2019,36(1):182-192.

［12］　窦玉沛.深入学习领会第十三次全国民政会议精神［J］.中国民政,2012(4):46-52.

［13］　范俊芳,熊兴耀,文友华.侗族聚落空间形态演变的生态因素及其影响［J］.湖南农业大学学报(社会科学版),2011,12(1):57-61,77.

［14］　方振邦.完善考核评价　激励担当作为［J］.人民论坛,2018(26):38-39.

［15］　冯辉.公共治理中的民粹倾向及其法治出路——以PX项目争议为样本［J］.法学家,2015(2):104-119.

［16］　冯元.新时期社会工作参与社会治理:理论依据、动力来源与路径选择

［J］.社会建设,2017,4(6):29-38.

　　［17］　傅安辉.黔东南侗族地区火患与防火传统研究［J］.原生态民族文化学刊,2011(2):72-78.

　　［18］　高丽茹,彭华民.中国困境儿童研究轨迹:概念、政策和主题［J］.江海学刊,2015(4):111-117.

　　［19］　龚志伟.反贫困文化:贫困地区新农村建设的重要战略［J］.经济与社会发展,2008,6(11):126-128.

　　［20］　顾东辉.社会治理及社会工作的同构演绎［J］.社会工作与管理,2014(3):11-13.

　　［21］　郭红东,蒋文华.影响农户参与专业合作经济组织行为的因素分析——基于对浙江省农户的实证研究［J］.中国农村经济,2004(5):10-16.

　　［22］　郭红东,钱崔红.发展新型农民专业合作经济组织:农户的意愿和需求——对浙江省164个农户的调查与分析［J］.农村经济,2004(3):34-36.

　　［23］　郭星华,王平.中国农村的纠纷与解决途径——关于中国农村法律意识与法律行为的实证研究［J］.江苏社会科学,2004(2):71-77.

　　［24］　郝铁川.中国依法治国的渐进性［J］.法学研究,2003,25(6):26-41.

　　［25］　贺雪峰,仝志辉.论村庄社会关联——兼论村庄秩序的社会基础［J］.中国社会科学,2002(3):124-134.

　　［26］　侯赞华.“为官不为”现象的成因及治理［J］.学校党建与思想教育,2017(6):88-90.

　　［27］　黄承伟,覃志敏.我国农村贫困治理体系演进与精准扶贫［J］.开发研究,2015(2):56-59.

　　［28］　黄季焜,邓衡山,徐志刚.中国农民专业合作经济组织的服务功能及其影响因素［J］.管理世界,2010(5):75-81.

　　［29］　黄建军.当前党员干部干事创业状况的调查［J］.中国党政干部论坛,2018(3):72-75.

　　［30］　黄君.农村留守儿童社会保护体系建构:福利治理视角［J］.社会工作,2017(1):54-61.

　　［31］　黄丽萍,王蕊蕊.试论专业合作经济组织组建动力——以林区农民为例［J］.东南学术,2010(1):34-40.

［32］ 黄青仟.恭城瑶族自治县宗族形态小议［J］.安徽文学（下半月），2008（1）：235，238.

［33］ 贾晓芬，陈琳，于晓萍.当前干部队伍干事动力指数调查报告［J］.人民论坛，2016（33）：44-47.

［34］ 江时强，张秀生.中国农民收入增长思路：基于农民专业合作经济组织的视角［J］.武汉大学学报（哲学社会科学版），2007（6）：879-883.

［35］ 江田祥，邓永飞，杜树海.追寻边缘族群在多元一体格局中的历史意义——《广西恭城碑刻集》简介［J］.桂林师范高等专科学校学报，2016，30（6）：9-11，39.

［36］ 姜晓萍.国家治理现代化进程中的社会治理体制创新［J］.中国行政管理，2014（2）：24-28.

［37］ 康晓光，韩恒.分类控制：当前中国大陆国家与社会关系研究［J］.开放时代，2008（2）：30-41.

［38］ 孔祥智，史冰清.我国农民专业合作经济组织发展的制度变迁和政策评价［J］.农村经济管理，2008（11）：28-32.

［39］ 黎烽.桂西北少数民族村寨火灾防治对策［J］.广西民族大学学报（自然科学版），2006，12（A1）：61-63.

［40］ 李龙.建构法治体系是推进国家治理现代化的基础工程［J］.现代法学，2014（3）：3-13.

［41］ 梁平.基层治理的践行困境及法治路径［J］.山东社会科学，2016（10）：71-76.

［42］ 廖君湘.侗族村寨火灾及防火保护的生态人类学思考［J］.吉首大学学报（社会科学版），2012，33（6）：110-116.

［43］ 刘龙，李丰春.论农村贫困文化的表现、成因及其消解［J］.农业现代化研究，2007（5）：583-585.

［44］ 刘同君.新型城镇化进程中农村社会治理的法治转型——以农民权利为视角［J］.法学，2013（9）：44-51.

［45］ 刘志松.民间规则中的舅权——以我国少数民族为中心［J］.时代法学，2006（1）：73-79.

［46］ 卢敏飞.广西瑶族的丧葬习俗［J］.广西民族研究，1993（4）：77-85，66.

［47］　满小欧,王作宝.从"传统福利"到"积极福利":我国困境儿童家庭支持福利体系构建研究[J].东北大学学报(社会科学版),2016(2):173-178.

［48］　莫纪德,赵元海.恭城瑶族家庭习惯法初探[J].广西民族研究,1997(2):61-64.

［49］　莫纪宏.国家治理体系和治理能力现代化与法治化[J].法学杂志,2014(4):21-28.

［50］　庞道沐.推进新农村建设的重要引擎——对湖南农民专业合作组织的调查与思考[J].求是,2006(18):37-38.

［51］　彭兆荣.论"舅权"在西南少数民族婚姻中的制约作用[J].贵州民族研究,1989(2):92-98.

［52］　彭兆荣.转换:"舅""权"互为关系的一个原则[J].云南社会科学,1994(2):45-52.

［53］　钱宁.多方参与的社会治理创新:发展社会福利的新路径[J].山东社会科学,2014(9):73-77.

［54］　人民智库课题组,人民论坛问卷调查中心.当前干部干事创业动力调查报告(2018)[J].人民论坛,2018(26):12-17.

［55］　陕西省农业厅.发展农民专业合作组织　促进农业发展农民增收[J].农村经营管理,2004(3):35-37.

［56］　沈昕,周静.民俗文化的社会治理意义——以徽州古村落为例[J].理论建设,2015(3):95-98,112.

［57］　石学峰.从严治党实践中的领导干部"为官不为"问题及其规制[J].云南社会科学,2015(2):18-22.

［58］　石学峰.容错免责机制的功能定位与路径建构——以规制"为官不为"问题为视角[J].中共天津市委党校学报,2018,20(5):8-13.

［59］　石佑启,黄喆.论法治视野下珠三角跨界水污染的合作治理——以广佛联手整治跨界水污染为例[J].学术研究,2013(12):59-67.

［60］　孙亚范.农民专业合作经济组织利益机制及影响因素分析——基于江苏省的实证研究[J].农业经济问题,2008(9):48-56.

［61］　谭万霞.村规民约:国家法与民族习惯法调适的路径选择——以融水苗族村规民约对财产权的规定为视角[J].法学杂志,2013,34(2):80-86.

［62］　唐兴霖,刘杰.发展与规范新型农村合作经济组织——基于宝鸡市的调查分析［J］.学术研究,2007（8）:66-70.

［63］　田毅鹏,吕方.社会原子化:理论谱系及其问题表达［J］.天津社会科学,2010（5）:68-73.

［64］　田兆元.民俗学的学科属性与当代转型［J］.文化遗产,2014（6）:1-8,157.

［65］　仝志辉,温铁军.资本和部门下乡与小农户经济的组织化道路——兼对专业合作社道路提出质疑［J］.开放时代,2009（4）:5-26.

［66］　童华伟.贵州吊脚楼防火对策研究［J］.贵阳学院学报（自然科学版）,2011（3）:39-41.

［67］　王丹.广西基层干部干事创业动力机制建设探析［J］.广西社会科学,2018（3）:45-47.

［68］　王栋,曹利群.引入和利用资本:对农民专业合作社发展方向的探讨［J］.中国行政管理,2008（9）:97-100.

［69］　王广起,曹建平,贾秀兰.发展农村专业合作经济组织　增加农民收入——潍坊市农村专业合作经济组织发展状况调查与思考［J］.乡镇经济,2005,21（3）:8-11,44.

［70］　王洪光,勾学玲.贫困文化视角下的贫困地区新农村建设研究［J］.大庆社会科学,2010（3）:46-48.

［71］　王琪."困境儿童"的救助模式与路径研究［J］.青少年学刊,2018（6）:51-54.

［72］　王思斌.社会工作参与社会治理创新研究［J］.社会建设,2014（1）:8-15.

［73］　王思斌.社会工作机构在社会治理创新中的网络型服务治理［J］.学海,2015（3）:47-52.

［74］　王思斌.社会工作在构建共建共享社会治理格局中的作用［J］.国家行政学院学报,2016（1）:43-47.

［75］　王思斌.社会治理结构的进化与社会工作的服务型治理［J］.北京大学学报（哲学社会科学版）,2014,51（6）:30-37.

［76］　王卓怡,常妍,孟宪强.不敢干、不愿干还是不会干　部分官员不作为真实原因调查分析报告［J］.人民论坛,2015（10）:14-17.

[77] 韦浩明.瑶族招郎仪式中族群文化认同的建构——以南岭走廊中段西岭山 FMP 瑶族村为例[J].广西民族研究,2012(1):50-54.

[78] 卫小将.社会工作创新社会治理路径研究[J].中国特色社会主义研究,2018(6):81-85.

[79] 卫小将.压制、矫正与赋权:社会工作与农民工治理术的理路[J].中国农业大学学报(社会科学版),2017,34(3):110-118.

[80] 萧放.民俗传统与乡村振兴[J].西南民族大学学报(人文社会科学版),2019,40(5):28-36.

[81] 谢作渺,王建文.以理想信念提升公务员工作成就感的研究[J].中国行政管理,2019(4):154-156.

[82] 徐金海.新型农民合作经济组织:实现农业产业专业化分工的有效交易协调机制[J].经济问题探索,2002(11):106-117.

[83] 徐瑞矫,史向军.新时代理想信念知行合一的内生动力研究[J].毛泽东邓小平理论研究,2018(7):101-106,108.

[84] 徐勇.治理转型与竞争——合作主义[J].开放时代,2001(7):26-34.

[85] 许耀桐.治理为官不为、懒政怠政问题刍议[J].中共福建省委党校学报,2015(10):4-8.

[86] 杨和能.侗族村寨的防火习惯法[J].中国民族,2010(1):48-49.

[87] 杨琳,谢舒,于萍.社会政策精准"托底"[J].瞭望,2013(37):36-37.

[88] 杨妍玮.激发乡镇公务员工作内生动力的思考[J].领导科学,2016(6):16-17.

[89] 叶淑静,戴利有.社会工作介入社会治理何以可能?[J].江西师范大学学报(哲学社会科学版),2016,49(6):103-110.

[90] 伊士国,尚海龙.由"法律体系"到"法治体系"——党的十八届三中全会关于法治中国建设的宏伟蓝图[J].政法论丛,2014(4):43-49.

[91] 殷庆言.社会主义新农村建设的重要载体——对北京市农民专业合作组织的调查与思考[J].新视野,2007(6):18-20.

[92] 应松年.加快法治建设促进国家治理体系和治理能力现代化[J].中国法学,2014(6):40-56.

[93] 尤庆国,林万龙.农村专业合作经济组织的运行机制分析与政策影响评

价［J］.农业经济问题,2005(9):4-9.

［94］　俞可平.治理和善治引论［J］.马克思主义与现实,1999(5):37-41.

［95］　玉时阶.泰国瑶族的"招郎入赘"［J］.世界民族,1998(4):76-79.

［96］　玉时阶.瑶族葬式述议［J］.广西民族研究,1995(1):72-76.

［97］　喻中.作为国家治理体系的法治体系［J］.法学论坛,2014(2):5-12.

［98］　张必成.外出务工对农户家庭收入的影响研究——以吉林地区为例［J］.中国物价,2017(2):65-67.

［99］　张康之.公共管理:社会治理中的一场革命(上)［J］.北京行政学院学报,2004(1):1-4.

［100］　张美珍,陈冲,李录堂.农民参与新型专业合作社影响因素分析［J］.商业研究,2010(2):146-148.

［101］　张泉福.略论舅父权［J］.民俗研究,1993(4):32-37,47.

［102］　张文显.法治与国家治理现代化［J］.中国法学,2014(4):5-27.

［103］　张文显.法治中国建设的前沿问题［J］.中共中央党校学报,2014(5):31-40.

［104］　张文显.我们需要怎样的习惯法研究?——评高其才著《瑶族习惯法》［J］.法制与社会发展,2011,17(3):155-160.

［105］　张秀兰,徐月宾.建构中国的发展型家庭政策［J］.中国社会科学院院报,2003(6):84-96.

［106］　张旭.干部作用有效发挥的四大动力源［J］.人民论坛,2018(26):28-30.

［107］　赵春淦.发展农村专业合作经济组织与农民增收［J］.农村经济,2003(2):39-41.

［108］　赵鑫,李龙珠.中国农民专业合作经济组织的经济效用分析［J］.求是学刊,2010(3):46-50.

［109］　浙江省农业厅课题组.从323家合作社看浙江农民专业合作社发展［J］.农村经营管理,2007(8):32-34.

［110］　郑适,王志刚.农户参与专业合作经济组织影响因素的分析［J］.管理世界,2009(4):171-172.

［111］　中国妇联儿童部.倾听儿童的心声——首届中国儿童论坛综述［J］.中

国妇运,2001(6):24-25.

[112] 周汉杰,李幼斌.欠发达地区困境儿童生存现状及解困路径探析[J].改革与开放,2018(16):93-97.

[113] 周蓉.领导干部家风建设不是私事[J].人民论坛,2019(16):48-49.

[114] 朱战辉.半工半耕:农民家计模式视角下连片特困地区农户贫困状况及治理[J].云南行政学院学报,2017(3):26-32.

[115] 张晓艺,李向平.信仰认同及其"认同半径"的建构——基于津、闽、粤三地妈祖信仰的比较研究[J].东南学术,2016(6):204-212.

三、报纸类

[1] 中国儿童发展纲要(2011—2020年)[N].人民日报,2011-08-09(14).

[2] 中共中央关于全面深化改革若干重大问题的决定——二〇一三年十一月十二日中国共产党第十八届中央委员会第三次全体会议通过[N].人民日报,2013-11-16(01).

[3] 社会体制机制改革的新理念新思路[N].光明日报,2013-12-11(11).

[4] 社会治理创新必须纳入法治轨道[N].人民日报,2014-01-15(19).

[5] 在法治轨道上推进社会治理创新[N].人民日报,2014-06-11(07).

[6] 绘就贫困地区新画卷——广西精准扶贫决胜小康综述[N].广西日报,2017-05-19(004).

[7] 潮起云飞满目新——党的十八大以来广西政治建设综述[N].广西日报,2017-09-26(002).

[8] 幸福清风扑面来——党的十八大以来广西社会建设综述[N].广西日报,2017-09-29(007).

[9] 做好法律服务 为人民谋幸福——五年来全区司法行政工作亮点综述[N].广西政协报,2018-01-27(C02).

[10] 政府工作报告——2018年1月25日在广西壮族自治区第十三届人民代表大会第一次会议上[N].广西日报,2018-02-02(002).

[11] 全面从严治党的广西答卷——2018年广西党风廉政建设和反腐败工作综述之一[N].广西日报,2019-01-25(009).

［12］ 打掉"保护伞" 挖出"黑后台"——全区扫黑除恶专项斗争监督执纪问责工作综述［N］.广西日报,2019-04-18(003).

四、学位论文类

［1］ 李碧仙.优化困境儿童社会支持网络的小组工作介入研究——以桂林市雁山区社工服务站为例［D］.桂林:广西师范大学,2015.

［2］ 梁圆圆.侗族村寨空间建构的文化解析——以广西三江县高友村为案例［D］.南宁:广西民族大学,2008.

［3］ 彭飞燕.小组工作在困境女童自我效能感建构中的运用研究——以 Y 区困境女童自我效能感提升小组为例［D］.桂林:广西师范大学,2017.

［4］ 张晓艺.信仰及其"认同半径"的建构——基于津、闽、粤三地妈祖信仰的比较研究［D］.上海:华东师范大学,2015.

后　记

在学校党委和行政部门的大力支持下,在学校社科处、科技处以及各单位领导和老师的共同努力下,历经近两年的时间,《广西乡村振兴战略与实践》即将正式出版。《广西乡村振兴战略与实践》由六卷组成,包括教育卷、文化卷、政治卷、经济卷、社会卷、生态卷,由贺祖斌、林春逸、肖富群、汤志华、张海丰、马姜明著。

《广西乡村振兴战略与实践·社会卷》以国家实施乡村振兴战略为背景,围绕广西乡村社会治理这一问题中心,在提出社会治理现代化样态、农业经营与增收、农村起居安全等相关议题的基础上,对县乡治理主体有效履职的动力机制、精准扶贫对农村贫困文化的影响、乡村困境儿童的社会救助、乡村治理的习惯法利用、地方民俗文化融入乡村社会治理的路径等问题开展研究,建构广西乡村社会治理的创新路径。以广西本土的乡村治理实践为研究对象,为研究中的理论运用和实践中的治理机制创新确定了具体的着力点。本卷规范地运用调查研究、质性研究和行动研究等实证研究方法,对广西乡村社会治理实践开展深入研究,研究程序严格,研究结论具有实践意义。将治理和善治理论与本土社会治理实践紧密结合起来,既检验和运用治理理论,又在实践路径建构中吸取治理理论的合理要素。

社会卷是广西师范大学珠江—西江经济带发展研究院的研究成果,是研究人员合作研究和集体智慧的结晶。其中,第一章由肖富群(广西师范大学政治与公共管理学院教授,社会学博士)撰写,第二章由梁昌秀(广西师范大学马克思主义学院思想政治教育专业博士生)撰写,第三章、第七章由罗晟(广西师范大学政治与公共管理学院专职研究人员)撰写,第四章由黄梦琪(广西师范大学政治与公共管理学院社会工作专业硕士研究生)撰写,第五章由刘训智(广西师范大学法学院副教授,法学博士)撰写,第六章由覃琼(广西师范大学政治与公共管理学院副教授,社会学博士)撰写。本卷由肖富群统稿和修改定稿。

社会卷的撰写和出版得到了学校和各单位领导、老师的关心和支持,在此表示衷心的感谢;同时也对关心、帮助和支持本卷撰写和出版的人员表示诚挚的谢意。广西人文社会科学发展研究中心为本卷的撰写提供了基础设施和研究人员支持,广西师范大学出版社也为本卷的出版提供了大量的人力和物力支持,在此一并表示特别感谢。

由于作者水平有限,书中难免存在不足或疏漏之处,恳请专家、同行、读者提出宝贵的意见和建议,以便我们进一步改进和提高。

作者

2019 年 9 月